# 细节中的心理诡计

关 力/编著

读懂细节中的心理动机，看清隐藏着的真实意图，
掌握与人交往的基本方法和技巧。

中国华侨出版社

**图书在版编目 (CIP) 数据**

　　细节中的心理诡计／关力编著.—北京：中国华侨出版社，
2010.9

　　ISBN 978-7-5113-0673-9

　　Ⅰ.①细…　　Ⅱ.①关…　　Ⅲ.①人间交往-社会心理学
-通俗读物　　Ⅳ.①C912.1-49

　　中国版本图书馆 CIP 数据核字　(2010)　第 175974 号

●细节中的心理诡计

| | |
|---|---|
| **编　著** | 关　力 |
| **责任编辑** | 骁　晖 |
| **版式设计** | 丽泰图文设计工作室／桃子 |
| **经　销** | 全国新华书店 |
| **开　本** | 710×1000 毫米　1/16 开　　印张/17.5　　字数/268 千字 |
| **印　刷** | 三河市华润印刷有限公司 |
| **版　次** | 2010 年 10 月第 1 版　2010 年 10 月第 1 次印刷 |
| **书　号** | ISBN 978-7-5113-0673-9 |
| **定　价** | 29.80 元 |

中国华侨出版社　　北京市安定路 20 号院 3 号楼　　邮编:100029
**法律顾问:陈鹰律师事务所**
编辑部: (010) 64443056　　64443979
发行部: (010) 64443051　　传真: (010) 64439708
网　　址:www.oveaschin.com
e-mail : oveaschin@sina.com

# 前言

# 观人于细，察人于形

　　有人说世界上最善良的是人，也有人说世界上最残忍的是人，还有人说世界上最不可理喻的也是人……总之，对于人的看法，人们众说纷纭。但是，有一点大家是共识的，人是一种非常复杂的动物。

　　作为群居社会中的一分子，一天当中的时间多半都在同形形色色的人打交道。这些人当中，有知心朋友，也有竞争对手，要想识别他们，是非常不容易的。

　　可见，要跟人相处是颇费心思的。但是生活在这个社会上，不可避免而又别无选择地要同各种各样的人打交道。这就要求我们每个人必须具备一双能看透人心的慧眼，尽量准确地判断人、识别人，亲近可交之人，远离奸佞小人。

　　虽然人很复杂，但并不是说不可识别的。毕竟，世上任何事情都有踪迹可循，有端倪可察，人也是一样。看到别人眉开眼笑，我们知道这是内心高兴的表现；看到对方义愤填膺、怒发冲冠，我们知道这是对方发脾气的伴奏曲；看到对方说话吞吞吐吐、支支吾吾，可以想见其中必有隐情或不可告人的秘密；看到对方说话笔筒倒豆子--直来直去，可以知道对方是个爽快之人；一个人喜欢穿奇装异服、打扮另类，可以了解到对方个性很强，喜欢独树一帜，一个人目光呆滞、神情冷漠，必是受了什么打击所致。总而言之，人的外在表现都是内心情感的一种流露，所谓"喜形于色"就是这个道理。只要你留心观察，你就能练就透过细节识别他人心理诡计的高超识人技巧。一旦你具备了这样的能力，你就能在身边的人中，识别出谁是可以改变你命运的贵人，谁将是阻碍你进步的小人，并读出潜藏在他人内心的秘密与诡计，从而使自己在人际交往中做到游刃有余、八面玲珑。

# 一. 根据外貌特征快速识别对方心理

人也许可以控制自己的言谈与举止，但绝对控制不了自己的外貌。而外貌恰恰是人内心的显示屏，它能流露出比言行更为真实的信息。如果你能读懂对方的外貌，那么，你就能了解对方的内心。

# 二. 根据言谈话语快速识别对方心理

> 言谈话语表达出来的信息有真实与不真实之分，准确识别单凭感觉是不够的。你不仅要分析对方的话中之意，更要分析其言外之意，同时，还要捕捉住一些相关的细节加以辅证，这就必须具有一定的技巧和功夫。

# 三．根据行为举止快速识别对方心理

人主要通过行为举止来实现自己的目的，所以，行为举止当中隐藏了大量的真实的信息，这些信息往往是慢慢聚集清晰的。我们的难度在于必须提前作出判断和反应，否则，恐怕就会比较被动了。人与人交往，吃亏的都是被动的一方。

# 四．根据衣着打扮快速识别对方心理

衣着是思想的形象，这和有钱没钱无关。学会从衣着打扮看人识人，就很容易且迅速掌握对方的性格与爱好。这是最简单的方式之一。

# 五．根据生活习惯快速识别对方心理

著名牧师华理克说："性格其实就是习惯的总和，是你习惯性的表现。"生活习惯不仅仅透露出一个人的性格，还可反映人的潜意识，反映人潜在的愿望。所以，从生活习惯观察人，是掌握人内心活动的捷径。

# 六．根据兴趣爱好快速识别对方心理

涉及到兴趣爱好的时候，常常是一个人个性最张扬、防御最松懈的时候。所以，识别一个人最好的方式就是从他的兴趣爱好入手，这样不仅能够近距离看清他的庐山真面目，而且容易找到针对性解决问题的方法。

# 七．根据交际方式快速识别对方心理

　　社交场合识人讲究的是"快"和"准"，容不得你细细品味，慢慢思考。正所谓快人一步，胜人一筹。要迅速破译对方心理密码，贵在见微知著。

# 一. 根据外貌特征快速识别对方心理

人也许可以控制自己的言谈与举止, 但绝对控制不了自己的外貌。而外貌恰恰是人内心的显示屏, 它能流露出比言行更为真实的信息。如果你能读懂对方的外貌, 那么, 你就能了解对方的内心。

# 1. 识人先识脸，识脸先识型

对方向你走来或你走向对方时，你首先注意的是他的脸。对方还没有开口，但他的脸已经在进行自我介绍了。所以，要快速了解对方，最好就从观察他的脸开始。

**（1）圆脸**

圆脸型的人脸庞平滑轻松，没有凸出的脸颊或颧骨。这种人为人谦恭有礼，懂得均衡的道理。有时候他可能拖拖拉拉，不愿意面对那些想利用其慈悲天性的人。

**（2）方形脸**

方形脸的人给人以"运动员"的感觉，坚强、高傲、有决断力，是那种可以作决定，同时不必费多大心力就可以说服他人一起做事的人。他是一位好老师、忠心的朋友，他可能不是世界上最聪明的人，但他却是推动事物的主要动力。

**（3）椭圆形脸**

椭圆形脸被视为天生的美人胚子。假使是一个女人，不需要多少化妆品，便可以把脸孔修饰得完美无缺。椭圆形脸的男人，通常拥有艺术家的敏感和沉着冷静的个性。无论是男性或女性，都拥有与生俱来的优雅气质。最吸引人的地方，是那光彩照人、充满魅力和令人舒服的微笑。

**（4）双唇微开**

这种人很容易诱惑别人，富有挑逗性，而且充满热情，对各式各样的罗曼史都来者不拒。他的举手投足都散发出诱人的魅力。他有本事不说一句话，便把整个屋子里的人迷得神魂颠倒。

**（5）紧闭双唇**

这样的人绝对能够保密。他对自己的言行举止都十分谨慎，谨慎到经常显得过度敏感。严肃固执的个性，使他比较喜欢和周围人保持一定的距离，然而，在他内心深处，却存在着无法解除的焦虑，使他长年处在稍显焦虑的状态下。

**（6）双唇上扬**

是一位永远的乐观主义者。他能够不屈不挠、面带微笑地面对一切。在他心中有某种宗教或神秘的力量，使他相信事情总会迎刃而解。

**（7）双唇下弯**

和前面所说的正好相反，他是个十足的悲观主义者。他用挖苦、嘲讽的幽默感，来表示对人间事物的愤慨和鄙视。他可能相当成功，但几乎没享受过成功，因为他小时候曾受过很深很深的伤害；但他没让这些伤害复原，反而让它们曲解了他对人、事、物的看法。

**（8）厚嘴唇**

他不爱开玩笑，可能他人第一眼看到他，也不觉得他很性感，但他的体力相当好，对所有卧室里的活动，都能够全心投入。

**（9）薄嘴唇**

他不是一个很好的接触对象。其实，与其说是他的嘴唇令那些对他有意思的人退避三舍，倒不如说是他吝啬的个性令人裹足不前。他单薄而不丰满的嘴唇，透露出他是一个吝于付出，却乐于接受别人施舍的人。

**（10）下颚凸出或强健**

这样的人行事积极，意志坚强，不轻易受挫。别人向他求教，是因为他看起来像花岗石一样坚硬。他值得信赖，为人诚恳，不过有时候也很顽固。

**（11）下颚后斜或短小**

这样的人过度忸怩害羞，很可能总是低着头走路，眼睛盯着地而不是向前看，仿佛不断向他人道歉。好像每一件事都令他歉疚万分。他胆小的个性使他想像自己正面对未曾真正发生过的突然事件。结果，他的生命便慢慢演化成一种无止境的道歉状态。

### （12）圆下颚

他可能是一位画家，一位诗人，也可能是一位作家。他的见解并非只限定在某个范围内，而是弯曲多变，极富弹性。摩天大楼或郊区的购物商场，令他倒胃口，他想追求的是绿油油的山水风景。可是如果他离不开城市，那他一定幻想在一栋商业大楼里，找个宁静的角落。

### （13）方下颚

这种下颚通常搭配高而有角的额骨。自信而负责任的外表，使他魅力十足。因为他看起来已经十分果断，所以比一般人更能够让事情照他的意思而发展。他经常受到他人的推崇、尊敬和礼遇。

### （14）没有皱纹的额头

他的一生似乎没受过什么严重的创伤，对许多人而言，他一直过着一种迷人而轻松的生活。流逝的岁月似乎不曾在他身上烙下痕迹，因为他展现出一种悠闲而年轻的优雅气质。

### （15）有皱纹的额头

额上深刻的皱纹，表示他曾饱尝人生的煎熬。他曾经历过痛苦和失落，而这一切清清楚楚地刻在他的额头上。他是一个现实主义者，知道以不平等的方式，面对这个不平等的世界。

# 2．观相貌，知性格

相貌是人天生的，它们和性格有着密切的关系。性格是指人对现实中客观事物经常的稳定的态度，以及与之相应的习惯化了的行为方式。

性格的形成固然会受到遗传因素的影响，但主要是在后天环境中磨炼出来的。而且，定型之后，有很强的稳定性，它对人的行为也会产生极大的支配作用。

专家研究发现，一个人性格与相貌有很大的关系。

体型高大，仪表堂堂，生此相者，掌重权，具有很强的决断力和行动力。而厚朴稳重之相，性情温顺和气，行动老练持重。

古人认为好的面色是：面相有威严，意志坚强，富有魄力，处世果断，无私正直，嫉恶如仇；秃发谢顶，善于理财，有掌管钱物的能力；颧骨高耸圆重，面目威严，有权有势，从人依顺；颧高鼻丰并与下巴相称，中年到老年享福不断；颧隆鼻高，脸颐丰腴，晚年更为富足；颧骨高耸，眼长而印堂丰满，脸相威严，贵享八方朝贡。

通常认为不好的脸色是：颧高脸颐消瘦，做事难成，晚年孤独清苦。颧高而鬓发疏稀，老来孤独；颧高鼻陷，做事多成亦多败。薄脸皮的人常常会被误认为高傲，或者低能。这些误解更增加了薄脸皮在人际交往中的困难。因此，他们在处理问题时常常不敢大胆行事，宁愿选择消极应付的办法，他们对工作往往但求无过，不求有功，怕担风险。然而，脸皮薄的人并非一无是处。一般说来，脸皮薄者的为人倒是比较坚定可靠的。他们是好部下、好朋友，在特定的狭小范围内，还可以充任好骨干。

体貌文秀清朗，姿容朴实端庄，神情自若，是聪明睿智灵活机巧的人，做事有创造性和进取心；质朴而不清秀的人则性格内向，性情孤傲。

体型孱弱，神色浑浊委靡，脖子长、两肩缩、脚歪斜、脑袋偏、凶神恶煞之相的人，心地狭窄，性情卑劣。

消薄软弱、体貌形状孤单瘦弱的人，性情孤僻、内向、怯懦，愚昧无知，意志薄弱，为人处世没有主见，无所适从；粗俗鲁莽之相的人，性格反常不定，喜怒无常，不能自持。

"中年发福"的人，大多正值体力最旺盛的黄金时期。他们能够很优越地顺应周围的人情事势，给人一种温馨。他们多属于活动型的人，被人奉承时，往往做顺水推舟的姿态。这种人虽然常施小计偷懒，但并不被人憎恨，他们中很多人会被周围的人原谅，从而还颇受欢迎。活泼开朗、乐于助人、行动积极、善良而单纯是这类人的性格特征。他们经常保持幽默感，显得充满活力，同时也有稳重、温文的一面。

这种类型的人，有很多是成功的政治家、实业家和临床医师。因为他善解人意，头脑敏捷，拥有同时处理许多事情的才智，这是他们的最大长处。不过，考虑问题欠缺一贯性，经常食言，过于轻率，自我评价高，喜欢干涉别人的言行等，则是其缺点。

长着孩子的脸形，却是年纪不小的成年人，虽然有未成熟的外表却有着老成的表现，看起来使人觉得不协调。此种类型的人，喜欢以自我为中心，而且个性好强，所以也可称为显示性格。

这种人的周围，永远都洋溢着热闹而且豪华的气氛，如果话题不是以他为中心，他就不会愉快。此外，完全不听他人的话，可以说是任性类型。这种类型的特征是，即使认识浅薄，但却拥有广泛的知识，他们利用这种知识，去批评小说、音乐、甚至戏剧。并且因此而显得谈吐风趣，擅长使他人发笑。

# 3.头部动作折射出的内涵

头是人体最重要的组成部分，通过观察一个人的头能了解到很多的信息，因为从某种意义上说头就是心灵的指挥官。

首先是头的形状。科学家们对动物头的形状作过分析，结果发现，动物的性格与其头部的宽窄有很大的联系，头型宽的动物一般都很好斗，而头型窄的动物一般都比较温顺。美国心理学家还提出了这样一种观点：头部越大越饱满的人，智商就可能越高。

下面我们就来破译一些头部动作的内涵。

将头部垂下成低头的姿态，它的基本信息是"我在你面前压低我自己"，但这不限于居下位的人。当同事或居上位者做此动作时，它的信息乃是以消极的方式表达，"我不会只认定我自己"，然后变成这样的目标："我是友善的。"

头部猛然上扬然后回复通常的姿态。这动作时机是刚刚遇见但还不十分接近的时候，它表示"我很惊讶会见到你"。在这儿，惊讶是关键性的要素，头部上扬代表吃惊的反应。用于距离较远的时候，头部上扬是用在彼此非常熟悉的场合。其时机是当某人突然明了某事物的要旨而惊叹"哦!是的，那当然!"的一刹那。

摇头本质上是否定信号。

颈部把头猛力转向一侧，再使它回复中立的位置，这是单侧的摇头，同样传递"不!"的信息。头部半转半倾斜向一侧是一项友善的表示，仿佛是同路人的打招呼，传递的信息是"你与我之间，这蛮好的!"

摇晃头部时，说话者正在说谎而且试图压抑住要表示否定的摇头动作，但又不能彻底。

晃动头部，常被用来表示惊奇或震惊。其中隐含刚得知的消息是那么不寻常，以至于必须晃动头部才能确信这不是做梦。

头部僵直表示，他是如此的有分量且毫不惧怕，所以甚至什么东西在身侧摔破，都不屑一顾，或者是心里觉得无聊的表现。

颈部使头部从感兴趣之点往侧面方向移开。基本上就是一项保护性的动作，或把脸部移开以回避对身体有威胁的事物，在特殊情况下，这个动作可借着掩饰脸部而隐藏自己的身份。

颈部驱使头部向前伸并朝向感兴趣的方向。这个动作既可满怀爱意，也可满怀恨意。前一种情况是：两个相爱的人，伸长脖子深情专注地凝视对方的眼睛；后一种情况则像两个冤家伸长脖子，探出头部以表示他们不畏惧对方，而且瞪视对方如同洞察对方的眼睛；第三种情况则出现在某人渴望吸引你全部的注意力之时，因此他会探出他的脸，以阻挡你去看其他任何可能吸引你的东西。

头部从兴趣之源缩回。这是回避的动作。

突然把头低下以隐藏脸部，也可用来表示谦卑与害羞。在心怀敌意的情况下，把头低下则具有全然不同的意义，表示头部有紧迫的负荷，在这种情况下，其主要差异在于眼睛向前瞪视敌人，而不是随着脸部而下垂。

抬头是有意投入的行为。下属进入上司的办公室，站在上司面前，注意到上司的头正低着在桌上写东西。如果他对眼前的人物有畏怯之感，那么他会静静地站在那儿，直到上司把头抬起来看他，这么简单的动作，就足以促使下属开口讲话。

头部后仰，这是势利小人或非常自信之人鼻子朝天的姿态。一个人会把头部后仰，其情绪变化包括：从沾沾自喜、桀骜不驯到自认优越而存心违抗。基本上，这种姿态是挑衅的仰视而不是温顺的仰视。

头部歪斜，这个动作源自幼时舒适的依偎——小孩把他的头部依靠在父母的身上，当成年人(通常是女性)把头歪斜一侧时，此情此景就像倚在想象中的保护者身上一样，如果这个动作是用于玩弄风情，那么头部歪斜便有假装天真无邪或故意卖俏的意味，即表示在你的手中我只是一个小孩，我喜欢把头靠在你的肩上。

头部低垂，表示动作者深觉厌倦。

# 4. 从眉毛形状与动态看人

眉毛位于两只眼睛之上，就像一对亲兄弟，因此，眉毛长得是否对称，容易让人联想到兄弟是否和睦，与人的关系是否融洽。一个人眉毛长得是否对称，与他性格和能力有一定的关系。古人经常根据眉毛的长短来判断人寿命的长短，这是很难加以论证的，虽然我们不可过于拘泥于此，但这也从另一个侧面反映了通过观察眉毛，我们能得到更多的信息。

时值今天，像"从您的眉毛看，您是贵人相，您大智大德，命该人君，位居高堂，只可惜您现在是运交华盖，不过，明年起时来运转"，这一类从眉毛上得出评判，比解剖书上的解释更令人感兴趣。诚然，这些都是出自算命先生的嘴，难免有信口雌黄之嫌，我们尽可一笑置之。但是，我们也应看到，这些评判在现实中还是有一些道理的，所以我们也不妨给眉毛冠上一些名称，赋予它一定的含义，并试探着从眉毛去琢磨一个人的心思。

所谓粗眉毛就是人们常说的浓眉毛。包括浓眉毛在内的各种各样的人，从性格上可以分成"积极型"和"消极型"两大类。浓眉毛的人属于"积极型"，给人留下的印象的确是个性很强。与此相对，细眉毛的人给人留下的印象往往相反。

从日常观察中，我们会看到这种现象，多数男性的眉毛是直线，直线型与前面所说的浓眉毛一样，也属于积极型。那么，那些长着近似于女性的曲线型眉毛的男性的性格又是怎样的呢?他们大多是具有女人的气质。道理虽然如此，但是，现在有了能使淡细的眉毛变得又粗又浓的荷尔蒙激素、"眉毛促生药"，还有所谓的"物理疗法"——有人说，早晨和晚上把唾液涂到眉毛上，然后轻轻地按摩，就会使眉毛变浓。由于上述种种后天的人为的因素能改变人的眉毛的形态。我们只有在人们尚未采取上述种种人为的措施前来研究眉毛与性格的关系，才能得出准确的结论，否则，难免出现谬误，因而我们不要过分注重眉毛，但也绝不可以忽视眉毛的作用。

对眉毛的要求有四个方面，即"清秀油光""疏爽有气""弯长有势""昂扬有神"，也就是说，眉毛应该有光、有气、有势、有神。在这四个方面，清秀油光显得最为重要。一个人的眉毛，如果能够油光闪亮，就像珠宝那样熠熠生辉，价值连城；如果暗淡无光，就像珠宝黯然失色，可能就一钱不值了。

眉毛有光亮，显示这个人的生命力比较旺盛。通常的情况是这样：年轻人的眉毛都比较光润明亮，而老年人的眉毛往往比较干枯而缺乏光彩。这就是因为年轻人生命力旺盛，而老年人生命力开始衰退。从珍禽异兽的羽毛上也能够表现这一点。如老虎、豹子、孔雀、天鹅等身上表现最为明显。动物中皮毛的光亮好像也在显示着动物的位置和等级。

眉毛的光亮可以分为三层：眉头是第一层，眉中是第二层，眉尾是第三层。层数越多，等级越高，给人的印象越好，得到他人的提携越多，成功的可能性越大。因此人们认为眉毛有光亮的人运气特别好。

眉毛有气象有起伏，给人一种文明高雅的感觉。眉毛短促而有神气，也给人一种气势。如果眉毛太长而缺乏起伏，就像一把直挺挺的剑，就会让人觉得过于直白。

这种人的脾气比较火暴，喜欢争强好胜，一辈子都是自己把自己搅得不得安宁。如果眉毛太短，甚至露出了眉骨，又缺乏应有的生气，就会给人一种单薄的印象。这种人让人感到不舒服，有人无端地跟这样的人过不去。

眉毛长而有势的人会成功，正如古人所说的"一望有乘风翱翔之势"。可以这样说，这种眉毛具备了光亮、疏朗、气势和昂扬的优点，给人留下一种很好的印象。人们认为，这种人把"立德、立功、立言"三不朽全占了。一个人即使只有其中一项，也会叫人刮目相看，而三项都占的人自然容易成功。所在，在观察一个人的时候，观察他的眉毛是非常必要的，尤其是在眉毛运动的时候，下面让我们具体分析一下，相信这对把握一个人的心理是有一定帮助的。

皱眉所代表的心情可能有好多种，例如：惊奇、错愕、诧异、快乐、怀疑、否定、无知、傲慢、希望、疑惑、不了解、愤怒和恐惧。要确实了解其意义，只有回头去看它的原因。

一个深皱眉头忧虑的人，基本上是想逃离他目前的处境，却因某些原因不能如此做。一个大笑而皱眉的人，其实心中也有轻微的惊讶成分。

两条眉毛一条降低、一条上扬。它所传达的信息介于扬眉与低眉之间，半边脸显得激越、半边脸显得恐惧。眉毛斜挑的人，心情通常处于怀疑状态，扬起的那条眉毛就像是提出一个问号。

眉毛打结。指眉毛同时上扬及相互趋近，和眉毛斜挑一样。

这种表情通常表示严重的烦恼和忧郁，有些慢性疼痛的患者也会如此。急性的剧痛产生的是低眉而面孔扭曲的反应，较和缓的慢性疼痛才产生眉毛打结的现象。

在某些情况下，眉毛的内侧端会拉得比外侧端高，而成吊客眉似的夸张表情，一般人如果心中并不那么悲痛的话，是很难勉强做到的。眉毛先上扬，然后在几分之一秒的瞬间内再下降，这种向上闪动的短捷动作，是看到其他人出现时的友善表示。它通常会伴着扬头和微笑，但也可能自行发生。眉毛闪动也经常于一般对话里，作为加强语气之用。每当说话时要强调某一个字时，眉毛就会扬起并瞬即落下。像是不断在强调："我说的这些都是很惊人的!"

眉毛连闪，是表示"哈罗!"连续连闪就等于在说："哈罗!哈罗!哈罗!"如果前者是说"看到你我真惊喜!"则后者就在说"我真是太意外，太高兴了!"

耸眉亦可见于某些人说话时。人在热烈谈话时，差不多都会重复做一些小动作以强调他所说的话，大多数人讲到要点时，会不断耸起眉毛，那些习惯性的抱怨者絮絮叨叨时就会这样。

眉毛的变化丰富多彩，心理学家指出，眉毛可有 20 多种动态，分别表示不同心态。

与眉毛相关的动作主要有：

1.双眉上扬，表示非常欣喜或极度惊讶。

2.单眉，下扬，表示不理解、有疑问。

3.皱起眉头，要么是对方陷入困境，要么是拒绝、不赞成。

4.眉毛迅速上扬，说明心情愉快，内心赞同或对你表示亲切。

5.眉毛倒竖、眉角不拉，说明对方极端愤怒或异常气恼。

6.眉毛的完全抬高表示"难以置信"。

7.半抬高表示"大吃一惊"。

8.正常表示"不作评论"。

9.半放低表示"大惑不解"。

10.全部降下表示"怒不可遏"。

11.眉头紧锁，表示这是个内心忧虑或犹豫不决的人。

12.眉梢上扬，表示是个喜形于色的人。

13.眉心舒展，表明其人心情坦然、愉快。

# 5.读懂对方鼻子的"语言"

人的鼻子有没有身体语言，学者们看法不一，有人说有，有人说没有。

最近，有位研究身体语言的学者，为了弄清这个"鼻子"的"语言"问题，专门作了一次观察"鼻语"的旅行。他去车站观察，在码头观察，到机场观察。他旅行了一个星期，观察了一个星期，由此得出两点结论。

第一，旅途中是身体语言最丰富的。因为各种地区、各种年龄、各种性别、各种性格的人汇集在一起，而且都是陌生人，语言交流很少，但心理活动又很多，所以，大量的心态都流露于身体语言。他说："旅途是身体语言的实验室"。

第二，人的鼻子是会动的，因此，是有身体语言的器官。他说，根据他的观察，在有异味和香味刺激时，鼻孔有明显的张缩动作，严重时，整个鼻体会微微地颤动，接下来往往就出现"打喷嚏"现象。他认为，这些"动作"，都是在发射信息。此外，据他观察，凡是高鼻梁的人，多少都有某种优越感，表现出"挺着鼻梁"的傲慢态度。关于这一点，有些影视界的女明星表现得最为明显。他说，在旅途中，与这类"挺着鼻梁"的人打交道，比跟低鼻梁的人打交道要难一些。

人的五官中，鼻子和耳朵是最缺乏活动的部位。因此，很难从观察静态的鼻子读出对方的心理。但是鼻子也有自己的"语言"，诸位读者不妨从对方鼻子细微的语言中，试着"看"透对方的心理。

## (1) 鼻子胀大

在谈话中对方的鼻子稍微胀大时，多半表示对您有所得意或不满，或情感有所抑制。通常人的鼻子胀大是表现愤怒或者恐惧，因为在兴奋或紧张的状态中，呼吸和心律跳动会加速，所以会产生鼻孔扩大的现象。因此，"呼吸很急促"一语所代表的是一种得意状态或兴奋现象。

至于对方鼻子有扩大的变化，究竟是因为得意而意气昂扬，还是因为抑制不满及愤怒的情绪所致？这就要从谈话对象的其他各种反应来判断了。

### (2) 鼻头冒汗

有时这只是对方个人的毛病，但平日没有这种毛病的人，一旦鼻头冒出汗珠时，应该说就是对方心理焦躁或紧张的表现。如果对方是重要的交易对手时，必然是急于达成协议，无论如何一定要完成这个交易的情绪表现，因为他唯恐交易一旦失败，自己便失去机会，或招致极大的不利，就使心情焦急紧张，而陷入一种自缚的状态。因为紧张，鼻头才有发汗的现象。

而且，紧张时并非仅有鼻头会冒汗，有时腋下等处也会有冒汗的现象。没利害关系的对方，产生这种状态时，要不是他心有愧意，受良心谴责，就是为隐瞒秘密而紧张所引起的。

### (3) 鼻子变色

鼻子的颜色并不经常发生变化，但是如果鼻子整个泛白，就显示对方的心情一定畏缩不前。如果是交易的对手，或无利害关系的对方，便不要紧，多半是他踌躇、犹豫的心情所致。例如：交易时不知是否应提出条件，或提出借款而犹豫不决时的状态。

有时，这类情况也会出现在向女子提出爱情的告白却惨遭拒绝时。自尊心受损、心中困惑、有点罪恶感、尴尬不安时，才会使鼻子泛白。

上述的鼻子动作或表情极为少见，而平常人更不会去注意这些变化。但如想知人知面知心，就必须详加注意人的鼻子各种各样微妙的语言，并加以配合，以快速看透对方心理。

# 6.从眼睛透视对方心灵

严格地来讲，"眼"指的是眼球，"眼睛"才是指包括轮廓在内的整个视觉器官的外露部分。一些打着类似"科学相面"招牌的书里，谈到眼睛时，也有诸如"黑眼球越大越聪明""眼睛细而有神者慎重"一类的评述，我们对这些评述不敢恭维，更不敢像这些人那样轻狂地作出结论。我们所要做的，仅仅是通过观察一个人眼睛的形状来捕捉他心里的变化。

眼睛是心灵的窗户，眼睛里隐藏着内心的诸多秘密，要在最短的时间内看透对方心理，不妨先从眼睛开始解读对方。

**(1) 深眼睛**

如果一个人眼睛嵌在脸庞的后方，四周有强而有力的眉毛和高高的额骨包围。表示这个人性喜探究，仿佛周遭的一切都经常处在一面放大镜之下。其擅长区分极细的细节，可以侦测出一个人个性中的小缺陷。就因为这个原因，这个人十分挑剔，除非相当特别的人，否则很难进入他的生活中。

**(2) 两眼相近**

这样的人是那种在某一方面能够取得相当成就，但又因为在另一方面未得到他人认同，而沮丧万分的人。他一直认为自己总是在最好的时机上，作了错误的选择。不过，他却又马上指出，这绝大部分是因为别人给了自己不恰当的建议。在他心中，自己怀疑每一个人。事实上，他的疑心病严重到连对待自己都小心翼翼。

**(3) 两眼分得很开**

这个人很有良心，凡事替别人着想，对人生看得很开。虽然他朝着自己的目标前进，但并不因此而盲目，也不因此局限了自己的视野。他乐于帮助他人，一点儿也不嫉妒别人。受其帮助的人，经常问他该如何回报。那些人并不知道，让这个人帮助他们，便是他们给他的最大回报。

**(4) 鱼尾纹**

人眼角的波纹透露出一股幽默感。他说故事的本领，经常使听众捧腹大笑。不过，这种本事并不是天生的。鱼尾纹同时也表示，他曾经历过人生百态；而他说故事的本领，也因为他脸上表情的丰富多变而更显智慧。

**(5) 眼皮沉重**

这样的人就像小狗一样可爱。想睡觉的眼睛也是这个模样，因此，睡觉成为他离开人群最好的借口，因为沉重的眼皮，看起来就像只能上床睡觉。不需多说，这人说话必是轻声细语，行事轻松自在，但保守退缩。

**(6) 大眼睛**

这样的人的眼睛清澈明亮，反射出一种永远好奇的模样。他喜欢尝试任何事情，即使某件从前做过许多次的事，让其做来都仿佛从没做过一般。睡觉是少数几件令其憎恨的事，因为他讨厌闭上眼睛，即使只闭上一秒钟，其也老大不愿意，因为其怕错过某样东西。

**(7) 弯眉毛**

他的个性并不武断，但其是个梦想家，喜欢沉浸在轻柔而超现实的优美色彩中。这样的人家里到处都是活泼的抽象造型，和极富原创力的设计，而且其乐于在家中招待一群经常往来的艺术界朋友。他可能有点儿善变，不过永远热情洋溢。

**(8) 直眉毛、眉眼相距远**

这样的人很大胆，而且能够一眼看穿任何男人或女人。他灼热的眼神很容易便能够穿透，甚至粉碎大多数人的保护网。其喜欢证明自己有权威，而且经常这么做，他时常不说一句话，却以冰冷、可以洞悉一切的眼神，凝视着自己的对手。其有一颗深思熟虑和逻辑性强的心。

**（9）皱眉型**

他对任何事都深思熟虑，是个足智多谋、深谋远虑的人，总是静悄悄地退在一旁，并从各种可能的角度去研究事情。在得到任何结论之前，他反复考虑所有可能性。虽然他那深思熟虑的举止，看起来不积极，不过认识他的人，都知道不要去打扰他的思绪，以免惹他生气。

**（10）眼睛上扬**

眼睛上扬，是假装无辜的表情，这种动作是证明自己确实无罪似的。目光炯炯望人时，上睫毛极力往上压，几乎与下垂的尾毛重合，造成一种令人难忘的表情，传达出某种惊怒的心绪，斜眼瞟人则是偷偷地看人一眼又不愿被发觉的动作，传达的是羞怯腼腆的信息，这种动作等于是在说："我太害怕，不敢正视你，但又忍不住地想看你。"

**（11）眨眼**

眨眼的变型包括连眨、超眨、睫毛振动、挤眼睛等。连眨发生于快要哭的时候，代表一种极力抑制的心情。超眨的动作单纯而夸张，眨的速度较慢，幅度却较大，眨的人好像在说："我不敢相信我的眼睛，所以大大地眨一下以擦亮它们，确定我所看到的是事实。"睫毛振动时，眼睛和连眨一样迅速开闭，是种卖弄花哨的夸张动作，好像在说："你可不能欺骗小小的我哦！"

**（12）挤眼睛**

挤眼睛是用一只眼睛使眼色表示两人间某种默契，它所传达的信息是："你和我此刻所拥有的秘密，任何其他人无从得知。"以社交场合中，两个朋友间挤眼睛，是表示他们对某项主题有共通的感受或看法，比场中其他人都接近。两个陌生人间若挤眼睛，则无论如何，都有强烈的挑逗意味。由于挤眼睛意含两人间存有不足为外人道的默契，自然会使第三者产生被疏远的感觉。因此，不管是偷偷或公然的，这种举动都被一些重礼貌的人视为失态。

**（13）眼球转动**

眼球向左上方运动，回忆以前见过的事物；眼球向右上方运动，想象以前见过的事物；眼球向左下方运动，心里自言自语；眼球向右下方运动，感觉自己的身体；眼球左或右平视，弄懂听到语言的意义；正视，代表庄重；斜视，代表轻蔑；仰视，代表思索；俯视，代表羞涩；闭目，思考或不耐烦；目光游离，代表焦急或不感兴趣；瞳孔放大，兴奋、积极；瞳孔收缩，生气、消极。

# 7.眼皮：容易泄露秘密的暗道

眼皮虽然是很小的一部分，但能够反映一个人的某些心理，所以，我们可以通过一个人的眼皮来初步地了解他。

眼皮能说明什么问题呢？

从进化论的角度来看，上眼皮皮下脂肪丰厚的单眼皮，比上眼皮皮下脂肪单薄的双眼皮进化程度更高。总的来讲，眼皮主要担负着保护眼睛的作用。单眼皮是为了更有效地发挥这一作用而进化来的。东方人单眼皮占的比率较高，而西方人双眼皮者居多，这是东方人的优势。但是，偏偏就有这么一些人，将进化成度较高的单眼皮动手术修成落后的双眼皮。这些人自我欣赏时，未必意识到自己正在做一件买椟还珠的蠢事，或者说是人各有志吧！

把已进化了的单眼皮人为地退化成双眼皮，以此来追求美的靓女和娇妹的心理，确实难以捉摸。为什么这么说呢？不知读者是否注意到，无论是那些访日的欧美著名艺术家叹为观止的作品，还是富有典型的东方的佛像、雕刻，如日本中宫寺里的被称为"谜的微笑"的弥勒菩萨、京都广隆寺里的弥勒菩萨等，这些作品里出现的眼睛，都是单眼皮，这绝非偶然，而充分反映了东方人关于眼皮的审美观，这种审美观以至于影响了欧美艺术家对日本式美的认识。

研究表明，单眼皮的人冷静，有逻辑性，观察力和集中力均优，思虑深，意志坚强。性格消极，沉默寡言。做事细心、谨慎，虽有持续力，但个性顽固。而双眼皮的人知觉性强，感情丰富，热情明朗，顺应性和协调性优异，行动积极敏捷。

从下眼皮可以发现过度疲劳的痕迹。把获得了充分睡眠的人和睡眠不足的人进行一下比较，就会发现，睡眠不足的人下眼睑周边呈现黑色，形成了黑眼窝。过度疲劳、淫乐无度、病魔缠身、郁闷苦恼等等，也会引起这一征候。当然，一般来讲，下眼睑周边会随着年龄的增长，相应地出现窝、皱纹、垂肿等现象。

当我们见到电视新闻播音员、有涵养的夫人、良家子弟、大家闺秀及被称为"装饰厨窗"的浓妆艳抹的女士时，未必能从他们的脸上窥到有关其性格等方面的信息，因为许多人都将脸掩饰了起来，或是将脸作为与社会接触的广告，但他们的眼皮却在不经意间泄露了他们心里的秘密。

# 8.嘴部动作体现个性

人嘴部的动作是很丰富的，这些丰富的嘴部动作，从某种程度上可以折射出一个人的性格特征和心理态度，不信仔细观察观察。

人们常用吐字清晰，口齿伶俐来形容一个人的嘴上功夫，说他口才好，能言善辩，这只是其中的一个方面，凡是嘴上功夫好的人，不论是知识水平高的或是低的，一般来说，思维都相当敏捷，而且人很机灵，一点也不显呆板和笨拙。在人际关系方面，对于这一类型的人要分两种不同的情况来讨论。一种是人际关系处得不好的，这是因为他们倚仗自己的口齿伶俐，总是处处抢先，出风头，而对别人持不屑一顾的态度，自己不在理上，也要争个天昏地暗。这种为人态度当然不会受人欢迎，人际关系处不好也是很正常的。而另外一种则完全不同，他们希望自己和所有人都处好关系，并努力朝着这一方面做。这种人多比较圆滑，他们能够依靠自己的口齿伶俐和能言善辩来化解各种矛盾，促使个人的人际关系和谐。

人的下嘴唇往前撇的时候，表明他对接收到的外界信息，持不相信的怀疑态度，并且希望能够得到肯定的回答。

人的嘴唇往前撅的时候，表明此人的心理可能正处在某种防御状态。

在与人交谈中，如果其中有人嘴唇的两端稍稍有些向后，表明他正在集中注意力听其他人的谈话。

嘴角稍稍有些向上，这种人看起来很机灵或是活泼，而实际上他们的性格大多也是比较外向的，心胸比较宽阔，比较豁达，与人能够很好地相处，不固执。

在与人交谈时，用上牙齿咬住下嘴唇，或是用下牙齿咬住上嘴唇以及双唇紧闭，这多表示一个人正用心地听另外一个人的讲话，他可能是在心里仔细地分析对方所说的话，也可能是在认真地反省自己。

口齿不清，说话比较迟钝的人，可以分不同的情况来讨论：一种人是不仅在说话方面表现得不够出色，在其他各个方面的表现也都是相当平庸的，这样的人若想获得很大的成就，可谓是不易。还有一种人，他们的语言表达不精彩，而且也不太经常表达自己，但一旦表达，肯定会有不凡的见解，这说明这个人具有某一方面或某几方面比较出众的才能。

说话时用手掩嘴，说明这个人的性格比较内向和保守，经常害羞，不会将自己轻易地或过多地呈现在他人面前。用手掩嘴这个动作另外一个意思，还表明可能是自己做错了某一件事情，而进行自我掩饰，张嘴伸舌头也有这方面的意思，但也还表示后悔。

在关键时刻，将嘴抿成"一"字形的人，一般比较坚强，有股不达目的誓不罢休的顽强韧性。这样的人对某一件事情，一旦自己决定要做，不管其中要付出多少艰辛，多都会非常出色和圆满地完成。

# 9．从下巴的形状看人

对第一次见面的人，如果你想对他有所了解，比如看穿他当时的心思，只要观察一下他的下巴就可知道个八九不离十了。

下巴的动作虽然极为细腻，但却能左右他人的印象。站在镜子前，将下巴抬高或缩起，会产生不同的判别印象，下巴抬高时，胸部及腹部都会突出，有骄恃、自大的样子；反之将下巴缩起，稍似驼背，个性上显得很懦弱、气馁，若此时观察对方，将会发现其眼球向上翻滚，仿佛怀疑心重。

我们可从各种场合注意对方下巴的角度。

第一，下巴抬高，此人十分骄傲，优越感、自尊心强。他们常常会否定别人，对别人所取得的成绩持不屑一顾的态度。

第二，下巴缩起，此人小心谨慎，能够很好地完成某一件事，但这种人疑心病很重，容易封闭自己，不易相信他人。

从上面的文字叙述中，我们已经看出，人的个性和心理，往往反映在他们的下巴上。下面我们将进一步讨论有关下巴的功能和语言学上的问题。

当然不能单独看下巴，还要把下巴作为下颚的主宰而观察整个下颚。下颚就人类或动物而言，乃担任发声或咀嚼的器官，从外形上看来，男性多带有稍许棱角的下颚与颧骨。实际上，下颚形态的男女差别具有相当的决定性，所以，男人不论如何改装成女人，其下颚也无法蒙骗人们的眼睛。而且，下颚也决定了声音的性质。譬如：电视、电影的幕后配音者，何人担任那一角色的配音工作，据说也是取决于下颚的形态。

此种人类与生具备的下颚形态，乃是用以推测某人的一般倾向之手段，譬如："拥有意志坚强的下颚者"或是"尖细的下颚表示神经质"之类。为探讨对方现在想些什么、想要表达什么时，单凭下颚的外观形状是不够的。唯有留意下颚的动作，才能解读身体言语上的意思。

提及下颚的动作，我们最容易注意到的，即是"突出""收缩"的动作。处于极度疲乏的状态，一般人便会做出"伸长下颚"的动作；除了此种由于肉体上的要求而表现出来的姿态以外，"突出下颚"的动作，一般而言，不论男女，均属具有攻击性的行为，可视为一种想表示"扑向前去狠揍一顿"意图的动作。迪斯蒙得·摩里斯曾经说明"突出的部位，表示带有意图侵略对方势力范围的性格"。下颚的突出亦复相同，乃是用来作为自我主张的工具。因此，突出的程度越大，则其自我主张的程度也就越高。譬如："颐指气使"之类的表现，采取此种动作，也是自认对方属小辈或自己很明显地站在优势，且很有把握自我主张必然完全推行时，所表现出来的身体语言。外国人在发怒时，经常将下颚伸向前方，这也可以视为想将其愤怒情感扔向对方的一种攻击欲求的表现。

另外，下颚突出不明显的男性，乃是欠缺自我主张之人，此种说法也是源自同一的论点。

像此种由下颚的突出以表现的自我主张，利用不同形状而表现出来者，即是"络腮胡"。胡子也是使下颚更加突出，以表现自我主张的象征。在我们身边想必也有不少蓄留胡须的人，但是一旦跟他深入交往，很意外地可以发现这种人多半属于懦弱，缺乏个性的人。此种类型的人，即是想将他在语言、态度上不能表现自我主张的部分，用蓄胡须的行为得到补偿。

外国人愤怒时，往往做出将下巴伸前的动作，但东方人恰与之相反，而以缩下巴者居多，此或许是由于国情不同所致，较之西方人的表露攻击欲，东方人往往深藏不露，以待敌之不备。西方谚语说"缩下巴的人最为阴险"，所以，当东方人愤怒时，便会无所不用其极。由于攻击欲内藏之故，表现身体言语的下颚动作，也就因而不采取突出的形态。乍看之下，十分恭顺似的，其实内心却潜藏着极为复杂的情绪。由此种地方也可以看出东方人特有复杂而微妙的心理。

除了此种下颚本身的动作之外，尚有利用手之类接触下颚的动作。

"抚弄下颚"的行为，因应各种状况而有种种不同的意义。从身体学的观点而言，此属于自我亲密性的表现。亦即，丧失自信、不安、孤独、话不投机的尴尬等场面，借接触自己的肉体，以掩饰心态，安慰自己。

# 10．从气质、气色识别对方

一个人的气质和他的行为有着密切的关系，气质常常决定一个人行为的方式，而行为又表现为与气质相吻合的特征。辨别一个人的气质，对于合理调配人的行为规范是有重要影响的。

气色的变化也能体现出一个人的心态："忧惧害怕的颜色大都是疲乏而放纵，热燥上火的颜色大都是迷乱而污秽；喜悦欢欣的颜色都是温润愉快，愤怒生气的颜色都是严厉而明显，嫉妒迷惑的颜色一般是冒昧而无常；所以一个人，当其说话特别高兴而颜色和语言不符时，肯定是心中有事；如果其口气严厉但颜色可以信赖时，肯定是这个人语言表达不是十分流畅敏捷；如果一句话未发便已怒容满面时，肯定是心中十分气愤；将要说话而怒气冲冲时，是控制不了的表现；所有上述这些现象，都是心理现象的外在表现，根本不可能掩饰得了，虽然企图掩饰遮盖，无奈人的颜色不听话啊!"

从今天的观点来看，人不是生而知之的，但人确实与先天气质有关系。要了解那些从娘胎里给我们带来的气质特征，对照下列内容可以观其大概。

**(1) 躁郁型**

能与性格古怪、思维方法不一样的人轻松往来；乐意为他人服务；听到悲哀的话，立即为之感动；做事冲动，常办错事；常被他人称为好好先生；遇事不冷静思考，就立即采取行动；服从分配，领导叫干啥就干啥；对初次见面的人很容易亲近；能轻松地与人谈笑，开玩笑；不古怪，不别扭。

**(2) 积极型**

刚毅勇敢，不输他人；别人常想他是一个有作为的人；不重利，认为得利必有失；坚信自己的信念；善于自我解释；经常积极、活跃地活动，与自己的心情好坏无关；动手能力强，自我倾向性强；不易接受他人意见；做事有恒心，失败了不灰心，顽强奋斗，坚持到底；不受他人情绪好坏影响。

**(3) 分裂型**

不善交际，独自一个人也不寂寞；宁愿多思考，也不轻易采取行动；呆呆地好像在想什么问题；对他人的喜怒哀乐并不介意；人家都娱乐时，他会以自己的某一件事而忧虑；有点神经质，对世俗的反应显得迟钝；给人的印象是冷淡，不易亲近；并非恶意，但有时会挖苦人家；进入新环境中，不容易与他人亲近；对任何事物总是从广泛的角度去深思理由，不喜欢在某一规定范围内行动。

**(4) 黏着型**

做任何事一开始就孜孜不倦，有耐心；常被人指责为不通融合群；做事毫不马虎；与人交往中绝不缺情，正义感很强；处理事物时，原则性很强，但方法不太漂亮；常勃然大怒；专心处理一件事时，未做完之前，其他事一概不管；心情好时，动作也来得慢；一方面积极、一方面保守；喜好洁净。

**(5) 否定型**

内心烦恼，但表情上不表露；自卑感强；做什么事都犹豫不决，没有决心做下去；不希望想的事，偏偏要留在脑子里想；即使是微不足道的小事，也表现出恐惧之感；自己做过的事，时常挂念在心里；对做过的什么事都没有满意的时候；已经过去了不顺利的事，还永远记在心里，闷闷不乐；意志消沉，没有耐心；应该说的，不敢说出来。

### (6) 折中型

有时含着微笑讲话，有时却冷淡对人；时常无缘无故地不耐烦、大发雷霆；平时心情悲观，但有人安慰时显得高兴、愉快、任性，说话表情过分；相信道听途说，容易接受他人暗示；喜欢华丽，好摆阔气；有时显得撒娇；多嘴多舌，但感情冷淡；喜好炫耀自己。

除人的类型之外，血型也是影响气质的重要因素。我们知道，每个人都有自己的血型特征，气质特征和性格特征。血型特征与气质特征都以遗传因素为主，绝大多数成分产生于先天，而性格特征则因人的后天修养累积而成，可以改变，也可以或多或少地影响人的气质特征。概括地说，气质既是内在的修养，又是外在的表现，人可以用知识来弥补气质上的不足，遮掩其中的缺点，并使优点发扬光大。

如果观察不到这些，而只凭一个人的长相选拔人才，那十有八九是会失误的。

# 11. 体型：一个人的门户和纲领

体型的特征是一个人的轮廓，同时也是一个人的门户和纲领，究其纲领，便可以察其性知其心。

中国人有句名言："人需要接近看看，马需要骑着看看。"从人的言谈举止中，虽然也可以看出一个人的内心活动的大致，但通过对体型的观察，更可以看出对方的某种特殊的潜质。

英国的行为学学者雷咨蒙度·摩利斯说："人并不比其他动物特别高级或特别低级。"人也属于动物的一种。动物有不同的体型，人也有不同的体型，如肥胖型、枯瘦型、筋肉型。这样的体型出现在人类的身上，受多种因素影响，但多少可以表示一个人的性格。不论你在商场或日常生活中，想要一切圆满的话，就需要保持良好的人际关系。要达到这个目的，首要条件就是探知对方的性格，进而才能透视对方心理。

古人在这方面有精辟的论述。洪应明的《菜根谭》中对筋骨之论，是二者分而论之的。他认为：

观察一个人的"筋"，能识别他的胆量。"筋"劲，其人勇猛有力；"筋"松，其人怯懦乏劲，像柔弱无缚鸡之力的酸腐书生。一个人手足如受到伤害，医生要专门察看一下手足能否自由地活动，如伸展自如，表明筋腱完好无损，医治起来也就不麻烦。

"筋"是一个人力量的基础。"筋"强劲，其人势勇，行事大胆洒脱；"筋"软弱，其人势怯，行事唯唯诺诺，无甚主见。这一个特征很难在鉴别人才时单独使用，往往与"骨"等特征合并运用。

观察一个人的"骨"，能识辨他的强弱。"骨"健，其人强壮，"骨"弱，其人柔弱。曾国藩在鉴识人才时，认为"神"和"骨"是识别一个人的门户和纲领，有开门见山的作用。他在《冰鉴》中说："一身骨相，具乎面部。"他经常将"筋"和"骨"联在一起来考察一个人的力量勇怯。

根据德国学者雷琪玛的性格判别方法，大致可依据六种体型来分析人的性格。

### (1) 筋骨强壮而结实的形态——坚忍质

筋骨强壮而体格结实通常是坚忍质形态的人。这种人筋肉和骨骼发达、肩膀宽大、脖子粗，故从事举重、摔跤和土木工程方面的工作，容易出人头地。然而，在公司银行当经理的人，也会有这种形态的。这种人做事认真、忠实，当公司或银行里的经理是最恰到好处的，这是坚忍质人的第一特征。

你的同事中，经常把抽屉整理得很干净，或应当发出去的信绝对不会疏忽，字也写得端端正正，这就是人们常说的具有坚忍质的人。

第二特征是情意浓厚、注意秩序，且过着踏实的生活。

第三特征是情趣少，悟性慢，经常有犯傻的地方，不知所措。此特征在言谈间会表露无遗，特别是谈到电影情节时，往往会发表一大堆谬论。

按照上面所说的各点，这种人虽很可靠，唯独缺乏情趣，呆板，其固执非常深，任何事情都很呆板去想。被妻子要求离婚的人，也是这种类型的人居多。

你交际的对象或同事中如果有这种人，与他们打交道时必须知其性质，那就是经常要与之杂谈或招待他们借以引诱。

### (2) 肥胖型或脂肪型——躁郁质

脂肪型和肥胖型的体型之特征，往往胸部、腹部和臀部十分宽厚。因腹部附着脂肪，所以从整体看来，像是有很多肉。一般说来，中年是最容易肥胖的年代。因开心过度而肥胖，就是脂肪型和肥胖型的体型。

同这种体型的人接触，你往往可以享受到对方开放而浓郁的人情。这种人日常十分活跃，一旦被人奉承时，任何事情均愿代劳，虽然本人口头上说"很忙、很忙"，事实上，终日享受着忙碌的乐趣。这种人偶尔也会忙里偷闲，是个有野趣的可爱人儿。

这类人一般会兼有开朗、积极、善良、单纯的多重性格，且活泼、幽默；另一方面，这种人具有稳重而柔和正反两面的性格，特别表现在欢乐和苦闷的时候。而这些，正是躁郁质的特征的外在表现。

这类人通常适于从事政治、实验工作或临床医师，容易出类拔萃，且因具有天赋敏锐的理解力，凡事有迎刃而解的能力，但他们对事情的思虑缺乏一贯性，言谈间极易因轻率而失言，并且自恃高大，喜欢干涉对方。

如果你和这类人或这种上司交往的话，他们会是开放的社交人士，因此，在你们初次会面的一刹那间，即能一见如故相谈甚欢。但这类人喜欢照顾别人，这份关怀天长日久容易演变成压迫似的形态。

### (3) 单纯而不成熟的形态——歇斯底里

在你的周围可能经常会见到脸孔状如小孩未成熟形态的人。这种形态的人，通常具有自我观念刚强的性格。这类人的周围经常是热闹非凡的气氛，话题的中心不是自己时就不开心，同时对别人所说的话一点都不听，非常任性。

此种形态的特征是，各方面都有浅薄而广泛的知识；有用这些知识对小说、音乐、戏剧加以评论的才能，同时具备其他各种知识，讲话时妙趣横生，经常使人捧腹大笑。

对于这种形态者，询问有关他自己的事情时，更会眉飞色舞地说个不休，并且在言谈之间常喜欢标榜自己如何，使人常感到过于放纵，而产生不舒服的感觉。

从另一角度看，这类人可谓是天真、浪漫的人，却不知自己还没有变成大人，真值得悲伤。自己被人奉承时还好，一旦受人冷淡摒弃时，嫉妒心会变得很强烈，形成一种歇斯底里的状态，对于这种人要特别注意。

在你所知道的女性中，若有这种歇斯底里型的人时，最好不要多讲话，只要听她发表言论即可。如果你交际的对象有此种类型的人，在有生意来往时，关于此点要特别注意。万一过分信赖这种人，自己受到损害的例子实在不胜枚举。

### (4) 瘦瘦细条的形态——神经质

一提到神经质型，人们都会自然地想到脸色发青、细长的身体线条，具有知识分子的风范。其实神经质的人，不仅是这种特征，从另一个角度看，具有男子气概、豪放磊落而胖墩墩的人，也有神经质的倾向。

这类人最大的特征是任何事情都归咎到自己身上。带有强迫性格，喜欢自寻烦恼，以致自己想要诉说的苦衷难以表述，结果被人把责任强加到自己的头上。

这种类型人最大的特征是心情不安定，情绪容易失去平衡，且容易混乱，他自己本身也非常不开心。其实这种性格是一种难能可贵的性格，具有丰富的感受性和纤细的感觉，是生活态度非常慎重的人。他们如果从事艺术性的工作，大多可以取得别人做不到的成就。

### (5) 略带纤瘦但体态结实的形态——偏执型

这类人略嫌纤瘦，但体态结实，自我意识特别强烈，且很固执，对任何事情都喜欢挑战。有强烈的信念，充满信心，不论遇到怎样的苦境，都秉持成功的目标去努力。

强烈的信心加上判断灵敏，做事果断，在商业方面实在是前途无量。相反，当这种人误入歧途时，就会变成强制、专制、高傲、猜忌、蛮横，且表露无遗。在工作岗位上一言不发瞪别人时，那个人马上就会被摒出人群之外。一旦一个念头缠在脑子里，想要更改非常困难。

具有如此体型的人，他们在事业和做人方面，都缺乏应有的性格魅力，但他是一个有能力且可能具有相当权力潜质的人，由于性格上的弱点，即使是别人跟随他，迎合他，他同样还是会和别人保持心理上的距离，他在家庭生活中也可能是个孤家寡人。

与这类人交往时，绝不可与他形成对立，这种人具有抗争性和攻击性，他的偏执，会让他一直把自己的观点强加给别人，直到被别人认可时为止。

### (6) 纤瘦型有影子的形态——分裂质

对纤瘦型者有一句流行语——"苗条"，甚至还有人说"瘦子特别能吃"或"某方面很强烈"，这都是观其外表。此类型者，虽然外表似乎虚无的样子，实质上是很难应付的人。若为女性，性格刚烈，一旦发怒后果将不可收拾。

与这类人交往时，应该了解他神经纤细并且本性善良，是对生活采取慎之又慎态度的人，但他性格上的犹豫不决和意志薄弱，容易产生气馁心理，是个令人难以捉摸的人。

这类型的特征一般是冷淡、冷静，并且性格复杂且无法适当地表明立场。因为这种人有相互矛盾的分裂质。比如对于幻想兴致勃勃，保持快乐的一面，不喜欢被人探出隐私，且心事仿佛用冷酷的面罩覆盖着。

对于这类人，有人会不喜欢而视之为平凡的朋友交往，有人感觉到这类人是不易接近的贵族，具有罗曼蒂克的气氛。

这类人对无关紧要的事固执己见、怪癖、不变通、倔强，并且表情呆板，在没下决心之前用行动来决定，这就是纤瘦人的缺点。这种人因为有纤细神经的关系，其优点是对文学、美术、艺术等兴致盎然，且对流行有敏锐的感觉。纵使拿出自己的财产，也要尽力为大众服务。社交上，有非常优雅的手腕。

　　以上几种关于体型窥探内心的途径，虽具有一定的科学性，但不是一试就灵的法宝，它因人而异，学会正确地使用它，在观察人物时才不至于陷入误区，害人而误己。

# 12.十指连心，指随心动

　　俗话说："十指连心。"手指的动作变化与人心的变化是相映成趣的。善于观察的人，能够从手指变化的姿势中了解一个人的心理活动。

　　伸手时五指全部分开者，此人性格开朗，乐观轻松，不易患"七情"内伤病症。

　　伸手时不自觉分开拇指者，性格自负倔强而雅量不足。

　　伸手时不自觉打开食指者，凡事喜欢独立行动，从无依赖心，不易与人相处。

　　伸手时不自觉打开无名指者，有外和内紧的心理，对外人和蔼可亲，对家庭缺乏体谅。

　　伸手时五指并拢者，做事有理有条、小心谨慎、计划性强，但过于细心，要求别人亦高，做不到时易自寻烦恼。

　　伸手时整只手缩卷，具有滴水不漏的精神，做事小心、生活俭仆、精打细算、从不吃亏。

　　伸手时小拇指常分开者，性格不太合群。

　　两手相对成尖塔：这类人自信心相当足。如果你不认识他，他极可能是高阶层的白领人士。双臂交叉胸前：他在心理上拒绝接受你，而且对你始终保持着一种戒备的态度。所以说，控制动作手势很重要。

　　一个人的动作手势也可以起到弥补有声语言不足的作用，增加有声语言的分量。比如：心情愉快时，往往会不自觉地把两手举在空中挥动；

心情悲苦时，忍不住会抱头弯腰，使身体呈圆缩形；当愤怒时，不免要举拳猛击。

不自觉的手势可说是一种习惯，是一种内在感情，因此几乎每一个手势都是内心情感的流露。

尤其是那些比较情绪化的人，他手势上的不自然动作，就像一只寒暑表一样，使人洞悉他的心理。

双手插兜露出两拇指，是具有傲慢心理的反映，这类人作为应酬对象必须要在气势上压倒他；来回搓掌，心理表现为不安，不知所措、焦虑；十指交错两手互钳，好机会，快去安慰他，他心理正非常沮丧。

有些人，不论在什么情况下，总是喜欢把手插在口袋中。这种手势另一层意义就是让人莫测高深，把自己深藏起来，不想让人掌握住他的个性与弱点。然而再从另一个角度来看，把手插入口袋中意味着他不太认真地听别人的话，自己正在思索自己的事。这虽然是不自觉的手势，却流露着内心世界的活动。

喜欢把手交叉着放在胸前的人，表示其自负自大，自视甚高，目空一切。然而若天冷有抱胸取暖的手势则除外。

而有的人在与他人交谈时，常喜欢拼命地挥动双手，也有些人习惯性地把双手牢牢握住，都是表示当时的紧张情绪，或者异常激动，或者是得意忘形之举。

相反的，有的人双手无力，看似松软垂直，而有时是双手相互不自觉地抱着，表示此人有虚心与放心两方面。放心则感无所谓，没有什么事情可以使他震惊多为此种手势，虚心则倾听对方的话题。

有些人的双手闲不住，不找点事做则心焦发慌，他的心境必定不沉着。另外在打电话的时候，喜欢无意识地动动桌上的东西，这也是心情不定的一种表示。就一般情况而言，当一个人有心事想掩饰时，会下意识地做别的事为其掩护。

有一些人喜欢大模大样地反剪双手抬向颈后，这手势有两种含义，一种是有意如此，另一种是无意识地自小养成习惯。然而不管是有意或无意，都表示此人个性严谨，心理多虑。

双手一会儿握，一会放，表示做事仔细。如果看到一个有咬手指习惯的人，他可能是个梦想者。心理学家认为这种咬手指的无意识习惯，对任何年纪的人来说，都是不雅观的动作。他经常都是心不在焉，总在梦想的世界里。

用手指缠卷头发，这种动作大都属于女人。当她们无所适从，或遇到困难问题时，或出现失望状态时有这些动作；男人遇到这种情形时大部分是抓脑袋、搔头皮。

坐在凳子上，双手展开贴在凳子两旁或按在膝盖上表示胸襟豁达。

用手搔头很可能表示尴尬、为难、不好意思。

用手托住额头很可能表示害羞、困惑、为难。

双手相搓，常常表明陷入为难急躁状态之中。

双手摊开，一般是表示真诚、坦然或无可奈何。

双手插腰，通常说明对方的挑战、示威或感到自豪。

用手敲打头部这个动作通常表示懊悔或自责，如拍打的部位是脑后部，则表示这种人不太注重感情，对人苛刻，而打击前额的人，通常很直爽。

由此看来手势是一个人内心世界的反映，同样通过手势语言，我们可以做到知人知面知心。下面是一些常见手势所暗含的心理活动，大家不妨细细品之。

### (1) 跷拇指表示称赞

跷大拇指，更多的时候是表示称赞的意思。我们举例来说明。

毛泽东主席一生风趣幽默，妙语连珠。关于他的幽默故事流传下来的颇多。在红军转战陕北的艰苦岁月里，有一天深夜，部队进驻一个村，由于人多村小房子少，毛泽东和十几个同志同睡一个小窑洞。房东大嫂走上前，忐忑不安地说："这窑洞太小了，地方太小了，对不住首长了。"毛泽东随着大嫂的语调说："我们队伍太多了，人马太多了，对不住大嫂了。"毛泽东说着，又跷起大拇指说："顶好!顶好了!"毛主席话没说完，所有的人都大笑起来，房东大嫂的紧张心情自然也就消失了。

在一些特定场合，用拇指指人还有讥笑或贬低他人的作用。例如，某丈夫握着拳头却将大拇指指向妻子，侧身对其朋友说："你知道，女人嘛，都那样!"这很可能会引起夫妻间的一场口角，用大拇指斜着指人的动作，是会引起他人不满的，最好少用或不用，真诚地赞赏和称赞他人时，应该面带微笑，将手平伸出去，将拇指上扬，才能表现态度谦虚乃至尊重。

### (2) 攥紧拳头说话有力量

一般情况下，在庄重、严肃的场合宣誓时，必须要右手握拳，并举至右侧齐眉高度。有时在演讲或说话时，捏紧拳头，则是向听众表示："我是有力量的。"但如果是在有矛盾的人面前攥紧拳头，则表示："我不会怕你，要不要尝尝我拳头的滋味?"

通常情况下，攥紧拳头，显示的是一种果断、坚决、自信和力量。平时我们听人演讲见人讲话时攥紧拳头，证明这个人很自信，很有感召力。但在日常生活中，我们与人发生不愉快时，请把你的拳头藏起来，而不要攥起拳头在对方面前晃动，那样做的结果，势必会引起一场打斗，这是不可取的。

### (3) 双手叉腰是挑战

孩子与父母争吵、运动员对待自己的项目、拳击手在更衣室等待开战的锣声、两个吵红了眼的冤家……在上述情形中，经常看到的姿势是双手叉在腰间，这是表示抗议、进攻的一种常见举动，有些观察家把这种举动称之为"一切就绪"，但"挑战"才是最基本的实际含义。

这种姿势还被认为是成功者所独有的站姿，它可使人联想到那些雄心勃勃、不达目的誓不罢休的人。这些人在向自己的奋斗目标进发时，都爱采用这种姿势。它从中含有挑战、奋勇向前的趋势，男士们也常常在女士面前多用这种姿势，来表现他们男性的好战，以及男子汉形象，但女人如果用这一姿势，给人的感觉则是不温柔，有母夜叉、河东狮吼之嫌。

在生活中，我们应该多些友爱和阳光，说话时双手叉腰，我们可以向困难挑战，可以向远大目标挑战，而不可以向同类挑战，不可以用双手叉腰增添剑拔弩张的气氛。

### (4) 手势上扬有号召力

手势上扬，代表着赞同、满意或鼓舞、号召的意思，有时候也用以打招呼。朋友见面，远远地扬起手："Hi!""Hello!"演讲或说话时手势上扬，最能体现个人风格，表明演讲者或说话者是个性格开朗、豪放、不拘于形式的人。

手势上扬，是一种幅度比较大的手势动作，容易使人产生比较鲜明的视觉形象，引起人们对于形式美的富于社会内容的主观感受。有人描绘法国前总统戴高乐："当他进行公开演讲时，他的习惯动作是两臂向上。其目的只是为了强调他的讲话……有时他举着双手，把自己直挺挺的上身从桌上伸出俯向听众，好像要把演说者的坚定信念注入到听众的心坎上……"

总之，手势上扬是个很受人欢迎的动作，从侧面反映出这个人是豪放、大度、有号召力的。

### (5) 手势下劈可制造语势

手势下劈，给人一种泰山压顶、不容置疑之势，使用这种手势的人，一般都高高在上，高傲自负，喜欢以自我为中心，他的观点，不会轻易容许人反驳。伴随着这个动作的意思是："就这么办。""这事情就这样决定了。""不行，我不同意!"等等话语。

日常生活中，我们常遇到一些领导，在讲话时，为了强调自己的观点，把手势往下劈，每当这个时候，听者最好不要轻易提出相悖的观点，对方一般也是不会轻易采纳的。平常与同事或朋友三五成群地争论问题，有人为了证明自己的观点而否定别人的观点，也常用这种手势否定别人的观点，打断别人的话，善于识别这种手势语言，有助于我们为人处世采取适当的姿态。

### (6) 双手平摊表示坦诚

当人们开始说心里话或说实话时，总是把手掌张开显示给对方，像大多数体态语言一样，这一举止有时是无意识的，有时是有意识的，它都使人感到或预感到对方将要讲真话。相反，小孩在撒谎或隐瞒真情时总是将其手掌藏在背后，当夜晚与伙伴们玩耍通宵方归的丈夫不愿对妻子说出他的去处时，常常将手插在衣兜里或两臂相抱将手掌藏起来，而妻子则可以从丈夫隐藏的手掌上感觉到丈夫在隐瞒实情。

由此可见，当一个人与你交谈时不时伸出双手摊开，这说明他是诚实可靠的。有趣的是，大多数人发现摊开手掌时不仅不容易说谎，而且还有助于制止对方说谎并且鼓励对方坦诚相待。

所以，在生活中，我们不妨也经常将双手摊平，多给他人以坦诚，这样，你在任何人心目中的形象都一定是美好的。

西方有心理学家断言："判断一个人是否坦率与真诚，最有效、最直观的方法就是观察其手掌姿势是否双手摊开。"当人们愿意表示完全坦率时或真诚时，就向人们摊开双手，说："没有什么值得隐瞒的，让我坦率告诉你吧。"

### （7）双臂合抱可以驱走说话的紧张

双手往胸前一抱，就构成了一道阻挡威胁或不利情形的有利屏障，由此可见，当一个人神经紧张、极度消极和充满敌意时，就会很自然地把双手抱在胸前。

双臂合抱的姿势常见于一个人在陌生人当中，特别是在公开集会上，排队或电梯里，以及任何一个使人感觉不自在和不安全的场合。

所以，在日常生活中，与人面对面交谈时，看到对方双臂紧抱胸前，你应推测自己肯定讲了让对方不同意的话。这时，尽管对方口头上还不停地表示赞同，但你如果不改变方式，仍坚持原来的论点继续讲下去将毫无意义。

人体语言媒介从不会"撒谎"，而一般的语言媒介都可能会撒谎。请记住，只要对方双臂合抱的姿势出现在你面前，对方的否定态度就不会消失。须知是你让对方采取了这种态度，最明智的做法就是努力改变自己的观点，让合抱的双臂松开，友好的情绪也就随着这松开的一刻开始。

### （8）十指交叉表明不安和消极

在人们面带微笑和愉快的谈话时，常常无意识地将十指交叉。常见的姿势是交叉着十指举在面前，面带微笑地看着对方。也有的交叉着十指平放在桌面上，这种动作，常见于发言人，出现这个动作，发言正处于心平气和、娓娓叙谈的时候……乍一看,似乎上面这几种表情都是表明很自信,但往往并非如此。有一次,一位推销员讲述一次他推销失败的故事。随着他的讲述,人们发现他十指紧紧交叉,手指变得苍白无色,似乎要融化到一起。这一手势表明其受挫情绪或对某人有敌视态度。

尼伦伯格和卡莱罗对十指交叉手势研究后得出结论:这是一种表示心里不安的手势,表明在掩饰其消极态度。

一般来说,作出十指交叉手势时手的位置的高低似乎与消极情绪的强弱有关。有的将十指交叉放在膝上,也有的站立时将十指交叉放在腹前。按以往的经验而言,高位十指交叉比中位十指交叉更显得莫测高深。正像所有表示消极情绪的姿势一样,要想让使用这个姿势的人打开紧紧交叉的十指,都需要某种努力来完成。否则,对方的不安和消极是无法改变的。

当我们演讲或是日常生活中与人交谈时,如果遇到情绪消极的情况,作出十指交叉的手势,可以在心理上起到自我保护的作用。从而使谈话更少受到消极情绪的负面影响。

# 13. 腿足: 离大脑最远但最诚实

英国心理学家莫里斯经过研究发现一个有趣的现象:人体中越是远离大脑部位的动作,越是可能表达其内心的真实感情。从脸往下看,手位于人体的中间偏下部位,诚实度可以算中庸,研究发现,人们或多或少在利用手来说谎。脚离大脑的距离最远,相比之下人的脚部要比其他部位"诚实"得多,因此脚的动作能够泄露人们独特的心理信息。

与其他的肢体语言一样,脚的动作有特殊意义。汉语中很多词语都是用来描述脚的动作的,例如轻、重、缓、急、稳、沉、乱等。这些形容词与其说是描写脚步，不如说是在描述人的心态：稳定或失衡，恬静或急躁，安详或失措等。

人们能够从"脚语"来判断一个人的性格或心情。

行为学家明确指出："在一般情况下，要判断对方的思想弹性如何，只要让他在路上走走，就可以基本了解了。"一个人的心情不同，走路的姿势也就不同；每个人的秉性各异，走起路来也有不同的风采。

除了走路，在其他场合下的"脚语"也能表露出某个人的心理活动。例如一些参加面试的人，虽然他们冷静地坐着，表情轻松，面带微笑，肩膀自然下垂，手的动作和缓，看似雍容自若。但你看看他的脚，两只脚扭在一块儿，好像在互相寻求安全感；然后他的两脚分开，几乎不为人所察觉地轻轻晃动，好像想逃走；最后，他们又两腿交叉，而且悬空的一只脚一上一下地拍动。虽然坐着没动身，两只脚却泄露想脱逃的意愿。

因此可以说，在泄露人的心理活动这一方面，脚是全身最诚实的部位。可惜很多人都顾不上或不注意观察这个部位，对这方面的知识也缺乏了解。所以对此加以详细介绍是必要的。

下面就是一些具体的方式：

**(1) 走路沉稳的人务实**

有的人走路从来都是不慌不忙的，哪怕碰到了最重要最紧急的事。这种人办事历来求稳，无论做什么事情都要"三思而后行"。这样的人比较讲究信义，比较务实，一般来说，工作效率很高，说到做到。

**(2) 走路前倾的人谦虚**

有的人走路总是习惯上体前倾，而不是昂头挺胸。这种人的性格比较内向和温和，为人比较谦虚，一般不会张扬，很注意严格要求自己，很有修养。有的人走路把头低着，双手紧紧地背在背后。他们的脚步有时很慢，不时还会停下来踢一下石头，或者捡起什么东西来看一下，然后又丢下。从一般的情况看，有这种行为的人往往心事重重。他们或许正在为一件很难办的事情而焦头烂额。

### (3) 走路低头的人沮丧

有的人走路的时候总是拖着步子，把两只手插进衣袋里，头常常低着，只埋头拉车，不抬头看路，不知道自己最终要去哪里。这样的人往往是碰上了难以解决的问题，到了进退维谷的境地。很多快要走入绝境的人常常有这样的表现。

### (4) 步伐矫健的男人正派

人走路的姿态是各种各样的，给人的感觉也是各不相同的。有的人步履矫健，轻松自如，灵活敏捷，富于弹性，这种人使人联想到年轻、健康、充满活力；有的人步履矫健、端庄、自然而大方，给人一种庄重而斯文的感觉；有的人步履雄健而有力，给人一种英武、无畏的印象；有的人步履轻盈、灵敏，行如和风，让人油然而生欢愉而柔和的感觉。

具有这样步态的人，一般都是正人君子。当然，应该透过现象看本质，不要被假象所迷惑。

### (5) 走路匆忙的女人开朗

如果一个端庄秀美的女子走路的时候来也匆匆去也匆匆，脚步零乱，那么就可断定这位姑娘一定是个性格开朗、心直口快、不留心眼的痛快人。反之，如果一位女性看上去五大三粗，走起路来却小心翼翼的样子，那么这样的人一定是"外粗内细"的精明人，办事时往往会以豪放的外表来掩盖严密的章法。

### (6) 走路两手叉腰的人急躁

有的人走路两手叉腰，上体前倾，就像一个短跑运动员。他们可能是一个急性子，总希望在最短的时间之内跑完急需走完的路程。

这种人有很强的爆发力，在要决定实施下一步计划的时候常常表现出这样的动作。在这段时间里，从表面上看，他们处于沉默的阶段，好像没有什么大的举动。其实，这叫"此时无声胜有声。"他们的这种动作，实际是一个大大的"V"形，正是他们在告诉别人，胜利正在向自己走来，你们就等着我的好消息吧。

### (7) 高抬下巴走路的人傲慢

有的人走路的时候，下巴高高地抬起，手臂很夸张地来回摆动，腿就像高跷一样显得比较僵硬。他们的步子常常是那样的稳重而迟缓，好像刻意要在别人的心目中留下深刻的印象。

这种人很傲慢，被人们称为"墨索里尼式"步态。如果不想与这样的人对抗，在他们的面前最好表现得谦虚一点。

**(8) 喜欢踱步的人善于思考**

就姿态而言，这是非常积极的姿态。但是旁人可能对踱步者讲话，因而可能使他思绪中断，并且干扰到他正想作的决定。多数成功的推销员了解：要让踱步的顾客单独思考是否决定购买自己所推销的商品，不要去打扰他，这点是很重要的。假如他想要问问题时，他们才让他停止踱步思考。有许多成功的谈判乃至于一方咬着舌头不吭气，让另一方继续决策行为，在地毯上踱方步。

**(9) 漫步的人外向，端步的人内向**

有的人走路总是不正规，就像玩儿似的，一点儿也不规范。这种人与上一种人正好相反。他们属于外向型的人，对周围的一切事情都感兴趣，可以算得上是十处唱歌九处在账。

这样的人对什么事情都不会很认真，可以接受各种各样的意见。人们称之为曲线型的人。

有的人走路头几乎不动，笔直地往前走去。这样的人关心自己超过关心别人，很少注意目的地之外的人和事。

这样的人是内向型的人，主观意识很强，处理问题很少有弹性。他们如果去当会计、出纳，要在他们那里开后门是不容易的。他们被称为直线型的人。

另外，从脚的其他习惯动作中，也可以看出一个人的心绪。

(1) 某人两只脚踝相互交叠，你就应注意此人是不是正在克制自己。因为人们在克制强烈情绪时，会情不自禁地脚踝紧紧交叠，交易场上或其他社交场合中，当一个人处在紧张、惶恐的情况下，往往会作出这种姿态。

(2) 在谈判时，当对方身体坐在椅子前端，脚尖踮起，呈现一种殷切的姿态，这极有可能是愿意合作，产生了积极情绪的表示。这时善加利用，双方就可能达成互惠的协议。

（3）说话时，身体挺直，两腿交叉跷起，这一姿势表示怀疑与防范。所以，在谈判推销商品或个人交往中，要注意那些"架二郎腿"的人。而对那些坐在椅子上而跷起一只脚来跨在椅臂上的人要引起足够的警惕，因为这种人往往缺乏合作的诚意，对别人的需求漠不关心，甚至还会对你带有一定的敌意。

（4）对于家庭里一对夫妇的双足交叉动作要特别留意，假如你是位推销员，对这个脚部动作要奉为圭臬。人们常常会放松地作一些交叉双足的动作。夫妻间的某方先行交叉自己的足，即可能表示其在家庭中所占的主导地位。

（5）双脚自然站立，左脚在前，左手习惯于放在裤兜里。这种人的人际关系相对而言较为协调，他们从来不给别人出什么难题，为人敦厚笃实。这种男人平常喜欢安静的环境，给人的第一印象总是斯斯文文的，不过一旦碰上比较气愤的事，他们也会暴跳如雷。

（6）双脚自然站立，双手插在裤兜里，时不时取出来又插进去，他们比较谨小慎微，凡事喜欢三思而后行。在工作中他们往往缺乏灵活性，生硬地解决很多问题。他们大都经受不起失败的打击，在逆境中更多的是垂头丧气。

（7）两脚交叉并拢，一手托着下巴，另一手托着这只手臂的肘关节。这种人往往对自己的事业颇有自信，工作起来非常专心。

（8）两脚并拢或自然站立，双手背在背后，他们大多在感情上比较急躁，这类型的人与人一般都能相处融洽，可能很大的原因是由于他们很少对别人说"不"。

（9）双手交叉抱在胸前，两脚平行站立，很可能表明此人具有强烈的挑战和攻击意识。

（10）将双脚自然站立，偶尔抖动一下双腿，双手十指相扣在腹前，大拇指相互来回搓动。这种人表现欲望特别强，喜欢在公共场合大出风头。如果要举行游行示威，这种人充当的角色大都是扛大旗的。

（11）人的心理处于紧张状态时，通常两腿便会不停地抖动，或者用脚轻轻敲打地面。

（12）当顾客对会谈不感兴趣或感到厌烦时，常有重复不断地跷脚，一会儿左腿放在右腿上，一会右腿放在左腿上的动作，表示他不想谈下去了。

# 二. 根据言谈话语快速识别对方心理

言谈话语表达出来的信息有真实与不真实之分，准确识别单凭感觉是不够的。你不仅要分析对方的话中之意，更要分析其言外之意，同时，还要捕捉住一些相关的细节加以辅证，这就必须具有一定的技巧和功夫。

# 1．闻其声，辨其人

声音辨人术是指通过声音来识别人才。浅层的理解，是指听到一个人的声音（不仅仅是说话的声音，也包括脚步声、笑声等），就能知道他是谁，前提必须是对此人的声音很熟悉，一般在朋友、亲人之间才能辨别，这只是辨别人的身份。高层次的理解，是由声音听出一个人的心性品德、身高体重、学历身份、职业爱好等。这是一个很复杂的判断过程，既有经验的总结，又有灵感的涌动。声音可细分为声与音两个概念，既可由声来识人，又可由音来识人，但在实际运用中，多是由声音即两者同时来识别人。

声音最能陶冶性情，战鼓军号能使人精神抖擞，小鸟的啭鸣能让人心旷神怡。"声色犬马"，声音给我们带来的享受竟是排在首位的，就连人类的求偶活动也同鸟一样，是从婉转的声音开始的，所以人在青春期对各种甜言蜜语和流行歌曲的反应都很强烈。

从生理学和物理学的角度看，声音是气流冲击声带，声带受到振动引起空气振动而产生的，这既是一种生理现象，又是一种物理现象。但人的社会属性，又使人的声音有着精神和气质方面的特性。古人讲，心动为性——"神"和"气"——性发成声。意思是讲，声音的产生依靠自然之气（空气），也与内在的"性"密不可分。声音又与说话者当下的心理活动密切相关，大小、轻重、缓急、长短、清浊都有变化，这与人的特性也是息息相关的，这就是闻声辨人的基础。

郑子产一次外出巡察，突然听到山那边传来妇女的悲恸哭声。随从们面视子产，听候他的命令，准备救助，不料子产却命令他们立刻拘捕那名女子。随从不敢多言，遵令而行，逮捕了那位女子，当时她正在丈夫新坟前面哀哭亡夫。人生有三大悲：少年丧父、中年丧夫、老年丧子，可见该女子的可怜。以郑子产的英明，不会对此妇动粗，其中缘由，是因为郑子产的闻声辨人之术也。郑子产解释说，那妇人的哭声，没有哀恸之情，反蓄恐惧之意，故疑其中有诈。审问的结果，果然是妇女与人通奸，谋害亲夫之故。

郑子产闻声辨人的技巧已是很高明了。但孔子也深谙此道，且似乎比郑子产还高出一筹。虽然孔子讲过"以貌取人，失之子羽；以言取人，失之宰予"，但他凭外貌声色取人的功夫，实在是有过人的天分。

孔子在返还齐国的途中，听到非常哀切的哭声，他对左右讲："此哭哀则哀矣，然非哀者之哀也。"碰到那个哀哭的人之后，才知道他叫丘吾子，又问其痛哭的原因，丘吾子说："我少年时喜欢学习，周游天下，竟不能为父母双亲送终，这是一大过失。我为齐国臣子多年，齐君骄横奢侈，失天下人心，我多次劝谏不能成功，这是第二大过失。我生平交友无数，深情厚谊，不料后来都绝交了，这是第三大过失。我为人子不孝，为人臣不忠，为人友不诚，还有何颜立在世上？"说完便投水而死。丘吾子的三悔痛哭，是今天社会中再难重现的古士高风，而孔子能听音辨人心事，又非常人之资赋也，所以流传后世。

以上是由声音来辨别一个人的心事，还可由声音判断一个人的心胸、职业、志向等情况。心胸宽广、志向远大的人，声音有平扭亡远之志，而且声清气壮，有雄浑沉重之势。身短声雄的人，自然不可小视。从身材来看，身高的，由于丹田距声带、共鸣腔远，气息冲击的距离加长，力量弱化，因此声音显得细弱，振荡轻；身矮的，往往声气十足，因为距离短，气息冲击力大，声带与共鸣腔易于打开。但受过发声练习的人，又当别论。

人的声音各有不同：有的洪亮，有的沙哑，有的尖细，有的粗重。有的薄如金属之音，有的厚重如皮鼓之声，有的清脆如玉珠落盘，字正腔圆。有的身材矮小，声音却非常洪亮，有的高大魁梧，说话却细声细气，有气无力。古人正是对这些情况加以归纳总结，得出了以声辨人的规律。

现代生理学和物理学已经证明，声音的生理基础由肺、气管，喉头、声带，口腔、鼻腔三大部分构成，声音发生的动力是肺，肺决定气流量的大小，音量的大小主要由喉头和声带构成的颤动体系统决定，音色主要取决于由口腔和鼻腔构成的共鸣器系统。声音是物体震动空气而形成的，声音是人的听觉器官——耳的感觉。声音的音量有大小之分，音色的美丑之别，另有音高、音长之分。

人类的声音，由于健康状况的不同，生存环境的不同，先天禀赋的不同，后天修养的不同等不同而不同。所以声音不仅在一定程度上表现着一个人的健康状况，而且还在一定程度上表现着一个人的文化品格——他的雅与俗、智与愚、贵与贱（这里指人格修养）、富与贫。

既然如此，那么声音便和人的命运（过去和现在的生存状况，以及未来的生存前景）有一定关系。但是如果说声音能够决定人的命运，则未免虚妄不实。成功的歌唱家，一般都有苦学苦练的经历，但是如果天赋不高，单靠学习是不会成为歌唱家的。不过声音对人命运的意义不能夸大，不少身居高位的人物讲话、演说的声音，实在令人不敢恭维，而其命运却不能算不佳。

古人历来比较重视声音，认为声音是考察人物的一个组成部分，在深入观察和研究的基础上，按照阴阳五行的原理，把声音分为：

金声：特点是和润悦耳

木声：特点是高畅响亮

水声：特点是时缓时急

火声：特点是焦浊暴烈

土声：特点是厚实高重

说话者，如果气发于丹田（丹田是道家修炼气功的术语，在人脐下三寸处），经胸部直冲声带，再经由喉、舌、齿、唇，发出的声音与仅用胸腔之气冲击声带而来的声音，气度不一样，节奏不一样，效果也有悦耳与沙哑的差别。声带结构不好，发出的声音不会动听，但如果经由专门的发声练习，是可以较大程度地改变声音效果的。

歌唱演员音色圆润、高亢、洪亮，一方面是天赋特质，另一方面是艰苦的发声练习的结果。发声练习要求用胸腹（主要是腹）中充足的气息冲击声带，并引领上行到眉宇间的共鸣腔，冲击共鸣腔，发出的声音才会洪亮悦耳，中气十足。没有经过发声练习的人，声音不圆润，沙哑，也不高亢洪亮，因此歌声如击败革，或者是苍白无力。唱歌时所用的腹部之气，相当于丹田之气。用腹腰肌肉紧迫腹中气流，爆破式地冲击声带和共鸣腔，发出的声音就有洪亮悦耳的效果，但引领气息冲击共鸣腔是有诀窍和技巧的。

丹田的气充沛，因此声音沉雄厚重，韵致远响，这是肾水充沛的征象，由此可知其人身体健壮，能胜福贵。同时，丹田之气冲击声带而来的声音洪亮悦耳，柔致有情，甜润婉转，给人舒服浑厚的美感。

发于喉头、止于舌齿之间的根基浅薄的声音，给人虚弱衰颓之感，显得中气不足，这也是一个人精神不足，身体虚弱，自信心不足的表现。

以声音来判断人的心性才能，尚有许多未知的空白，而且可信度有多高，也尚未定论，但其中的奥妙，是值得研究的。其基本原则并不只是悦耳动听、洪亮高亢。

《礼记·乐记》云："凡音之起，由人心生也。人心之动，物使之然也。感于物而动，故形于声。声相应，故生变。"对于一种事物由感而生，必然表现在声音上。人的声音随着内心世界的变化而变化，所以说"心气之征，则声变是也。"

声音不但与气能结合，也和心情相呼应。因为声音会随内心变化而变化，所以：

内心平静声音也就平和；

内心清顺畅达时，就会有清亮和畅声音；

内心渐趋兴盛之时，就有言语偏激之声。

这样不就可以从一个人的声音判断一个人的内心世界吗?有关这方面的知识，《逸周书·视听篇》讲到的四点值得研究：

内心不诚实的人，说话支支吾吾，这是心虚的表现；

内心诚信的人，说话声音清脆而且节奏分明，这是坦然的表现；

内心卑鄙乖张的人，心怀鬼胎，因此声音阴阳怪气，非常刺耳；

内心宽宏柔和的人，说话声音温柔和缓，如细水长流，不紧不慢。

现代心理学也认为，不同的声音会给人不同的感受，有以下几种类型。

（1）音低而粗。这类人较有作为，较现实，或许也可以说是比较成熟潇洒，较有适应力。

（2）声音洪亮。此类人精力充沛，具有艺术家气质，有荣誉感，有情趣，热情。

（3）讲话的速度快。此类人朝气蓬勃，活力十足，性格外向。

（4）外带语尾音。这类型的人，精神高昂，有点女性化，具有艺术家的气质。

以上这四种类型的声音，不论在交易还是说服的工作上，都具有较为积极的作用。同样也有产生负面作用的声音。

（1）鼻音。大部分人都不喜欢这种声音。

（2）语音平板。较男性化、较沉默、内向冷漠。

（3）使人产生紧张压迫的声音。这类人很自傲，喜以武力解决事情。

当然，这也不能一概而论，什么声音好，也与谈话的地点、对象、内容有直接的关系。

# 2.从言谈话语判断对方心理

一般说来，言谈中足以表现出一个人的态度、感情和意见。固然，言谈的内容是表现的因素，但言谈的速度、语调以及润饰等，亦足以影响谈话内容的效果。我们往往在无意中，会经由这些因素，表现出所谓的言外之意。而听者也会设法通过这些因素来试图了解对方的心理。

在说话方式的特征中，首推速度。速度快的人，大都能言善辩；速度慢的人，则较为木讷。此均为每个人固有的特征，依人的性格与气质而异，不过，在心理学中，所要注意的，便是如何从与平时相异的言谈方式中了解对方心理。平日能言善辩的人，有时候忽然结结巴巴地说不出话来；相反的，平时木讷讲话不得要领的人，却突然滔滔不绝地高谈阔论。遇到这种情况，我们应小心，必定发生了什么问题，应仔细观察，以防意外。

说话速度特别快的人多性格外向，比较青春和活力，朝气蓬勃的，总给人一种阳光般的感觉。

说话速度太快的人，会给人一种非常紧张、迫切，发生了非常重大的、紧急的事情的感觉，同时也会让人觉得焦躁、混乱以及些许粗鲁。

说话缓慢的人，会给人一种诚实、诚恳，深思熟虑的感觉，但也会显得犹豫不决，漫不经心，甚至是悲观消极。

大体而言，当言谈速度比平常缓慢时，表示不满对方，或对对方怀有敌意；相反的，当言谈的速度比平常快速时，表示自己有短处或缺点，心里愧疚，言谈内容有虚假。

从心理学的角度看，这种情形是因为，当一个人的内心中有不安或恐惧情绪时，言谈速度便会变快。凭借快速讲述不必要的多余事情，试图排解隐藏于内心深处的不安与恐惧。但是，由于没有充分的时间让他冷静反省自己，因此，所谈话题内容空洞，遇到敏感的人，便不难窥知其心里的不安状态。

柳传志就是一位分辨语速的高手。在联想企业生死攸关的时候，他召开了一次董事会议，敏锐的柳传志发现他的下属在发言中，吞吞吐吐，完全没有企业家应有的风度，他估计有军心涣散的趋势，他立刻宣布散会，接着便展开及时的调查，对症下药，弥补了企业的重大变故。

其次与说话速度一样可以呈现特征的，便是音调。

肖邦曾在一家杂志专栏中叙述道："当一个人想反驳对方意见时，最简单的方法就是拉高嗓门——提高音调。"的确如此，人总是希望借着提高音调来壮大声势，并试图压倒对方。

音调高的声音，是幼儿期的附属品，为任性的表现形态之一。一般而言，年龄越高，音调会随之相对地降低。而且，随着一个人精神结构的逐渐成熟，便具备了抑制"任性"情绪的能力。但是，有些成人音调确实是相当高的。这种人的心理，便是倒回幼儿期阶段了，因此，自己无法抑制任性的表现。在此情况下，也绝对无法接受别人的意见。

在有女性参加的座谈会上，如果有人的评述似乎牵扯到某位女士，于是被批评的那位女士便会猛然地发出刺耳的叫声，并像开机关枪似地开始反驳，使得在座者出现哑口无言的场面。因此，座谈的气氛已荡然无存。音调高的声音，被看作精神未成熟的象征。

言谈之中，还有所谓语调的抑扬顿挫，对一个人的外在表现非常重要，甚至有时也能决定人的沉浮。明成化时，兵部左侍郎李震业已三年孝满，久盼能升至兵部尚书，恰好这时兵部尚书白圭被免职，机会难得。不料朝廷命令由李震的亲家、刑部尚书项忠接任。满怀希望的李震大为不满，对他的亲家埋怨说："你在刑部已很好了，何必又钻到此?"过了些天，李震脑后生了个疮，仍勉力朝参，同僚们戏语说："脑后生疮因转项。"（意指项忠从刑部转官而来）李震回答说："心中谋事不知疼。"仍然汲汲于功名，不死其心。其实李震久不得升迁，原因是因为声音的变化而影响了皇帝对他的印象。在皇帝看来，忠臣往往能奏朝章朗朗而谈，而奸臣则声音低沉而险恶，李震的声音历来沙哑而不定，给人一种不可靠的感觉。因为他素患喉疾，每逢奏事，声音低哑，为宪宗皇帝所恶。与李震一殿为臣的鸿胪寺卿施纯，声音洪亮，又工于词令，在班行中甚是出众，宪宗对他很欣赏。因而升官的事自然与李震无缘。这虽是一个极端的例子，但也说明了音调对人们印象的重大影响。

在言谈方式中，除了音感和音调之外，语言本身的韵律（节奏）也是重要的因素。

充满自信的人，谈话的韵律为肯定语气；缺乏自信的人或性格软弱的人，讲话的韵律则慢慢吞吞。其中，也会有人在讲一半话之后说："不要告诉别人……"而悄悄说话。此种情况多半是秘密谈论他人闲话或缺点，但是，内心却又希望传遍天下的情形。

话题冗长，需相当时间才能告一段落的情况，也说明谈论者心中必潜在着唯恐被打断话题的不安。唯有这种人，才会以盛气凌人的方式谈个不休。至于希望尽快结束话题交谈的人，也有害怕受到反驳的心理，所以试图给予对方没有结果的错觉。

另外，经常滔滔不绝谈个不休的人，一方面目中无人；另一方面好表现自己，并且，这种类型的人，一般性格外向。

一个成功的政治家和企业家，在控制言谈的韵律方面，都有独到之处。这种细节性的处理方式，使自己赢得了社会或下属的认可与尊重。

说话比较缓慢的人，大都是性格沉稳之人，他处事做人是通常所说的慢性子。从言谈的韵律上可以看出一个人的性格特征。

五代时，冯道与和凝同在中书省任职，冯道说话做事都很缓慢，而他的同事和凝则是个性急之人，办事果断，做人颇为自信，由于性格上的差异，两人经常为一些小事而意见不合。有一天，和凝看到冯道买了一双新鞋，认为款式不错，他很想买一双穿，就问冯道："先生这双鞋卖多少钱？"冯道慢慢地举起右脚缓缓地对和凝说："这只900元。"和凝素来性情急躁器量又狭小，听到这里，便对手下人大发脾气："你怎么告诉我这种鞋子要用1800元？"正想继续责骂，这时，冯道又慢慢地抬起左脚说："这只也900元。"和凝怒气才稍解。

# 3. 由笑看人识人

以全部表情来说，笑是极为重要的因素，在喜怒哀乐的表情变化中，喜与乐的直接表现就是笑。

外向型性格的最大特征是，每当快乐时，根本就不在乎周围有什么人，立刻发出愉快的笑声，喜形于色，那是爽朗而"不客气"的笑。外向的人，希望周围的人知道他的高兴，很自然地就会笑容满面。相反的，悲哀时，他也会毫不掩饰地哭泣。

大体上来说，外向型的人以爽快而明朗的心态居多，所以时常面带笑容，即使别人感到悲伤时，他也会满面笑容地安慰对方。

外向型的人很容易跟别人打成一片，因此，他们能够配合绝佳的时机附和着对方欢笑。正因为他们不隐藏感情，率直地表现自己的内心，表情自然就会很丰富。只要看他的脸孔，就不难知道他的心态，所以很容易为别人所理解，同时，他也是一种很好相处的人。

总而言之，外向性格者喜怒哀乐的感情动向，很自然地就会展现于脸上。

**（1）复杂的内向型的笑容**

笑的方式有好多种，外向型的爽朗笑容是属于单纯而明快的类型，至于内向型的笑容则相当复杂，而且以不明确者居多。

最明显者为假笑，他的脸虽然在笑，但是眼睛却没有笑，心中也丝毫没笑，像戴着假面具的笑，这类笑有：对自我、对对方嘲笑式的笑容，空笑，假笑，令人莫名奇妙的笑，以及充满妄想意味的笑。

总而言之，这是一种缺乏内容的笑容，有时笑声高而尖锐，有时则是咔咔地笑，音量低得叫人几乎听不到声音，一言以蔽之，那是孤独而冷漠的笑容。

每当大伙儿很快乐地笑成一堆时，内向型的人几乎都会发出这种空笑，那并不是附和周围的笑声，而是对人际关系感到不安时，为了掩饰自己的紧张，不得已而勉强挤出来的笑容。

比起外向型来，内向型的笑容比较少。就算他们有任何的喜事，他们也认为不必让没关系的人知道，甚至可以说，他们具有一种隐藏自我的防卫意识。正因为如此，就算勉强地笑出来，看起来总给人一种虚假的感觉。遇到这种场合，只要你仔细地瞧他，就会发现，他有如女人化妆敷面一般，整个脸孔看起来很不自然，嘴唇微微地颤抖，以致变成一种极富空虚感的冷笑。在这个瞬间，有一些人的脸孔会涨红，此种人还算坦诚，如果是强烈内向型的话，将变成假面具一般缺乏表情，而且，当大伙儿并不感到有趣时，他却会独自地笑着。

有这样一位"假笑专家",此君是著名的顾问,时常被邀上台演讲。

因为他深知"使用笑脸谈话时,连声调也会变得优雅"的道理,于是拼命练习笑的功夫,为了表现出自己最好的笑容,他每天都对着镜子练习 30 分钟,好不容易才找到了自己喜欢的笑容。

他的演讲很出色,声音很富于变化,自始至终不失笑容,他是一个能够自己演出自身表情的好演员,不过,等到演讲结束,他立刻就显露出一脸的倦容,恢复到平时硬邦邦的表情。在与他人交往时,他也能够充分发挥自己的演技,表现出笑容可掬的态度,让人误以为他就是内外在都如此亲切诚恳的一个人。

在真实的世界里,他属于消极的内向型,但是在表面上,他却装起了爽朗的外向型。想看穿他委实非常困难。不过,当他一面拱手一面谦逊地说话过程中,仍然有笑脸消失的瞬间,这时候,他那偶尔闪现出的冷漠的眼光,已明白无误地显露出内在的灰暗。

### (2) 笑从何来

虽然说内向型的人很少有笑容,但是,他们还是有自然地笑出来的时候,但那是很脆弱而缺乏自信的笑,是类似自嘲,又有点像自虐的笑容,也是一种缺乏生气,仿佛看透了某种东西似的,对人生感到疲惫的笑容。除此以外,内向型的人还有无可奈何的苦笑,以及叫人感到产生鸡皮疙瘩的笑容,这两种笑容,平常若加以留意,都可以观察得到。

我们不能断然说蒙娜丽莎的微笑就是这种典型,然而,即使同样是人类的微笑,内向型的人复杂而多样化的微笑,就蕴藏着很多发自性格的意味深长的众多信息,值得我们去加以探索。

感到悲哀的冷清笑容亦可以从外向型的脸孔看到,例如外向型中最认真的"执著性格"之人,当努力变成泡影,遭遇挫折时,他就会垂下双肩幽幽地笑起来,这时的他已经进入"忧郁状态"。在这种场合里,他将跟内向型的人一样,陷入自闭的境地,连笑容也显得卑微,"拒绝上班"就是典型的例子。反过来说,也有一种又热闹,又夸张的歇斯底里式笑容,声调很高、很夸张、旁若无人,乃是歇斯底里性格者特有的戏剧性笑容。这种笑容会引起周围人的关心,然而,那绝不是叫人感到温暖或者愉快的笑容，而是一种阴险的冷嘲。

他自己感到索然无趣时，就会以轻蔑的态度对人嗤之以鼻。关于歇斯底里性格，将留待后述，一言以蔽之，这乃是自我显示欲很强烈的典型。

所谓虚荣心强烈的性格，固然多见于外向型的人，然而，内向型的人也有不少属于这种性格，这种人自诩很高，做事都以自我为中心，心中不断产生不满的情绪，而且不认输，为了对他人炫耀，言行举止都喜欢夸大。

当然，这种人就连笑的方式也过了一些，给人一种在演戏的感觉，他们非常喜欢出风头，就是连笑容也希望博得他人注目。

### (3) 直率明快的笑

外向型的特征是喜怒哀乐的感情，实实在在地表面化，完全从脸色显出来。每当欣喜快乐时，他的脸上会堆满了笑意，表情十分爽朗，眼睛闪闪发光，面部充满了光彩。

反过来说，遭逢悲伤时，情绪会一落千丈，表情也会随之一变，眼帘下垂，眼睛不再有光彩，当悲哀达到高潮时，他就会流眼泪，并且悲切地号啕大哭。当他发怒时，脸上立刻会有所反应，不是涨红着脸怒骂一场，就是面容变成铁青色。总而言之，此类型的人内心想到什么，立刻就会表现出来，完全不会在意旁人的感受。

外向的人，对自己的感受，以及感情的起伏非常忠实，具有一种骗不了人的率直性格，如果有两个人瞪着眼对看的话，先笑的一定是外向型的人。

外向型的人一般都比较明朗快活，不过，爽朗而活泼的时期和感到黑暗而忧郁的时期会轮流来临，这是因为"躁"与"郁"循环来临的"躁郁气质"是他性格的共同基础。至于循环的速度则因人而不同，有些人在很短的时间内就循环一次。只要有人安慰他，或者以柔语对待，他就会很快地破涕为笑。

说他是"单纯而天真"也不为过，反正他迫切地需要别人理解他、知道他的心事。他非常笨拙地把自己隐藏了起来，却又希望别人知道他的心事。

正因为如此，外向的人容易被人理解，很快就会跟别人亲热起来。

这类型的人较能坦然面对失败，所以有些人发笑时张大嘴巴。有些人不张口而能发笑。掩饰自己感情或带着强烈警戒心，避免他人洞察真心的人通常不会开口发笑。

**A "哈哈哈" 型的笑声**

从腹腔发出笑声的人，是所谓的"豪杰型"。一般人很难发出这样的笑声。这是身体状况极佳才有的笑声，平常若这样发笑必是体力充沛者。

不过，这种笑声带有威压感，会震慑他人，因而使人心生警戒。女性若有是这种发笑，一般是属于领导型人。

**B "呵呵呵" 的笑声**

自觉没有信心或强制压抑不快的情绪时，没有完全发笑的笑声。有时可能以这种笑声掩饰内心的牢骚，心浮气躁或身体疲倦时也会有这样的发笑法。

**C "嘿嘿嘿" 型的笑声**

对他人带有批评或轻蔑的心态时，这种笑声已成习惯者另当别论。但一般人发出这种笑声即可断定商谈无法成功。而当事者通常内心有不安和烦恼，带有攻击性希望借此压抑对方以获得快感。

**D "嘻嘻嘻" 型的笑声**

少女型的笑声。是好奇心强凡事都想一试的性格，非常渴望博得周围异性的好感，而这种心态随时表现在脸上；情绪有高有低，愉快与郁闷时的落差极大。

# 4．九大性格九种言谈，各有千秋——识别

一母生九子，九子各不同。人与人之间存在有很大的差异，由此产生了九种偏狭性情。性情可能妨碍我们对人的理解。

刚强粗犷的人，谈论问题不能细致周密，头头是道。他们在论述整体时，显得宏博高远，谈论细节时，往往粗枝大叶。

亢厉刚直的人，不肯屈从退让。在法令职守方面，公直刚正不徇私情，但固执而不变通，乖而保守。

坚劲的人，喜欢重事实，揭示细节道理时，鲜明而透彻，谈论大理论时，显得直露而单薄。

能说会道的人，言语丰富，辞意尖锐，推理人情世故，精到深刻，谈论大义要旨，则浅阔而不周密。

随波逐流的人，不能深思，排列亲疏关系，豁达而厚博，排列事物的主次，则闪烁不定。

见解浅薄的人，不能深究事物的道理。听人谈论，因不用动脑筋而容易满足，审察精深道理时，就颠倒混乱而不清。

宽容平缓的人，反应不敏捷，论仁义，则宏博详备而高雅，论时尚潮流，则迟缓而保守。温柔和顺的人，气势不强盛，品会道理，顺乎而和畅，处理疑难问题，则软弱犹豫而不干脆。

超脱慧黠的人，洒脱而又追求新奇。论权谋机变，奇伟而壮丽，论清静无为之道，则诡奇而怪诞。这就是性情上的九种偏失，它们以各自不同的心性而自成为道理。

## (1) 夸夸其谈的人

这种人侃侃而谈，宏阔高远却又粗枝大叶，不大理会细节问题，琐

屑小事从不挂在心上。优点是考虑问题宏博广远，善从宏观、整体上把握事物，大局观良好，往往在侃侃而谈中产生奇思妙想，发前人之所未发，富于创见和启迪性。缺点是理论缺乏系统性和条理性，论述问题不能细致深入，由于不拘小节而可能会错过重要的细节，给后来的灾祸埋下隐患。这种人也不太谦虚，知识、阅历、经验都广博，但都不深厚，属博而不精一类的人。

**（2）义正言直的人**

这种人言辞之间表现出义正言直、不屈不挠的精神，公正无私，原则性强，是非分明，立场坚定。缺点是处理问题不善变通，为原则所驱而显得非常固执。但能主持公道，往往得人尊崇，不苟言笑而让人敬畏。

**（3）抓住弱点攻击对方的人**

这种人言辞锋锐，抓住对方弱点就严厉反击，不给对方回旋的机会。他们分析问题透彻，看问题往往一针见血，甚至有些尖刻。由于致力于寻找、攻击对方弱点，有可能忽略了从总体、宏观上把握问题的实质与关键，甚至舍本逐末，陷入偏执与死胡同中而不能自拔。在用人时，应考虑他在"大事不糊涂"方面有几成火候，如大局观良好，就是难得的粗中有细的优秀人才种子。

**（4）速度快、辞令丰富的人**

这种人知识丰富，言辞激烈而尖锐，对人情世故理解得深刻而精到，但由于人情世故的复杂性，又可能形成条理层次模糊混沌的思想。这种人做力所能及的工作，完全可以让人放心，一旦超出能力范围，就显得慌乱，无所适从。接受新生事物的能力强，反应也快。

**（5）似乎什么都懂的人**

这种人知识面宽，随意漫谈也能旁征博引，各门各类都可指点一二，显得知识渊博，学问高深。缺点是脑子里装的东西太多，系统性差，思想性不够，一旦面对问题可能抓不住要领。这种人做事，往往能生出几十条主意，但都打不到点子上去。如能增强分析问题的深刻性，做到驳杂而精深，直接把握实质，会成为优秀的、博而且精的全才。

**(6) 满口新名词、新理论的人**

他们接受新生事物很快，捡到新鲜言辞就能在日常生活中运用，而且有跃跃欲试、不吐不快的冲动。缺点是没有主见，不能独立面对困难并解决之，易反复不定，左右徘徊，比较软弱。如能沉下心来认真研究问题，磨炼意志，无疑会成为业务高手。

**(7) 说话平缓宽恕的人**

这种人性格宏广优雅，为人宽厚仁慈。缺点是反应不够敏捷果断，转念不快，属于细心思考、常考型人才，有恪守传统、思想保守的倾向。如能加强果敢之气，对新生事物持公正而非排斥态度，会变得从容平和，有长者风范。

**(8) 讲话温柔的人**

这种人用意温润，性格柔弱，不争强好胜，权力欲望平淡，与世无争，不轻易得罪人。缺点是意志软弱，胆小怕事，雄气不够，怕麻烦，对人和事采取逃避态度。如能磨炼胆气，知难而进，勇敢果决而不犹豫退缩，会成为一个外有宽厚、内存刚强的刚柔相济人物。

**(9) 喜欢标新立异的人**

这种人独立思维好，好奇心强，敢于向权威说不，敢于向传统挑战，开拓性强。缺点是冷静思考不够，易失于偏激，不被世人理解，成为孤独英雄。可利用他们的异想天开式的奇思妙想做一些有开创性的事。


# 5.口头禅后面的真实内心世界


日常生活中，许多人说话时常常在无意之中高频度地使用某些词语，形成了人们所谓的"口头禅"，而这些语言习惯最能体现说话人的真实心理和个性特点。所以只要留心，就可以从一个人的"口头禅"中窥见一个人的内心世界。

下面我们介绍一些最常见的口头禅。

**(1) 喜欢说"绝对"的人主观**

在日常生活中，我们经常碰到一些人，他们总是把"绝对"这个词挂在嘴上，被人们戏称为"绝对先生"。

心理学研究表明，这种人往往比较主观，而且常常是以自我为中心的，他们的很多想法是不合乎实际情况的，所以在一般情况下，这种人是难以成就大事的。

这种喜欢说"绝对"的人，大多有一种自爱的倾向，有时他们的"绝对"被人驳倒之后，为了隐瞒自己内心的不安，总要找一些理由来加以解释，总想让自己的东西被人接受。其实，别人不相信他们的"绝对"，他们自己也不相信这样的"绝对"。只不过是为了维护自己的所谓尊严而强撑着。

"绝对"这个词语在字典中表示的是一种极端程度的意义，但在日常生活中，人们使用这个词语的时候，表达的意义远远没有字典中那样极端。这一点是应该明白的。

那些经常说"绝对"的人，不仅表示他们"自爱"，而且这个词还可以被他们用来作为自我防卫的借口和被证明错了时的挡箭牌。在这样的情况下，他们常常会不断地用"绝对"来进行保证，如"绝对不会再犯"，"绝对不会再这样干了"等。

这种人在男女交往当中，用不了多久，他们就会说出不少的"绝对"。虽然在男女之间，恋爱到了一定的程度，说说"绝对"也是很正常的表达感情的方式，但是满口"绝对"的人，他们的甜言蜜语就值得怀疑了。

**(2) 满口都是"我"的人天真**

有些人开口闭口总是离不开"我""我的"等口头禅。有人在人称语里，常常使用"我"字，这表示他具有儿童或女性的性格。并且这种人的自我显示欲很强。有人不常用"我"字，但却爱用"我们"或"我辈"等字眼，这也表示他们具有相同的性格。

在儿童当中有这种习惯的人相当多，这不足为奇，这是一种儿童心理的表现。可是我们发现，有些成年人也常常这样说话，原因何在呢?

心理学研究表明，有些成人之所以形成这样的说话习惯，其原因可以追溯到他们的婴幼儿时期。在哺乳时期，婴幼儿与母亲有一种身心合一的亲密关系，而到了断奶时期，婴幼儿的这种感觉就受到了威胁。为了避免这样的威胁，婴幼儿学会了叫"妈妈""我"这些单词。"妈妈"和"我"这些词语在一定程度上缓解了孩子的不安全感。

在孩子的心目中，"妈妈"和"我"是密不可分的。没有妈妈，他们很难生存下去，所以他们对妈妈有难以割舍的心理依恋。而他们联系妈妈的最好"工具"就是"我"。孩子不断地强调"我"，可以从母亲那里得到一种安全感；经过这样不断地强化，孩子就频繁地使用"我"而获取更多的安慰。

孩子慢慢地长大以后，就逐渐与社会同化了，由一家的孩子变成了社会的孩子。这种通过不断说"我"来获得安全感的要求就逐渐淡化了。

可是有些人却是"人长智不长"，到了成年却依然保持着孩子的那种心理，自然也就保留了儿童时代的那种说话习惯。

应该指出的是，经常把"我"字挂在嘴巴上的人，他们并非要把自己的观点强加于人，而只是比较天真的表现，企图强化自己的存在。

与这样的人交往，一般来说是比较安全的。如果自己有这种习惯，就应该锻炼自己的个性，使自己很快成熟起来。

### (3) 喜欢说"不"的人心软

很喜欢说"不"的女性往往女人味十足。说"不"是女性温柔的表现。

有的人常常用这一点去取笑女性，殊不知，这正是她们的聪明之所在。女性往往会用这种方法去征服男性。如果这样的招数没有奏效，她们就会变换一种方式来征服男性，这种方法就是眼泪。这是女性又一个高招，千万不要小看女性的眼泪。女性哀怨的眼泪常常可以战胜不少男性。

研究表明，会说"不"的女性常常都是比较能干的，她们有主见，能持家，可以独立完成某些工作。但是由于经常说"不"，她们往往又会遇到一些麻烦。

观察资料表明，女性在心理上是愿意的，但是嘴上却常常说"不"。她们对丈夫或恋人就是这样，嘴巴上经常说的一句话就是"懒得管他"，其实却是非常想管他。

同样的道理，别人对她们提出忠告，在内心深处，她们可能已经接受，可是嘴巴里却往往会不由自主地说"我偏不听"。

由于这些经验，比较聪明的男性对女性表示关心，他们的嘴巴上一般不说什么，常常还会从相反的方面去进行"引诱"。这种巧妙的暗示，一般比明说还有效。

女性是很特别的，有时很温柔，有时又比较"蛮横"。女性没有男性的蛮力，但是她们却有一张很灵巧的嘴。有的人曾说，要征服女人的嘴巴比登天还难。很多人都有这样的经验，劝女性不要这样做，她们的回答常常是"我偏要"。如果劝女性这样去做，她们的回答往往是"我偏不"。

面对这样的女性，男性不要和她们较劲，因为她们是有口无心的。很多男性不明白这一点，偏偏要与这样的女性一争高低，结果是弄得双方都不高兴。

**（4）常说"我只告诉你"的人幼稚**

英语里有一句讽刺女人的话：女人认为把秘密告诉给她最信任的人，并叮嘱他不要说出去，就算是保住了秘密。

其实这一说法并不公道。

因为不论是男人还是女人，总有这样一些人，一旦他们知道一点点机密，便有一种压制不住的冲动，时时刻刻想把这种所谓的机密告诉别人，但是又怕走漏消息，所以不断地叮嘱他人。其实这种人最容易泄露机密，是最不可信的。

从心理学的角度看，一个人知道了其他人不知道的机密，要想长期隐藏在自己的心中并不是一件容易的事情，一般都有一股企图告诉他人的冲动。因为如果一个人知道某个秘密，就会是一个沉重的心理负担，把秘密告诉别人，他们就会感到压力减轻，有一种如释重负的心理愉悦，而且向别人泄露秘密，可以博得对方的欢心。

心理学家研究发现，越是秘密越想对人说。

在日常生活中，可能经常有人对你说："这可是个秘密，不到时候对谁也不要讲！""明白我的意思了吧，千万不要对人说啊！""现在我要跟你说的事绝对不能张扬出去"。

为什么会有这种情况发生呢?

第一，如果自己知道了一些秘密，别人就会觉得你了不起。你自己也会感到知道很多小道消息和一些别人的隐私是一种值得炫耀的骄傲。

第二，秘密只藏在一个人心里是会让人感到苦闷的。

一般人都有这种毛病。你越是想让他保守秘密，他就越想说出去。"保守秘密"和"告诉适当的人"实际上是同类语。如果要是真想保守秘密的话，就不会对别人讲了。

可是，如果知道了秘密就随便与人说，又觉得这个人不是很可靠，于是就对他说"我只告诉你"，这是很可笑的，也是不成熟的表现。

当然，无论是出于哪一种原因，轻易泄露秘密都是心理幼稚的表现。这种人之所以喜欢传播机密，正是由于心理不成熟所致，他们虽然到了成人阶段，但是在心理上还不是真正的成人。当自己听到"机密"的事情的时候，便立即产生向他人传播的冲动，他们并未意识到这种行为是极为有害的。其实这种行为不仅有损于别人，也有损自己，真是害人不利己。

如果自己有这种不良习惯，最好的方法就是交一两个知心朋友，有什么机密，就给自己的朋友说说，千万不要随便跟别人说"我只告诉你"这样的话。

### (5) "我知道"就是意味着拒绝

孔子的弟子颜回能"闻一而知十"，可以说是少见的智慧型人物。这种人不但聪明，而且反应奇快，他们只要听到对方的第一句话，就知道下面会是些什么话。日本前首相田中角荣便是这种人。他有个绰号叫"我知道"，因为大家只要一开口，他就会说"我知道……"。

有很多陈情团体找他，没说几句话他就能了解全盘形势，然后调节安排。不过，这个世界上毕竟只有一个田中角荣。普通人都是"闻一知一"的，如果你谈话的对手表现出"闻一知十"的，就是不愿意再听下去的表示，他无法作出明确表示拒绝态度。

**(6) 常说"所以说"的人自以为是**

一些人喜欢把"所以说"挂在嘴边，乍听起来善于总结，但深究起来远不是这么回事。常说"所以说"的人最大的特点是喜欢以聪明者自居，自以为是。

"所以说……"是用在强调并且延续之前所提过的事情，或者作为结论时的用语。

"这件事的情况是这样的……所以说，会变成现在这样也是正常的，不是吗？"

"……所以说，我以前不就提醒过你了吗？"

"所以说，那件事本来就应该如此。"

常把"所以说……"挂在嘴上的人，是经常会把之前自己说过的话，加以强调其正确性并下结论的类型。他们认为自己在一开始的时候就已经了解所有的事情，颇有先见之明。

当别人说出事情的结果时，他们总是会说："我之前不就说过了吗？我早知道结果会是如此。"特别强调自己对事情的发展早已经了如指掌。他们绝对不会说："是啊！你说得对，我也是这么想。"而总是说："所以说，这件事情就是这样，我之前不就说过了吗？"态度表现得非常强硬、傲慢，并且喜欢将所有的功劳往自己身上揽。

他们认为自己所说的话具有绝对的权威性，并有鄙视他人的心理。说话完全不顾及对方的心情，因此对方常会为了他们这种随意践踏他人的态度，而受到伤害。所以，常常把"所以说……"挂在嘴边的人，容易惹人讨厌而自己完全不自觉。事实上他们并不觉得自己是个傲慢、令人厌恶的人，反而认为自己相当值得同情。因为他们得不到众人的认同、理解，周围的人都不愿意去倾听、去了解他们的事，颇有众人皆醉我独醒的寂寞之感。因此常在心中呐喊着："所以说，我之前就警告过了，为什么大家都不愿意听我的话呢?"

如果多了解他们一些,就知道其实要和这类型的人相处并不困难。因为他们非常希望得到他人的认同,渴望自己在他人心目中的形象是"见识广博,什么都懂",所以如果想和他们好好相处,只要在这一点上多忍耐担待一些就行了。

**(7) 嘴边常挂着"对啊"的人会算计**

日常生活中,没有人喜欢别人逆着自己的意思行事,所以就有这样一类人,他们嘴边挂着"对啊",表面是一团和气,人际关系也不错,其实并不是他们的心里话。他们是以"对啊"来迎合别人,暗地里却在为了自己的利益而精打细算。

"对啊!"这个词语是用来肯定对方说的话,这是毋庸置疑的。

"嗯!对啊,就如同你所说的。"

"对啊!确实是这样,我也有同感。"

类似这些用来赞同对方、认同对方的话,会让对方听起来格外舒服、顺耳,非常高兴地以为原来你的看法和他一样。

他们不是属于自我意识强烈的类型,个性表现上也不强烈,更不会勉强别人照着自己的步调走,他们比较能体会别人的心情,不会硬要别人凡事都必须顺着自己的意思来做。

实际上,他们并非发自内心、谦虚地认为别人说的话都是正确的,他们之所以常常将"对啊"这句话挂在嘴边,是因为这样比较容易和别人相处融洽,使自己的人际关系更加圆融、顺利而已。那么又是什么原因,这类型的人会希望自己在处理人际关系上圆融、顺利呢?这当然是为了自己着想,希望能借此得到更多的利益。

一般而言,这类型的人认为,在允许的范围之内,一些无伤大雅、不影响大局的小事,可以尽可能地去配合他人的步调,无须事事斤斤计较,而引起不必要的摩擦。这样不仅可以营造气氛的和谐祥乐,而且自己也会成为受欢迎的人物。比起老是用对他人品头论足、愤世嫉俗的态度与人相处,这种可是简单快乐多了。

可是如果你遇上这种类型的主管,先别庆幸。他们总是会善解人意地回答："嗯！嗯！对啊！你所说的，我十分理解。"不过当事情进入最后决策阶段时，他们还是会要求你照他们的意思去做，而且在这一点上他们是相当固执的，无论你提出什么意见都是徒劳无益，他们一步也不会退让，跟平时对任何事情都说"对啊"的样子完全不同。

"对啊！是的！"一方面来说是肯定对方，但从另外一方面来看，却也可能是敷衍对方的一种手段，他们对于对方的意见不屑一顾，甚至连反驳都懒得反驳。这种人是会算计他人、不可不提防的危险人物。

# 6.从幽默识别对方性情

幽默是聪明和智慧的体现，幽默的方式也是各不相同的，而不同的幽默方式也能反映人的不同心理活动。

用一个幽默来打破某一个僵局，这样的人多随机应变能力比较强，反应快。因自己出色的表现，他们可能会成为受人关注的对象，这很迎合了他们的心理。他们多有比较强烈的表现欲望，希望能够得到他人的注意与认可。

常常用幽默的方式来挖苦别人的人，多心胸比较狭窄，有强烈的嫉妒心理，有时甚至做一些落井下石的事情。他们有较强的自卑心理，生活态度较消极，常常进行自我否定。他们最擅长于挑剔和嘲讽他人，整天地盘算他人，自己却从未真正的开心过。

善于说自嘲式幽默的人，首先应该具有一定的勇气，敢于进行自我嘲讽，这不是一般人能够做到的。他们的心胸多比较宽阔，能够接受他人的意见和建议，而且能够经常地反省自己，进行自我批评，寻找自身的错误，进行改正。

用幽默的方式嘲笑、讽刺他人，这一类型的人，给人的第一印象往往是相当机智、风趣的，对任何事物都有细致入微的观察，能够关心和体谅他人，但实际上这种人是相当自私的，他们在乎的可能只是自己。他们在为人处世各个方面总是非常小心和谨慎，凡事总是赶着要比别人快一步。他们嫉恶如仇，有谁伤害过自己，一定会想方设法让对方付出代价。有较强的嫉妒心理，当他人取得了成就的时候，会进行故意的贬低。

喜欢制造一些恶作剧似的幽默的人，他们多是活泼开朗、热情大方的人，活得很轻松，即使有压力，自己也会想办法缓解这种压力。他们在言谈举止等各方面表现得都相当自然和随便，不喜欢受到拘束。他们比较顽皮，爱和人开玩笑，他们在这个过程中进行自我愉悦，同时也希望能够将这份快乐带给他人。

有些人为了向他人表现自己的幽默感，常常会事先准备一些幽默，然后在许多不同的场合不厌其烦地说。这一类型的人多比较热衷于追求一些形式化的东西，而且很在乎他人对自己持什么样的态度。生活态度比较严肃、拘谨，能够控制自己的感情。

现实生活中还有另外一种思维活跃，有很强的想象力和创造力，许多幽默是他自己自然的流露的人，他们的生活始终处在发掘新鲜事物的过程中，他们需要利用别人来发掘和增强自己的构想。

# 7.声气：生命的话外音

语言，是在日常生活中人与人之间相互交往、交流，传达各种信息和情感的一种方式和手段，它所表达的意思是通过人们对发音器官的有意识控制和使用而体现出来的。这种有意识的控制和使用的一个重要对象便是说话的声和气，通过人说话的声和气可以透视一个人的心理活动。

**（1）说话轻声细气者**

这一类型的男性多待人忠实厚道，胸襟比较开阔，有一定的宽容力和忍耐力，能够吸取他人的意见和建议为己所用，但同时又不失自己独到的见解。他们较富有同情心，能够关心和体谅他人。而这一类型的女性则多比较温柔、善良、善解人意，但有时候也显得过于多愁善感，甚至是软弱。

**（2）说话轻声小气者**

这类人在为人处世各方面多比较小心和谨慎，他们具有一定的文化修养，说话措辞非常文雅而又显得谦恭。他们对他人一般情况下都相当尊重，所以反过来他们也会得到他人的尊重。他们对人比较宽容，从不刻意地为难、责怪他人，而是采用各种方式不断地缩短与他人之间的距离，密切彼此之间的关系，尽量避免一些不必要的麻烦产生。

**（3）说话高声大气者**

这类人性格多是比较粗犷和豪爽的，他们脾气暴躁、易怒，容易激动。为人耿直、真诚、热情，说话非常直接，有什么就说什么，从来不会拐弯抹角绕圈子。这一类型的人多容不得自己受一点点委屈，他们会据理力争，一直到弄出个水落石出为止。他们有时会冲当急先锋，起召唤、鼓动的作用，但有时候也会在不知不觉当中被他人利用，自己却浑然不知。

**（4）说话唉声叹气者**

这类人多有比较强的自卑心理，心理承受能力比较差，在挫折困难面前，或是遭遇到失败，就会丧失信心，显得沮丧颓废，甚至是一蹶不振，没有了再站起来的勇气。这一类型的人从来不善于在自己身上寻找失败的原因，而总是不断地找各种客观的理由和借口为自己开脱，然后安慰自己，以使一切都变得自然而然。他们时常哀叹自己的不幸，却以他人更大的不幸来平衡自己。

除此以外，还有一些总结出来的由说话的声气观察一个人性格的一些规律。

在比较正式的场合，说话伊始就先清喉咙的人，多是由于紧张和不安的情绪所致。

在说话的过程不断地清喉咙的人，可能是为了变换说话的语气和声调，还有可能是为了掩饰自己内心的某种焦虑和不安。

还有的人在说话过程中并不是不断地清喉咙，而只是偶尔一两次，这时多表明他对某一个问题并不是特别地认同，还需要仔细认真地考虑。

故意清喉咙多是一种警告的表示，是为了表达自己的某种不满情绪，同时包含着对对方示威的意思，告诉对方自己可能会不客气。

口哨声有时候是一种潇洒或处之泰然的表示，但有的人也会以此来虚张声势，掩饰自己内心的不安情绪。

# 8.从言谈方式捕捉对方心理

语言在人们的日常生活中起着举足轻重的作用，几乎每一个人都离不开语言，都要说话，但为什么同样一句话在不同的人嘴里说出来，会产生不同的效果呢？这关键取决于说话者的说话方式不同，细心的人就可以从一个人的说话方式中把握他的心理活动。

对事情发展的预测很准的人，他们并非是真正的料事如神，有先见之明，只是较其他人善于对事物进行细致入微的观察和思考，养成习惯，久而久之就会形成相当强的分析能力，然后综合各种信息，对各种事物进行预测和估计。这一类型的人在绝大多数时候都能领先于他人一步。

能说会道者多思维比较敏捷，反应速度快，随机应变能力强。他们健谈，善于跟他人讲大道理，显示自己的圣明。这一类型的人圆滑世故，处理各种问题相当老练，他们在绝大多数时候会很招他人喜欢，所以人际关系会很不错。

善于倾听者，多是一个富有自己独特的思想、缜密的思维，而又谦虚有礼、性情温和的人。他们可能并不太能引起他人的注意，但通过一段时间的交往，一定会得到他人的尊重和依赖，他们虚心好学，善于思考，是值得人信任的。

在说话中常带奇思妙语者，他们大多比较聪明和智慧，具有一定的幽默感，比较风趣，而且随机应变能力强，常会给他人带去欢声笑语，很招他人的喜欢。

在谈话中转守为攻者，多心思缜密，遇事能够沉着冷静地面对，随机应变能力强，能够根据形式适时地调节自己。他们做事稳重，从不做没有把握的事情，总是首先保证自己不处于劣势，然后再追求进一步的成功。

能够根据谈话的进行，适时地改变自己的人，头脑灵活，能够在很短的时间内正确地分析自己的处境，然后寻找适合的方法得以解脱。

在谈话中能够运用妙语反诘者，不仅会说，而且更会听，当形势对自己不利时，能够抓住各种机会去反击，从而使自己处于主动地位。

在谈话中能够以充分的论证论据说服对方的人多是非常优秀的外交型人才。他们通过自己独特的洞察力，往往能够对他人有非常清楚的了解，然后使自己占据主动地位，使对方完全根据自己的思路走，以赢得最后的胜利。

谈吐非常幽默的人，多感觉灵敏，心理健康，胸襟豁达，他们做事很少死死板板地去遵循一些规则，甚至完全是不拘一格。他们非常圆滑、灵通，显得聪明、活泼，有许多人都愿意与他们交往，他们会有很多的朋友。

在谈话中，经常说一些滑稽搞笑的话以活跃气氛的人，待人多比较热情和亲切，而且富有同情心，能够顾及到他人。

自嘲是谈话的最高境界，善于自我解嘲的人多有比较豁达、乐观、超脱、调侃的心态和胸怀。

在谈话中善于旁敲侧击的人多能够听出一些弦外之音，又较圆滑和世故，常做到一语双关。

在谈话中软磨硬泡的人，多有较顽强的性格，有一股不达目的誓不罢休的精神，一直等到对方实在没有办法，不得不答应，才罢手。

在谈话中滥竽充数的人，多胆小怕事，遇事推卸责任，凡事只求安稳太平，没有什么野心。

避实就虚者常会制造一些假象去欺骗、糊弄他人，一旦被揭穿，又寻找一些小伎俩以逃避、敷衍过去。

固执己见者从来听不进他人的意见和建议，哪怕他人是正确而自己是错误的。

# 9.从谈论的话题分析对方真意

谈话——在我们的生活中是一项不可缺少的重要内容，任何一件事物都可以成为我们谈论的话题。在谈话中，虽然谈话者不是非常直观地说出自己、透露出自己，但随着谈话的进行，谈话者会在不知不觉、有意无意当中暴露出内心的秘密。在这个过程中，注意谈论内容是什么，谈论者的神态和动作怎样。细心一点，一定会获得一些有益的东西。

一个常常谈论自己，包括曾有的经历、自我的个性、对外界一些事物的看法、态度和意见等等，一般来说，这样的人多比较外向，感情色彩鲜明而且强烈，主观意识较浓厚，爱表现和公开自己，多少有点虚荣。

与此相反，如果一个人不经常谈论自己，包括曾有的经历、自我的性格、对外界一些事物的看法、态度和意见等等，则表明这个人的性格比较内向，感情色彩不鲜明也不强烈，主观意识比较淡薄，不太爱表现和公开自己，比较保守，多少有自卑心理。另外这种人可能有很深的城府。

如果一个人在叙述某一件事情的时候，只是单纯地在叙述，不加入过多的自我感情色彩，而是将自己置于事外，则表明这个人比较客观、理智，情感比较沉着和稳定，不会有过激行为。

相反，一个人在叙述某一件事的时候，自我感情非常丰富，特别注意个别细节，则说明这个人感情比较细腻，会一触即发。

如果一个人在说话时习惯于进行因果和逻辑关系的推理，给予一定的判断和评价，说明这个人有很强的逻辑思维能力，比较客观和注重实际，自信心和主观意识比较强，常会将自己的思想观点强加于他人身上。

如果一个人的谈话属于**概括**型的，非常简单，但又准确到位，注重结果而不太关心某个细节过程，平时关心的也是宏观大问题，则显示出这个人具有一定的管理者和领导者才能，独立性较强。

如果一个人谈话非常注重过程中的某个具体细节问题，对局部的关心要多于对整体的关注，则表明这个人适合于从事某项比较具体的工作。这一类型的人支配他人的欲望不是特别强烈，可能会顺从于他人的领导。

如果一个人不论谈论什么话题，都会不自觉地将金钱扯入话题中。

"这套房子真豪华啊！"

"是吗？那你想它大概值多少钱？"

"今天的结婚典礼，你觉得如何？"

"以这种菜色来说，一桌1万元似乎太贵了一点吧！"

这种类型的人，往往缺乏梦想，而这个缺乏梦想的缺点，很有可能会成为其人格上的致命伤，因为太过于倾向现实主义，只知道赚大钱是自己人生唯一的梦想，因此，对于别人会有何种梦想，漠不关心。

令人感到意外的是，这种超级现实主义的人，其内心也隐隐潜伏着不安全感。在他们的观念中"金钱便是全世界"，反过来说，"若没有金钱，便无法生存下去"，"没有钱的人，也就失去了生存的价值"。因此只要他们身边一没有钱，他们就会感到十分地惶恐与不安，而且自己会有一种被抛弃的感觉。他们更不敢去想象，当自己身无分文、一文不名时，还有什么东西会留在自己的身边。

由此可知，眼中只看得到金钱的人，内心其实是十分缺乏安全感的。受到不安全感的驱策，即使累积再多的财富，他还是不能满足，所以这种人同时也是快乐不起来的人。

一个人谈论的内容多倾向于生活中的琐事，表明他是属于安乐型的人，注重享受生活的舒适和安逸。

一个人如果经常谈论国家大事，表明他的视野和目光比较开阔，而不是局限在某一个小圈子里。

一个人如果喜欢畅想将来，则表明他是一个爱幻想的人，这种人有的能将幻想付诸行动，有的却不能。前者注重计划和发展，实实在在地去做，很可能会取得一番成就。但后者只是停留在口头说说而已，最终多会一事无成。

在谈话时，比较注重自然现象，那么这个人的生活一定很有规律，为人处世也非常小心和谨慎。

经常谈论各种现象和人际关系的人，可能自己在这一方面颇有心得。

不愿意对人指手画脚，进行评论的人，偶尔在不得已的时候发表自己的看法，当面与背后的言辞也多会基本保持一致，这说明这个人是非常正直和真诚的。

对他人的评价表面一套，背地一套，当面奉承表扬，背后谩骂、诋毁，表明这个人是极度虚伪的。

有些人不断地指责他人的缺点和过失，目的是通过对比来证明和表现自己。

有些人在谈话中总是把话题扯得很远，或者不断地转变话题，表明他思想不够集中，而且缺少必要的宽容、尊重、体谅和忍耐。

# 10.常说错话的人表里不一

奥地利下议院院长，在宣告议会即将开始时，一不留神便说成了"议会结束"，因为要让这个议会顺利进展的困难度颇高，所以议长在心中便有"希望议会尽早结束吧"的愿望存在。这个愿望表现在其不经意的话语中，本人在意识中清楚地知道议会一定要进行，但在潜意识里又有恐惧、不想面对的心理，两者互相矛盾、冲突，因而引发了这种错误的行为。

生活中，你有没有在无意识中，说出奇怪的话的经历？心理学家弗洛伊德认为，说错、听错，或者是写错等等"错误行为"，都是将内心真正的愿望表现出来的行为。

通常，说错话的一方都会找出自己是"不小心"、"不是真心的"等等借口，但事实上，那不小心说错的话，其实才是他真正想说的。这些在我们的日常生活中，可以说是屡见不鲜。

由此可知，那些常常会说错话的人，可以推断为大部分是习惯性地隐藏真正的自己，是个表里不一的人。而且，心中很强烈地禁止自己把这些真心话表露出来。

"这件事绝不能讲出来"、"这事绝不能弄错，非小心不可"，当你越这么想的时候，便越容易将它说出来。相信很多人在日常生活中，也会遇到类似的情形吧！越是被禁止的东西，越去压抑它，就越容易表露出来。

总而言之，暗藏在我们心中的许多事情，当你越想要去隐瞒它、掩盖它的时候，就越容易说错话或做错事，无意之间让心虚表露无遗。

# 11.爱发牢骚者苛求完美

"我们老板真抠门啊，整天加班加点，连加班费都没有一分。"

"那家伙真是令人讨厌，事情做不好就早一点说嘛！也应该稍微站在我们的立场，替我们想想啊。"

像这种上班族喜欢在喝酒时发的牢骚话，有时候真是没完没了，一发不可收拾。为什么有人特别喜欢发牢骚呢？人生在世，不如意事十之八九，一遇上不如意的事，自然也就满腹牢骚了。

而在这群人之中，又可以分成抱怨连连以及较少抱怨的类型。像这类抱怨多的人，多属于追求完美的人，凡事要求高水平、高理想，并时时在脑海中描绘完美的蓝图，由于达不到理想，自然也就开始牢骚不断了。

喜欢抱怨的人，通常是满怀理想，甚至于成天沉迷于幻想的世界中，对于现实的问题则采取漠视的态度。

这些满腹牢骚的人当中，其实有许多人并非缺乏自信。如果他们能够认清事实，了解自己本身也并非十全十美的话，就可以少一点抱怨了。但是他们却总是充满自信地认为，自己的表现完美无缺，因此常会愤世嫉俗地认为："我这么努力在做，可惜周围都是一些笨蛋，一点忙都帮不上。"在他们的心目中，总认为自己是最完美、不会出错的人，因此这种类型的人可以说是非常难相处。

在这些人之中，也有许多有才能，却因为人际关系不好，而被别人所孤立，以致无法受到提携，怀才不遇的人。就因为身边有人在，才有可以抱怨、吐苦水的对象，但谁都不喜欢当别人的垃圾桶。因此当身边那些受不了你抱怨的人，一个接一个地离开，只剩下自己孤单一人时，就应该警觉到其实自己也并不是完美无瑕的人。

但话说回来，若世界上没有这样的人存在，那就所有人都将安于现状，不求进步了。正因为有这些会抱怨、敢批评的人存在，才能让人们更加努力追求完美。这些老是抱怨的人虽然啰唆，但在挑他人的毛病、找他人的缺点方面，却拥有傲人的才能，所以有时候不妨侧耳倾听，或许会有意想不到的收获。

# 12. 言辞过恭必怀戒心

任何人际交往都是在交际双方所结成的心理距离中进行，适当的心理距离是成功的人际交往的一个必要条件。语言可以拉近或推远彼此间心理距离。要想拥有圆满而顺利的社会生活，有分寸地使用恭敬的语言是很重要的。这类语言要依时间、场合、目的微妙地表达，均衡地加以运用。俗话说过犹不及，如果言辞过恭反而显得肤浅。

在英语中，you 是第二人称，但在德语中却有两种用法：对比较亲近的人用 du，对关系较远的人用 sie。所以通过对话，就能察觉到谈话双方之关系已到了何种程度。有一部法国电影，其中有段这样的情节：一个女人在酒吧间认识了一个男人，寒暄几句，就如同老友重逢，于是一起坐下喝酒。后来，那个女人喝得烂醉如泥，不省人事。到第二天早晨，当她从睡梦中醒来，发现自己置身于那个男人的公寓里。由于前一天晚上醉得太厉害的关系，无论怎么想，也想不起曾经发生过什么事情。后来，她听到男人在对她说话时，第二人称所用的词是 du，于是恍然大悟，懊丧不已。并不仅仅限于德语，我们在日常交谈中，也常能通过对敬语的使用推断出彼此之间的关系。

适度的礼貌，是维持良好人际关系的方法之一。人与人之间的礼貌，有一定的形式、程式和措辞等等，人人都必须遵循。"殷勤过度，反而无礼。"法国作家拉伯雷说："外表态度上的礼节，只要稍具有知识即能充分做到；而若是想表现出内在的道德品行，则必须具备更多的气质。"那么从言辞到行动总是毕恭毕敬的人，也许可以说是气质上的欠缺。

这些人在与人交往的时候，一般总是低声下气，始终用恭敬的语言、赞美的口气说话。初交时，对方也许会有不好意思之感，但绝不会对这些人产生厌恶。然而随着交往的日益深入，他人便会逐渐察觉这种人的态度，而且会气恼不已。这时对他的评价，大多变为："那家伙原来是个口是心非、表面恭敬的人！"

这种人幼儿期一定受到过双亲严厉而又错误的教育，尤其是有关礼节方面的。因此，那些在一般人看来是可容许的欲望，却不为他们的良心所许可，导致他们产生了罪恶、不安和恐惧等等感觉。于是，他们便将种种欲望、冲动和情绪全压抑在内心深处，死死禁锢着。但是，被压抑的欲望、冲动和情绪越积越多，总有一天会形成强大的攻击冲动而发泄出来。他们直觉地意识到这一点，为求掩饰起见，便启动反作用的心理防卫机制——对人更加谦恭。这等于说，这类以令人难以忍受的过分谦恭的态度对待他人的人，内心里往往郁积着对他人的强烈攻击欲。

日本语意学家桦岛忠夫说："敬语显示出人际关系的密疏、身份、势力，一旦使用不当或错误，便扰乱了应有的彼此关系。"在某种无关紧要或很熟悉的人际关系中，我们根本没有必要使用恭敬语。不过，在很亲密的人际关系群中，碰见有人突然使用恭敬语对你说话，那就得小心了。是否在你们之间出现了新的障碍？如果在交谈中常常无意识地使用敬语，就表示与对方心理距离很大。过分地使用敬语，就表示有激烈的嫉妒、敌意、轻蔑和戒心。所以，当一个女人对男人说话时，若使用过多的敬语，绝对不是表示对他的尊敬，反而是表示："我对他一点意思也没有！"或是"我根本就不想和这类男人接近"等等强烈的排斥反应。

有些人虽然彼此交往很久，双方的了解也很深刻，但是，对方依然在运用客气与亲切的措辞，说话的语气也十分谨慎。在这种情况下，对方如果不是在心理上怀有冲突与苦闷，就是在心中怀有敌意。反之，有人故意使用谦逊与客气的言语，因为他们企图利用这种方式和态度闯进对方心里，突破对方心中的警戒线，实际上，他们的真正动机在于企图控制对方，实现居高临下的愿望。

# 13. 从语速快慢变化看人性格

### (1) 声音不知不觉中变小者为内向型人

讲话时窃窃私语，或者仿佛耳语一般，小声嗫嚅的人，一定是属于内向型的人。

内向型的人往往会在无意识之中跟对方保持一定的距离，而且还会采取内闭式的姿势，那意味着"我不希望对方知道我的心事"以及"不想让初次见面的人看穿我的心意"，当然，也就不会畅所欲言了。

内向型的人对他人的警戒心非常强烈，而且认为不必让对方知道多余的事情。正因为如此，他连自己应该说的话也懒得说出来，一心想"隐藏"自己，声音当然就会变成嗫嚅了。

这种情况不仅是在一对一地聊天时如此，在会议上的发言亦如此，因为他并不想积极说出自己的想法，以致欲言又止，变成了喃喃自语似的，声音很小，又很缓慢。说话时，往往不是明确而直截了当地说出来，总是喜欢绕着圈子，使听的人感到焦躁不安。这种人即使是对于询问也不会作明确的答复，态度优柔寡断，给人一种索然无味的感觉。

内向型的人对别人的警戒心理固然很强烈，但是内心几乎都很温和，为了使自己的发言不伤害到别人，总是经过慎重的考虑之后再说话，同时又担心自己发表的意见将造成自己跟他人的对立。

因为胆怯又容易受到伤害，而且过度害怕错误以及失败，只好以较微弱的声音娓娓而谈，也许他认为这种说话方式最安全。

不过，对于能够推心置腹的亲友以及家属就不一样了，对于这一类特别亲近的人，内向型的人都会解除警戒心，彼此间的距离也被拉近了。因此能够以爽朗的大嗓门以及毫不掩饰的态度跟他们交谈，能够很自然地露出笑容来。

### (2) 说话速度快，善于随声附和的外向型

说话速度稍快，说起话来仿佛在放鞭炮似的，几乎都属于外向型的人。

外向型的人言语流畅，声音的顿挫富于变化，且能说善道，只要一想到什么事情，就会毫不考虑地说出来，有时又会把自己的身体挪近对方，说到眉飞色舞时，口沫横飞，有时甚至会把对方的话拦腰一斩，以便贯彻自己的主张。

纵然还不到这种地步，这种人说话的方式仍然显得周到而且清晰，即使是对于初次见面的人，他也能够以亲切的口吻与之交谈，脸上浮着微笑，不时地点头。

当对方的意见、想法等等跟他要说的意思相同时，他就会随声附和地说："就是嘛……就是嘛……"，并且眨动着眼睛，因为对外向型的人来说，跟他人同感，一唱一和之事，乃是至上的快乐。

外向型的人跟别人碰面时，只要彼此交谈，就能够使他的性格更为鲜明。因此，话说到投机处，就无法控制，不断地涌出话题，好像有取之不尽的"话源"似的，有时话题变得支离破碎，无法再度接合，他仍然会喋喋不休。因为对他来说，"开讲"本身就是一件乐事。

外向型的人能够在毫不矫揉造作之下，以开玩笑的口吻介绍他自己。有时是自己的可笑的事，他都敢于说出来，博得对方一笑，因为他是一根肠子通到底的人，什么事情都不隐瞒，不在乎大家都知道他的事。

即使事后自己也认为"说得太过火"，他也不会表示后悔。正因为他具有不拘泥于小节的性格，对于过去的事情很少去计较或者后悔，有时他甚至会忘记自己说过的事情，一旦对方提醒，方才搔着头说："哦!我那样说过吗?"

正因为如此，他喜欢想到哪儿说到哪儿。乍看之下，这种人似乎轻率而欠缺考虑，事实上，他懂得配合对方的说话速度，一面看着对方一面交谈，同时更能够缓急自如、随机应变地改变话题，为的是不想扫对方的兴，因此，我们可以说，这种类型的人很善于社交式的交谈。

总而言之，外向型的人说话方式都很注意一个目标，那就是给周围的人快乐而轻松的气氛，这是因为他们喜欢跟周围的人一起欢笑，甚至一块抱头痛哭的缘故。

# 三. 根据行为举止快速识别对方心理

人主要通过行为举止来实现自己的目的，所以，行为举止当中隐藏了大量的真实的信息，这些信息往往是慢慢聚集清晰的。我们的难度在于必须提前作出判断和反应，否则，恐怕就会比较被动了。人与人交往，吃亏的都是被动的一方。

# 1.从眼神窥视对方动机

爱默生说："人的眼睛和舌头所说的话一样多，不需要字典，却能从眼睛的语言中了解整个世界。"的确是这样，眼睛的语言，是人脸部的主要表情之一，它与一个人的思想感情是有着密切的不可分割的关系。一个人的所思所想很多时候会通过他的眼神表现出来，所以，通过观察一个人丰富的眼睛语言，也可以在某种程度上对他有一个大致的了解和认识。

当一个人对另外一个人产生了好感，他没有用语言表达出来的时候，多会用一种带有幸福、欣慰、欣赏等感情交织在一起的眼光不住地打量对方。

当一个人表示对另外一个人的拒绝时，他会用一种不情愿，甚至是愤怒的眼神，轻蔑地进行嘲讽。

当一个人看另外一个人时，用眼光从上到下或是从下到上不住地打量时，表示了对他人的轻蔑和审视。而且这个人有良好的自我优越感觉，不过有些清高自傲，喜欢支配别人。

在谈话的时候，如果有一方眼光不断地转移到别处，这说明他对所谈的话题并不是十分的感兴趣，另一方意识到这一种情况以后，应该想办法改善这种局面。

在谈话中，一方的眼神由灰暗或是比较平常的状态，突然变得明亮起来，表示所谈的话题是切合他心意的，引起了他极大的兴趣，这是使谈话顺利进行的最好条件和保证。

在两个人的谈话中，一个人在说话时，既不抬头，也不看另外一个人，只顾说自己的，这很大程度上表示了对另外一个人的轻视。

　　当一个人用两只眼睛长时间地盯着另外一个人时，绝大多数情况都是期待着对方给予自己一个想要的答复。这个答复的内容是多种多样的，可能是一项计划的起草，可能是一份感情的承诺，不一而定。

　　当一个人用非常友好而且坦诚的眼神看另外一个人，间或地还会眨眨眼睛时，说明他对这个人的印象比较好，他很喜欢这个人，即使他犯了一些小错误，也可以给予宽容和谅解。

　　当一个人用非常锐利的目光，冷峻的表情审视一个人的时候，有一种警告的意思。

# 2．从表情判断对方情绪

　　在人类的心理活动中，表情是最能反映情绪表面化的动作，中国传统的人相学以脸型、相貌等占测一个人的性格与命运，虽然有失偏颇，但如果凭面部表情来推测和判断一个人的性格，大致上还是有相当的准确性的。

　　因为我们就凭常识也知道表情是内心活动的写照。透过表象窥探心灵的律动，把握情绪变化的尺度，了解感情互动的根源，表情就是传递这种信息的显示器。

　　1973 年，美国心理学家拜亚，曾经做过这样一项实验。他让一些人表现愤怒、恐怖、诱惑、无动于衷、幸福、悲伤等 6 种表情，再将录制后的录像带放映给许多人看，请观众猜何种表情代表何种感情。其结果是，观看录像带的这些人，对此 6 种表情，猜对者平均不到两种。可见，表演者即使有意摆出愤怒的表情，也会让观众以为是悲伤的感情。

　　从这个事例上看，虽然表情对揭示性格有很大程度上的可取性，表情相对于语言更能传递一个人的内心动向，但要具备在瞬间勘破人心的本领，看似简单，实属不易。人类在长期生活实践中，学会了掩饰内心真实情感的手段，这种手法在现代商业谈判中屡见不鲜，洽谈业务的双方，一方明明在很高兴地倾听对方的陈述，且不时点头示意，似乎很想与对方交易，对方也因此对这笔生意充满信心，没想到对方最后却表示："我明白了，谢谢你，让我考虑一下再说吧。"这无疑给陈述方当头浇了一盆凉水。

所以，人们在通常情况下，没有经过相当程度的对人们内心活动的研究，是不太容易探视出人心的真面目的。

俗语说"眼睛比嘴巴更会说话"，单凭眼睛的动态就大致可推测一个人的心理，但是，想要抓住一个人性格的主要特征，那就必须以眼睛为中心，仔细观察全面的表情才行。

以下，就具体说明凭表情判断性格的诀窍。

在几乎所有生物中，人的表情是最丰富，也是最复杂的。每个人都有一副独特而不容混淆的脸相，即使双胞胎也不例外，因此人们相见时，给人印象最深的就是脸。从这张脸上，大致能反映出年龄、性别、种族烙印，而且通过表情也可以流露出其人的当时情绪变化状况。

当人们与他人交往时，无论是否面对面，都会下意识地表达各自的情绪，与此同时也注视着对方做出的各种表情，正是这种过程，使人们的社会交往变得复杂而又细腻深刻。

在高明的观察者看来，每个人的脸上都挂着一张反映自己生理和精神状况的"海报"。狄德罗在他的《绘画论》一书中说过："一个人他心灵的每一个活动都表现在他的脸上，刻画得很清晰，很明显。"

如下这些"脸语"是比较容易读懂的：蹙眉皱额表示关怀、专注、不满、愤怒或受到挫折等情绪；双眉上扬、双目张大，可能是表现惊奇、惊讶的神情；皱鼻，一般表示不高兴、遇到麻烦、不满等等。

愉快的表情在日常生活中很容易有被观察的机会，它的特点是：嘴角拉向后方；面颊往上层；眉毛平舒，眼睛变小。

不愉快的表情，它的特点是：嘴角下垂；面颊往下拉，变得细长；眉毛深锁，皱成"倒八"字。

自然可以具体化一些，比如：

眉——有心理学家研究，眉毛可有近 20 多种动态，分别表示不同感情。汉语中常用词语有："柳眉倒竖"（发怒），"横眉冷对"（轻蔑、敌意），"挤眉弄眼"（戏谑），"低眉顺眼"（顺从）。宋代词人周邦彦有一句词："一段伤春，都在眉间。"这是因为一个人眉间的肌肉皱纹较为典型地体现出他的焦虑和忧郁，即眉头紧锁，而一旦眉间放开、舒展，则是心情变得轻松明朗的标志。

鼻——鼻子的表情动作较少，而含义也较为明确。厌恶时耸起鼻子，轻蔑时嗤之以鼻，愤怒时鼻孔张大，紧张时鼻腔收缩，屏息敛气。

人的大脑分为两半球，发自内心的感情通常由右脑控制，却具体反映在左脸上；而左脑则专司理智性感情，然后反映在右脸上。因此左脸的表情多为真的，右脸的表情有可能是假的。若想知道对方的真实感情，必须强迫自己去观察对方的左脸。

从表情的动作上，能够一眼洞察别人的内心动机，春秋时期的淳于髡就是这样一个"高手"。

梁惠王雄心勃勃，广招天下高人名士。有人多次向梁惠王推荐淳于髡，因此，梁惠王连连召见他，每一次都屏退左右与他倾心密谈。但前两次淳于髡都沉默不语，弄得梁惠王很难堪。事后梁惠王责问推荐人："你说淳于髡有管仲、晏婴的才能，哪里是这样，要不就是我在他眼里是一个不足与言的人。"

推荐人以此言问淳于髡，他笑笑回答道："确实如此，我也很想与梁惠王倾心交谈。但第一次，梁惠王脸上有驱驰之色，想着驱驰奔跑一类的娱乐之事，所以我就没说话。第二次，我见他脸上有享乐之色，是想着声色一类的娱乐之事，所以我也就没有说话。"

那人将此话告诉梁惠王，梁惠王一回忆，果然如淳于髡所言；他非常叹服淳于髡的识人之能。

从面部表情上，读透了内心所蕴藏的玄机，是识人高手厚积一世，而薄发一时的秘技，而最经典的莫过于三国时，诸葛亮和司马懿合唱的"空城计"了。

当诸葛亮带领一帮老弱残兵坐守阴平这座空城时，兵强马壮的司马懿父子，率领 20 万大军兵临城下。在城墙之上，诸葛亮焚香朝天，面色平静，他旁若无人地洞开城门，自己端坐在城墙之上，手挥五弦，目送归鸿，飘飘然令人有出尘之想。

一场千古的双簧戏，由此拉开了帷幕，诸葛亮和司马懿，这对谋略上势均力敌的高手，一个在城墙之上，一个在城墙之下，用心机对峙着。诸葛亮知道司马懿一眼能看穿他虚张声势的空架式，但诸葛亮更知道，司马家族和曹氏家族的冲突，倘若司马懿拿下了诸葛亮，三国鼎立之势不再，司马家族目前羽翼未丰，最后难逃兔死狗烹的下场。

精通军事的司马懿当然知道帮刘邦打天下的韩信的下场。诸葛亮的存在，让司马懿有了和曹操周旋的机会，对付诸葛亮，曹操还必须倚重司马懿，诸葛亮一倒，曹操立刻没了后顾之忧，安内是必然之举，那一刻，哪里还有司马家族的容身之地。

所以，在表情平静的背后，两人心中都在波澜起伏，就是因为诸葛亮一生谨慎，心知司马懿不会下手，才敢下这着看似冒险之局，当司马懿的儿子提醒说，诸葛亮在使诈，城中必无伏兵，心知肚明的司马懿，立即打断他的话，以诸葛亮一生惟谨慎的话，搪塞过去了。机智的司马懿从诸葛亮平静的表情上领悟到，这是诸葛亮用谋略和他合唱双簧戏，这出戏，非大智大慧的人，绝不可能唱得如此之好。

# 3. 从下意识小动作看人

每个人的举手投足都反映了其心态和性格。所以，我们可以通过一个人的一举一动透视其内心。

**（1）时常摇头晃脑**

平常生活中我们经常看到或用"摇头"或"点头"，以示自己对某件事情看法的肯定或否定，但如果你看到一个人经常摇头晃脑的，那么你或许会猜测他不是得了"摇头病"就是神经病了。

我们撇开这种看法而从另一个角度来看的话，这种人特别自信，以至于经常唯我独尊。他们也会请你帮他办事情，但很多时候你做得再好他都不怎么满意，因为他有自己的一套，他只是想从你做事的过程中获取某种启发而已。

他们在社交场合很会表现自己却时常遭到别人的厌恶，对事业一往无前的精神倒是被很多人欣赏。

**（2）拍打头部**

拍打头部这个动作多数时候的意义是在向你表示懊悔和自我谴责，他肯定没把你上次交待的事情放在心上，如果你正在问他"我的事情你办了没有"见他有这个动作的话，你不用再问也不用他再回答了。

倘若你的朋友中有人有这样的动作，而他拍打的部位又是脑后部，那么他这种人不太注重感情，而且对人苛刻，他选择你作为他的朋友，很大程度上是因为你某个方面他可以利用。当然，他也有很多方面值得你去交往和认识，诸如对事业的执著和开拓等，尤其是他对新生事物的学习精神，你不由得从心底真心佩服他。

时常拍打前额的人一般都是心直口快的人，他们为人坦率、真诚，富有同情心。在"耍心眼"方面你教都教不会他，因此如果你想从某人那儿了解什么秘密的话，这种人是最佳人选。不过这并不是说明他是一个不值得信赖的朋友，相反，他很愿意为别人帮忙，替别人着想。这种人如果对你有什么得罪的话，请记住，他们不是有意的。

**（3）边说边笑**

这种人与你交谈你会觉得非常轻松和愉快，他们不管自己或别人的讲话是否值得笑，有时候连话都还没讲完他就笑起来了。他们也并非是不在意与别人的交谈，我们只能说这种人"笑神经"特别发达。

他们大都性格开朗，对生活要求不太苛刻，很注意"知足常乐"，而且特别富有人情味，无论走在什么地方，他们总是有极好的人缘，这对他们开拓自己的事业本来是极好的条件，可惜这类人大多喜爱平静的生活，缺乏一种积极向上的精神，否则这个世界很多东西都该属于他们的。

**（4）边说话边打手势**

这种人与人谈话时，只要他们一动嘴，一定会有一个手部动作，摊双手、摆动手、相互拍打掌心等等，好像是对他们说话内容的强调。他们做事果断、自信心强，习惯于把自己在任何场合都塑造成一个领导型人物，很有一种男子汉的气派，性格大都属于外向型。

这类人去演讲一定会极尽煽动人心之能事，他们良好的口才时常让你不信也信。他们与异性在一起时表现尤其兴奋，总是极欲向人表现出他"护花使者"的身份。

这类人对朋友相当真诚，但他们不轻易把别人当做自己的知己。踏实肯干的性格使他们的事业大都小有成就。

**（5）表里不如一**

当你给某男士递烟或其他食物时，他嘴里说"不用"、"不要"，但手却伸过来接了，显得很客气的样子，这完全是假装客气。这种人处事圆滑、老练，不轻易得罪别人，哪怕他恨不得让你早点死，但与你见面时依然会对你友好地微笑。

这类人一般比较聪明，爱好广泛，时常把爱情视为儿戏，但他们一旦爱上一个人，就很难摆脱掉感情的束缚。

**（6）交谈时抹头发**

如果与你面对面坐着或站着，这种人总要时不时地抹抹头发，好像在引起你对他们发型的兴趣。其实不然，因为这种人就是一个人独自在家看电视，他们也会每隔三五分钟"检查"一下发上是否沾上了什么不好的东西。

他们大都性格鲜明，个性突出，爱憎分明，尤其嫉恶如仇。倘若公共汽车上有小偷，而乘客都是这种人的话，那个小偷一定会被当场打个半死。他们一般很善于思考，做事细致，但大多数缺乏一种对家庭的责任感。

他们对生活的喜悦来源于追求事业的过程。这句话听起来有点玄乎，不过仔细想来你就会明白，喜欢拼搏和冒险的人，他们是不在乎事情的结局的。他们在某件事情失败后总是说："我问心无愧，因为我去干了。"

### (7) 挤眉弄眼

这种人不管是在两人世界也好，在大庭广众之下也好，他们都肆无忌惮地挤眉弄眼，有时候他们也并非是在调情或相互勾引。这种人确实太轻浮或缺乏内涵修养，在恋爱和婚姻上也总是喜新厌旧。虽然他们不一定会跟"原配"离婚，甚至还可能对结发妻子"相当好"，那只不过是他的自尊心在起作用而已。

这类人特别会处理人际关系，尽管他们十有八九都略显高傲，但因为他们的处事大方为其掩盖了很多不是。在事业上他们善于捕捉机会，深得领导的赏识。

如果你现在在你单位上"混得不怎么好"，那么我向你推荐这种男人，他们可以称得上"拍马屁"的"祖师爷"，他们出道以来，从没听说有谁"拍在马腿"上的，不信你可以四处打听一下。

### (8) 掰手指节

这种人习惯于把自己的手指掰得咯嗒咯嗒地响，不管有人无人，有事还是无事。如果心烦意乱时听到这一种响声一定极不舒服，真想揍他一顿。

这类人通常精力旺盛，哪怕他得了重感冒，如果叫他去干一件他平常最喜爱的活动，他同样会从床上爬起来。他们还很健谈，喜欢钻"牛角尖"，依仗自己思维逻辑性较强而经常把你的谈话、文章说得一无是处。

这是一类典型的多愁善感型，而且是出名的"情种"，只要是异性，他们可能只相处一两次就会爱上。

这类人对事业、工作环境很挑剔，如果是他喜欢干的，他会不计较任何代价而踏实努力地帮助你；相反，他不当众出你的丑，也一定会暗地里甩你的"冷板凳"。

### (9) 腿脚抖动

开会也好，与人交谈也好，独自坐在那儿工作，或是看电影，这类人总喜欢用腿或者脚尖使整个腿部颤动，有时候还用脚尖磕打脚尖或者以脚掌拍打地面，这种行为当然不能登大雅之堂，但习惯者总是习以为常。

这种人最明显的表现是自私，他很少考虑别人，凡事从利己主义出发，尤其是对妻子的占有欲望特别强，经常会无缘无故地制造一些"醋海风波"，在这个问题上说他们有"神经质"一点也不过分。他们对别人很吝啬，对自己却很知足，据说"守财奴"——欧也妮·葛朗台有这个"良好"的习惯。

不过这类人很善于思索，他们经常给周围朋友提出一些意想不到的问题。

### (10) 死死地盯住别人

这种人的特点是在与别人谈话时目不转睛地看着别人。在聚会上，这种人也常常盯住一个人不放，而他并非是看上了某个人。

这种人的支配欲望特别强，而大多数的时候他们确实又都有某种优势，因此只要有机会，他们就会向别人显示自己。怎么说呢?他们占不到天时地利就一定能占到"人和"。他们的行为时常看起来像花花公子，但有一点值得肯定，他们选定了人生的目标就一定会去努力。

这种人不喜欢受约束，经常我行我素。另一方面，他们比较慷慨，因此他们周围总是有一些相干和不相干的人在一起。

### (11) 走角落

十有八九，这种人属于自卑型。他们参加各种会议或聚会，总是找最偏僻的角落坐下，不过要排除那种昨天通宵达旦，今天想找一个不易被人发现的角落打瞌睡的人。

喜欢走角落的人性格大都有怪异的一面，如果说他无能，他绝对会做一件事给你看看；如果说他行，他却非常谦虚；大家都说某件事情不能做，他偏要去试试。这类人最不习惯的是让他拜访年轻女性的家，否则，他要站在门前给自己鼓足很久的勇气才敢敲门。

调动这种人工作积极性的唯一办法就是表扬他们，让他们感觉到自己还是有很多长处和优点。

通常，这类人口头表达能力不强，尽管很多人非常聪明。但书面表达也就是写作能力相当不错，写情书当然很在行。可惜他们的情书虽然写得很多，却大都压在枕头下面了，不然又有好多女孩子会"倒霉"。

### （12）抹嘴、捏鼻子

这种动作略嫌不雅观，不过还没到有伤大雅的地步。

习惯于抹嘴或捏鼻子的人，大都喜欢捉弄别人，却又不敢"敢作敢当"。他们的唯一爱好是"哗众取宠"，眼见你气得咬牙切齿，他们却在那儿高兴得手舞足蹈。从这方面来讲，不妨认为他们有点"变态"。

这种人最终是被人支配的人。别人要他做什么，他就可能做什么。如果他们进百货店或者商场，售货员最喜欢的就是这种人。也许他根本什么都不准备买，但只要有人说"先生，这件可以"，而他就会买下。

## 4．从坐姿识别对方心理

人们坐着时会有不同的姿势，有的人喜欢翘着二郎腿，有的人喜欢双腿并拢，而有的人喜欢两脚交叠，……真是千奇百怪，丰富多彩。那么，这不同的坐姿又反映了什么样的心理呢？

### （1）自信型的坐姿

这种人通常将左腿交叠在右腿上，双手交叉放在腿跟两侧。他们有较强的自信心，非常坚信自己对某件事情的看法。如果他们与别人发生争论，可能他们并没有在意与别人争论的观点的内容。

他们的天资很好，总是能想尽一切办法并尽自己的最大努力去实现自己的理想。虽然也有"胜不骄、败不馁"的品性，但当他们完全沉醉在幸福之中时，也会有些得意忘形。

这种人很有才气，而且协调能力很强，在他们的生活圈子里，他们总是充当着领导的角色，而他们周围的人也都心甘情愿。

不过这种人有一个不好的习性，喜欢见异思迁，"这山看着那山高"。

**(2) 温顺型的坐姿**

这种人坐着时喜欢将两腿和两脚跟紧紧地并拢，两手放于两膝盖上，端端正正。这种人一般性格内向，为人谦逊，对于自己的情感世界很封闭，哪怕与自己特别倾慕的爱人在一起，也听不到他们一句"火辣"的语言，更看不到一丝亲热的举动，对于感情奔放的人来说，实在是难以忍受。

这种坐姿的人常常喜欢替别人着想，他们的很多朋友对此总是感动不已。正因为如此，他们虽然性格内向，但他们的朋友却不少，因为大家尊重他们的"为人"，此所谓"你敬别人一尺，别人敬你一丈"。

在工作上，这种人虽然行动不多，但却踏实认真，他们能够埋头为实现自己的梦想而努力。犹如他们的坐姿一样，他们不会去花天酒地，他们很珍惜自己用辛勤劳动换来的成果，他们坚信的原则是"一分耕耘，一分收获"，也因此他们极端厌恶那种只知道夸夸其谈的人。在他们周围，想吃"白食"是不行的。

**(3) 古板型的坐姿**

坐着时两腿及两脚跟并拢靠在一起，双手交叉放于大腿两侧的人为人古板，从不愿接受别人的意见，有时候明知别人说的是对的，但他们仍然不肯低下自己的脑袋。

他们明显地缺乏耐心，哪怕是只有十分钟的短会，他们也时常显得极度厌烦，甚至反感。

这种人凡事都想做得尽善尽美，干的却又是一些可望而不可及的事情。他们爱夸夸其谈，而缺少求实的精神，所以，他们总是失败。虽然这种人为人执拗，不过他们大多富于想象。说不定他们只是经常走错门路，如果他们在艺术领域里发挥自己的潜能，或许会做得更好。

对于爱情和婚姻他们也都比较挑剔，人们会认为这种人考虑慎重，但事实不然。应该说是他们的性格决定了这一切，他们找对象是用自己构想的"模型"如"郑人买履"般寻觅，这肯定是不现实的做法。而一旦谈成恋爱，则大多数都倾向于"速战速决"，因为他们的理念是中国传统型的"早结婚，早生贵子，早享福。"

**(4) 羞怯型的坐姿**

把两膝盖并在一起，小腿随着脚跟分开成一个"八"字样，两手掌相对，放于两膝盖中间的这种人特别害羞，多说一两句话就会脸红，他们最害怕的就是让他们出入社交场合。这类人感情非常细腻，但并不温柔，因此这种类型的人经常让人觉得莫名其妙。

这种人可以做保守型的代表，他们的观点一般不会有太大的变化，他们对许多问题的看法或许在几十年前比较流行。在工作中他们习惯于用过去成功的经验作依据，这本身并不错，但在新世纪到来的今天，因循守旧肯定是这个社会的被淘汰者。不过他们对朋友的感情是相当真诚的，每当别人有求于他们的时候，只需打个电话他们就肯定会效劳。

他们的爱情观也受着传统思想的束缚，经常被家庭和社会的压力压得喘不过气来，而自己仍要遵循那传统的"东方美德"、"三从四德"等旧观念。

**(5) 坚毅型的坐姿**

这类人喜欢将大腿分开，两脚跟并拢，两手习惯于放在肚脐部位。

这种人有勇气，也有决断力。他们一旦考虑了某件事情，就会立即去付诸行动，自然在爱情方面，他们一旦对某人产生好感，就会去积极主动地表明自己的意向，不过他们的独占欲望相当强，动不动就会干涉自己恋人的生活，时常遭到自己恋人的讨厌。

他们属于好战类的人，敢于不断追求新生事物，也敢于承担社会责任。这类人当领导的权威来源于他们的气魄，其实很多人并不真心地尊重他们，只是被他们那种无形的力量威慑而已。从另一个角度来说，他们不会成为处理人际关系的"老手"。当他们遇到比较棘手的人际关系问题时，他们多半只有求助于自己的老婆。但是如果生活给他们带来什么压力的话，他们一定能够泰然处之。

(6) 放荡型的坐姿

这种人坐着时常常将两腿分开距离较宽，两手没有固定搁放处，这是一种开放的姿势。

这种人喜欢追求新奇，偶尔成为引导都市消费潮流的"先驱"。他们对于普通人做的事不会满足，总是想做一些其他人不能做的事，或许不如说他们喜欢标新立异更为确切。

这种男人平常总是笑容可掬，最喜欢和人接触，而他们的人缘也确实很好，因为他们不在乎别人对他们的批评，这是其他人很难做到的。从这方面来说，他们很适合于做一个社会活动家或类似的工作。

不过这类人的日常行为举止着实不敢让人恭维，或许很多这种类型的人还没有认识到他们的轻浮给家庭和个人带来的烦恼，这只能说，他们还没有到这一天。

(7) 冷漠型的坐姿

这种人通常将右腿交叠在左腿上，两小腿靠拢，双手交叉放在腿上。

这种人看起来觉得非常和蔼可亲，似如菩萨，很容易让人接近，但事实却恰恰相反，别人找他谈话或办事，一副爱搭不理的举动让你不由得不反思"我是否花了眼?"你没有花眼，你的感觉很正确，他们不仅个性冷漠，而且性格中还有一种"狐狸作风"，对亲人、对朋友，他们总要向人炫耀他那自以为是的各种心计，以致周围的人不得不把他们打入心理不健全的一类人。

这种人做事总是三心二意，并且还经常向人宣传他们的"一心二用"理论。自然，他们的品行更适合于在月球上生活。

(8) 悠闲型的坐姿

这种人半躺而坐，双手抱于脑后，一看就是一种怡然自得的样子。这种人性格随和，与任何人都相处得来，也善于控制自己的情绪，因此能得到大家的信赖。

他们的适应能力很强，对生活也充满朝气，干任何职业好像都能得心应手，加之他们的毅力也都不弱，往往都能达到某种程度的成功。这种人喜欢学习但不是很求甚解，可能他们要求的仅是"学习"而已。

其另一个特点是个性热情、挥金如土。如果让他们去买东西，很多时候他们是凭直觉的喜欢与否。对于钱财他们从来就是把它看作身外之物，"生不带来，死不带去"，以致他们时常不得不承受因处理钱财的鲁莽和不谨慎带来的苦果，尽管他们挣的钱不少。

他们的爱情生活总的来说是较愉快的，虽然时不时会被点缀上一些小小的烦恼。这种人的雄辩能力也很强，但他们并不是在任何场合都会表现自己，这完全取决于他们当时面对的对象。

### (9) 坐着时动作的变化

以上探讨了坐着时不同的姿势，下面再来探讨坐着时的动作。同样地，坐在椅子上的行为，也因人而产生各式各样的坐法。有的人是把全身猛然扔出似的坐下，有的人则慢慢坐下，也有些人小心翼翼地坐在椅子前部，还有些人将身体深深沉下似的坐着。此等行为，无不坦白地说出各人的心理状态。那么，在身体言语术上，对以上行为作何解释呢？

譬如：姑不论是否初次见面，且针对猛然摔坐椅子上的人进行分析。当我们看见某人猛然坐下的行为，一定视为不拘小节的样子，其实，完全出乎您所料的情形很多。换句话说，在其所表现似乎极端随意的态度里，其实是在隐藏内心极大的不安。这是由于人具有不愿被对方识破自己真正心情的抑制心理，尤其面对初见面之人，这一心理更加强烈。像此种人坐下后，往往便表现出有些不安、心不在焉的态度，由此更可立即看出其心情。当然，知心朋友之间，则不能一概而论，而视为与其态度一致的心情表现。

那么，坐下之后怎么样呢？舒适而深深坐入椅内的人，可视为在向对方表现处于心理优势的行为。因为本来所谓坐的姿势，是人类活动上的不自然状态，坐着的人必然在潜意识中想着立即可以站起来的姿势。心理学上，称它为"觉醒水准"的高度状态，随着紧张的解除，该"觉醒水准"也会因而降低。因此腰部是逐渐向后拉动，变成身体靠在椅背、两脚伸出的姿势。此并非发生何事，立即可以起立的姿势。这是认为跟对方不必过分紧张之人所采取的姿势。

可是，与此相对的，始终浅坐在椅子上的人，是无意识地表现着其比对方居于心理劣势，且欠缺精神上的安定感。因此，对于持这种姿势而坐的客人，如果同他谈论要事，或托办什么事，还为时过早。因为他还没有定下心来。

# 5．从睡眠的姿势了解对方潜意识

一个人以什么样的姿势睡觉，是一种直接由潜意识表现出来的身体语言。观察和了解一个人的性格有很多种方法，但若说到一种最好的方法却并不多，睡姿是其中的一种。一个人无论是假装睡觉还是真正的熟睡，睡姿都会显示出一个人在清醒时、表露在外和隐藏在内的某种思想感情。对于自己而言，我们在很多时候并不知道自己在睡觉时采取什么样的姿势，不妨问一问身边亲近的人，然后根据实际的性格对比一下。除此以外，还可以对别人有个大致的观察和了解。

**(1) 婴儿试的睡姿**

在睡觉时采用婴儿般的睡姿，这一类型的人多是缺乏安全感，比较软弱和不堪一击的。他们的独立意识比较差，对某一熟悉的人物或环境总是有着极强的依赖心理，而对不熟悉的人物和环境则多恐惧心理。他们缺乏逻辑思辨能力，做事没有先后顺序，常常是这件事情已经发生了，连准备工作还没有做好。他们责任心不强，在困难面前容易选择逃避。

**(2) 俯臣式的睡姿**

采取俯卧式睡姿的人，多有很强的自信心，并且能力也很突出。在绝大多数情况下，他们都能很好地把握住自己。他们对自己有非常清楚的认识，知道自己是谁，也知道自己在做些什么。对于所追求的目标，他们的态度是坚持不懈，有信心也有能力实现它。他们随机应变的能力比较强，懂得如何调整自己。另外，他们还可以很好地掩饰自己的真实感情，而不让他人看出一点破绽。

**（3）缺乏安全感的睡姿**

喜欢睡在床边的人，他们会时常缺乏安全感，理性比较强，能够控制自己，尽量使这种情绪不流露出来，因为他们知道事实可能并不是这个样子，那只是自己一厢情愿的想法。他们具有一定的容忍力，如果没有达到某一极限，轻易不会反击、动怒。

**（4）武断式的睡姿**

在睡觉时整个人成对角线躺在床上，这一类型的人多是相当武断的，他们做事虽然精明干练，但绝不向他人妥协，态度是我说怎样就怎样，他人不得提出反对的意见。他们乐于领导别人，使所有的事情在自己的直接监督下完成。他们有很强的权力欲望，一旦抓住就不会轻易放手，而且越抓越紧，绝不愿与他人分享。

**（5）仰式的睡姿**

喜欢仰睡的人多是十分开朗和大方的，他们为人比较热情和亲切，而且富有同情心，能够很好地洞察他人的心理，懂得他人的需要。他们是乐于施舍的人，在思想上他们是相当成熟的，对人对事往往都能分清轻重缓急，知道自己该怎样做才能达到最好的效果。他们的责任心一般都很强，遇事不会推脱责任选择逃避，而是勇敢地面对，甚至是主动承担。他们优秀的品质赢得了他人的尊敬，又由于对各种事物能够作出准确的判断，所以很容易得到他人的依赖，也会为自己营造出良好的人际关系。

**（6）疲劳感的睡姿**

双脚放在床外的睡觉姿态是相当使人疲劳的，但还有人选择这样一种睡姿。这一类型的人大多是工作相当繁忙，没有多少休息时间的人。他们的生活态度是相当积极和乐观的，在绝大多数时候显得精力充沛，而且相当活泼，为人也较热情和亲切。他们多具有一定的实力和能力，可以参与加入到许多事情当中，生活节奏相当快。

### (7) 俯臣式的睡姿

脸朝下，头摆在双臂之间，膝盖缩起来，藏在胸部下方，背部朝外，采取这样一种睡姿的人，通常具有很强的防卫心理，并且这种心理时刻存在着，准备随时出击。他们的自主意识多比较强烈，不会听从他人的吩咐和摆布，去做一些自己并不愿意做的事情，更不会向权势低头，如果有人强行要求他们，他们就会采取必要的措施。

### (8) 坐卧式的睡姿

双手摆在两旁，两脚伸直坐着睡，这种睡姿在生活当中并不多见，但仍然存在。这一类型的人多时刻处在一种高度紧张当中，他们的生活节奏多是相当快的，而且规律化极强。每天在什么时间做什么事情似乎已固定下来，而他们在这个过程中，身体和思想在自然而然中也形成了一定的规律，俨然条件反射一般。

### (9) 握拳的睡姿

在睡觉时握着拳头，仿佛随时准备应战，这一类型的人如果把拳头放在枕头或是身体下面，表示他正试图控制这种积极的情绪。如果是仰躺着或是侧着睡觉，拳头向外，则有向人示威的意思。

### (10) 双臂双腿交叉的睡姿

双臂双腿交叉睡觉的人，自我防卫意识多比较强烈，不允许别人侵犯自己。他们的性格是脆弱的，很难承受某种伤害。他们对人比较冷漠、内敛，常压抑自己而拒绝真情实感的流露。

# 6.从腰部的细微变化识别女人心

对于腰部这一无声的语言，女人相对男性来说，要微妙得多。女人的腰，是除了女人的臀部和胸部以外的性感符号，它常常是以无声的线条来表示意义的。线条和色彩是人类在有声语言之外最具表现能力的性格语言。女人的腰，它就是一个线条符号，任你怎么看。

**(1) 弯腰**

众所周知，见人即弯腰行礼是日本女人的见面语言，弯腰所形成的曲线是柔美的，温顺的，流畅的，从而形成一种光滑的外表，这种女人给人一种柔美的感觉。

**(2) 叉腰**

把两手叉在自己的腰上，这种形象就像两只母鸡斗架的形象。这是女性一种双向的对外扩张，表示出内心的愤怒和力量。这种语言，一般的女人不采用。但鲁迅笔下"豆腐西施"杨二嫂，却经常使用，让鲁迅看了吓一大跳。

**(3) 仰腰**

仰腰是一座不设防的城市。这叫做女人的"无防备的信号"。如果女人坐在沙发里，用仰腰的形式对着异性，一般的情况有两种：一是对于眼前的这个男人绝对的信任，绝对的尊重，她觉得他不会给她带来伤害；二是妓女的一种招数，她告诉眼前的男人："请跟我来"。

**(4) 扭腰**

扭腰使腰呈现 S 型，这是性的象征。凡是女人扭腰或者扭动臀部，都蕴含了招惹异性的信号。这种语言，在服务小姐的身上，在女模特的身上，你会经常看到。一些浅薄的男人看见模特走路，他们的嘴半天也合不起来，发愣了，发神了，这自然会遭到正派人士的鄙夷。

**(5) 抚腰**

俗话说，没人爱，自己爱。女人常常在没有男人抚摸时就自我抚摸，这种自我抚摸是一种"自我安慰"的行为，同时也是一种"自我亲切"的暗示。

# 7.从握手感觉对方的态度

握手，是现代社会中人与人交往一种较为普遍的礼节。只是一握，但这其中却也有很大的学问。有专家研究表明，握手也能传情达意。

握手时的力量很大，甚至让对方有疼痛的感觉，这种人多是逞强而又自负的。但这种握手的方式在一定程度上又说明了握手者的内心比较真诚和煽情。同时，他们的性格也是坦率而又坚强的。

握手时显得不甚积极主动，手臂呈弯曲状态，并往自身贴近，这种人多是小心谨慎，封闭保守的。

握手时只是轻轻的一接触，握得不紧也没有力量，这种人多内向，他们时常悲观，情绪低落。

握手时显得迟疑，多是在对方伸出手以后，自己犹豫一会儿，才慢慢地把手递过去。排除掉一些特殊的情况以外，在握手时有这种表现的人，多内向，且缺少判断力，不够果断。

不把握手当成表示友好的一种方式，而把它看成是例行的公事，这表明此种人做事草率，缺乏足够的诚意，并不值得深交。

一个人握着另外一个人的手，握了很长的时间还没有收回，这是一种测验支配力的方法。如果其中一个人先把手抽出、收回，说明他没有另外一个人有耐力。相反，另外一个人若先抽出、收回手，则说明他的耐心不够。总之，谁能坚持到最后，谁胜算的把握就大一些。

虽然在与人接触时，把对方的手握得很紧，但只握一下就马上拿开了。这样的人在与人交往中多能够很好地处理各种关系，与每个人都好像很友善，可以做到游刃有余。但这可能只是一种外表的假象，其实在内心里他们是非常多疑的，他们不会轻易地相信任何一个人，即使别人是非常真诚和友好的，他们也会加倍地提防、小心。

在握手时，非常紧张，掌心有些潮湿的人，在外表上，他们的表现冷淡、漠然，非常平静，一副泰然自若的样子，但是他们的内心却是非常的不平静。只是他们懂得用各种方法，比如说语言、姿势等来掩饰自己内心的不安，避免暴露一些缺点和弱点。他们看起来是一副非常坚强的样子，所以在他人眼里，他们就是一个强人。在比较危难的时候，人们可能会把他们当成是一颗救星，但实际上，他们也非常慌乱，甚至比他人还要严重。

握手时显得没有一点儿力气，好像只是为了应付一件不得不做的事情，而被迫去做的。他们在大多数时候并不是十分坚强，甚至是很软弱的。他们做事缺乏果断、利落的干劲和魄力，而显得犹豫不决。他们希望自己能够引起他人的注意，可实际上，其他人往往在很短的时间内就会将他们忘记。

用双手和别人握手的人，大多是相当热情的，有时甚至热情过了火，让人觉得无法接受。他们大多不习惯于受到某种约束和限制，而喜欢自由自在，按照自己的意愿生活。他们有反传统的叛逆性格，不太注重礼仪、社交等各方面的规矩。他们在很多时候是不太拘于小节的，只要能说得过去就可以了。

把别人的手推回去的人，他们大多都有较强的自我防御心理。他们常常感到缺少安全感，所以时刻都在做着准备，在别人还没有出击但有这方面倾向之前，自己先给予有力的回击，占据主动。他们不会轻易地让谁真正地了解自己，如果是这样，使他们的不安全感更加强烈。他们之所以这样，在很大程度上是由于自卑心理在作乱。他们不会去接近别人，也不会允许别人轻易接近自己。

习惯于抽水机般握手方式的人，他们大多有相当充沛的精力，能同时应付几件不同的事情。他们做事非常有魄力，说到做到，干脆而又利落。除此以外，这一类型的人为人也较亲切、随和。

像虎头钳一样紧握着对方的手的人，在绝大多数时候都显得冷淡、漠然，有时甚至是残酷。他们希望自己能够征服别人、领导别人，但他们会巧妙地隐藏自己的这种想法，而是运用一些策略和技巧，在自然而然中达到自己的目的。从这一方面来说，他们是很善于工于心计的。

# 8.从点菜方式观察对方从众心理

心理学上称附和大众的行为为"附和行为"，而且每人都有附和大众的倾向，只是程度高低不同，在心理学上这种心理被定义为"从众心理"。

"从众"是一种比较普遍的社会、心理和行为现象。通俗的解释就是"人云亦云""随大流"；大家都这么认为，我也就这么认为；大家都这么做，我也就跟着这么做。曾有心理学家做过这样的实验：找出 5 名测验者，让他们共同看两张图，先看第一幅图再看第二幅，然后回答哪张图中的条线较长。实际上，实验中只有一名真正的测试者，其他的皆为事先安排好的陪测者，陪测者在回答问题时故意把答案说错，结果发现当陪测者回答完后，受测者也同样回答错误，而当受测者单独一人回答时却可答对。通过这种实验可测出受测者附和大众的心理程度。

通过公司聚会或者朋友相约去饭店吃饭的点餐行为，可以较清楚地了解一个人的从众心理究竟如何。此种现象在三到四人的团体中最为明显。下面观察几个动作：

**(1) 立刻点菜**

一般来讲，无论是与公司同事，还是与朋友一起，立刻点菜的多是公司领导或朋友中较有权威的人物。他们的权威性在此时是一个最佳的表现机会，如果他们不点菜，可能没有人会主动先点菜。而且，他们的带头作用不仅体现在点菜上，在工作与生活上遇到问题时，他们的领导能力也会彰显出来。

**（2）最后点菜**

一般最后点菜的人，多为担心被同伴抛弃，缺乏自信的人。他们不敢先于别人点，而又不敢不点，于是到了最后，他们只能是附和着大众，不得不点菜。这样他才能保持在大众团体中的一席之地。

**（3）点异于同伴的食物者**

往往这种人表现出的"从众心理"就较少了，他们的附和性相比较而言也较低。这类人有自信，有主见，做事特立独行，不易受他人影响。就算自己点的菜并不是自己所喜欢的，但为了区别于他们，他们仍会故意为之。

心理学家告诫说，最好不要相信附和性高的人，若落单时很可能被这种人抛弃。附和性低者属唯我独尊型，可安心交往，一旦有事可以依赖，但组成队伍时，最好不予采取。自然，生活中我们要扬"从众"的积极面，避"从众"的消极面，努力培养和提高自己独立思考和明辨是非的能力。遇事和看待问题，既要慎重考虑多数人的意见和做法，也要有自己的思考和分析，从而使判断能够正确，并以此来决定自己的行动。凡事都"从众"或都"反从众"都是要不得的。

# 9. 从付款方式看对方为人

在工作中，有很多事情是需要进行付款才能得到解决的，那么采用什么样的付款方式，这在很大程度上和处理生活中其他的琐事有相似之处，从中也可以观察出一个人的性格。

喜欢亲自付款的人，他们大多比较传统和保守，对新鲜事物的接受能力比较差，而偏重于循规蹈矩，守着一些过时的东西，缺乏冒险精神。

他们缺乏安全感，有自卑心理，但又极希望获得他人的肯定和认同。凡事他们只有亲自参与，才会觉得有所保障。

能拖多久就拖多久，这一类型的人多有占便宜的心理，比较自私，缺乏公平的观念，总是想着自己少付出或是不付出就得到尽可能多的回报。他们在一般情况下不会轻易地去关心和帮助别人，对人虽不算太冷淡，但也算不上热情。

把付款的任务推给别人，这一类型的人常无法坚持自己的原则和立场。而习惯于服从和听命于他人，被他人领导。他们的责任心并不强，常会找理由和借口为自己进行开脱，在挫折和困难面前，会胆怯、退缩。

收到账单以后就立即付款的人，多是很有魄力的，凡事说到做到，拿得起放得下，当机立断，从来不拖泥带水。他们的个性独立，为人真诚坦率，无论哪一方面，从来不希望自己欠他人的，倒是可以他人欠自己的。

采用电话付费服务的人，对新鲜事物容易接受，并懂得利用它们为自己服务，但由于对某些东西的依赖性太强，常常会使他们丧失一些自我的主动权，而受控于人。除此以外，他们对人是有很强的信任感的。

# 10. 从签名识别对方性格

一个人的签名就代表自己的形象，这是显而易见的事。从笔迹可以看出一个人是否有门户之见，是否冷漠无情，是否骄傲，是否对某物有偏见，是否目户元人，是否凡事顺从，是否心情不定，是否一板一眼，是否胆小，是否顽强固执或者是否备受压抑，是否反叛心强。

**(1) 字小，且挤在一起**

字都挤在一起，表示他想把最小的空间作最大的运用，也显示出他是个十分懂得精打细算的人。他知道如何使用一块钱。他喜欢在廉价商店买衣服。但是，很多时候他其实没省多少钱。

**(2) 大写字、花体字、装饰字**

为了克服心中的无力感，他把名字签得比自己真正的形象还大还夸张。虽然他的签名似乎很有艺术感，但他不过是佯装一副艺术的模样，并不是真正发展自己具备的天赋。例如，他可能花钱租一辆高级轿车、一件昂贵的珠宝或一幢乡村别墅；然而，这么做也不过是企图让其他人协助你膨胀自我罢了!

**(3) 签名向左斜，其他字向右斜**

如果他连其他字也向左斜，那我们可以说，他就是那种喜欢违反本性的人。不过，如果他签名向左斜，但其他字右斜，那表示，他只想留给他人冷淡而缄默的印象。在这些佯装的外表下，真正的他其实相当友好、善于交际，也许个性外向，并不会因为他人在场而觉得不自在。

**(4) 签名向右斜，其他字向左斜**

他和签名向左斜、其他字右斜的人不一样，他是一位社交高手，经常一开始就成为宴会上的灵魂人物，因为他热情、诙谐又迷人。然而，在这样开放而自然的外表下，真正的他却不认为自己是团体的一分子，而且很可能只为了唱反调而反抗任何外来的压力。

**(5) 下降式签名**

逐字下降表示你容易劳累，甚至觉得自己连维持一天的起码能量都没有。总而言之，他的生活中有挫折、沮丧和疲惫，他似乎很快便倒下去了。他的签名仿佛在说："为什么这么麻烦？为什么还要继续下去?"或者："为什么我不干脆消失算了?"

**(6) 上升式签名**

只要他继续走下去，就会愈走愈好。上升式签名代表了他的野心和必胜的决心。他计划登上爱和成功的阶梯，而且绝不放弃。他的签名并没延长、逐步消失的意味，它继续往前走、向上爬。这种正面的自我形象，使他的一生不断有股好运道在身后支持他。

**（7）签名字体比一般字体大**

如果他的签名字体比一般字体大，那他有自我膨胀的倾向。他希望别人只记得他的外表，而事实上，别人也经常只记得的外貌。多年来，尽管他的成就实在不如你所设计的形象，但他的确已经学会如何让别人清楚地记得他的外貌。

**（8）签名字体比一般字体小**

他的个性和上一种人完全相反，他觉得自己渺小而没有影响力。虽然他的构想可能很有价值，可是他就是觉得一点儿价值也没有。他常常刻意避免自己应得的荣耀，自贬身价。找个人激励他，就是把心中的焦虑排解出来的最好方法。

**（9）难以辨认的签名**

对世人而言，他是个谜，可能对他自己来说，他也是个谜。别人无法了解他，因为人们所得到的线索都与他的真正个性恰恰相反，但他并不在意这些。他早就学着成为一个矛盾的个体，久而久之，也就习以为常了。不过，当个谜样的人物也有好处，他会得到不少关注。

**（10）波浪型底线**

波浪型底线象征海洋，而他是一个软木塞，能够乘风破浪。他之所以有办法生存下去，是因为他深谙如何顺随潮流之道。无论是一个平和的鸡尾酒会，或暴风雨似的团体政治，他都有一套高超的技巧，让自己保持在水面上，而不至于没顶。

**（11）划圆满圈式签名**

他很孤单，不过这是他强加给自己的，是一种故意的行为。外在的世界很快便被他封闭起来，而他相信必须筑起一道围篱，来保护他本人和自己的生活方式。他是一个孤僻的人，很讨厌别人干扰。也许他家外围的铁丝网都是通了电的。

**（12）有条线贯穿签名中间**

小心!这是一种自我毁灭的危险信号。他想把自己删掉，确切宣告自己不存在。简单地说，这代表强烈的自杀倾向。划一条线贯穿自己的名字，意味着他觉得自己已经没有权利活下去了，觉得自己不配活在世上，觉得自己是个错误。

**（13）签名后跟着破折号或句点**

这种不寻常的记号表示他为人相当慎重，他会在事情失控之前就先行脱身。天生多疑的个性，使他的决定都拥有某种特定的模式，而且他可能只需要薄弱的间接证据，就可以定他人的罪。一旦有人令他失望，他们俩的关系就到此为止。他有种非凡的能力，能够找出那些你怀疑曾经背叛过他的人，然后将其忘得一干二净。

**（14）一如学生时代的签名方式**

他现在签名的方式仍和小学四年级的时候一样，字体缺乏明确的形式和流畅，大小排列不一。这一切显示感情上他还停留在青少年时期，也许智力上也同样停留在那个时代。他无法适应成人的世界，而且很可能等他45岁的时候，仍与父母住在一起。

**（15）图案式签名**

整体看来，他的签名高雅而有节奏感，事实上也的确如此。他的人就像他的签名一样，独特而有艺术气息。大写字、转折、一笔一画，以及平稳的力道，表示他对个人的品味有信心。他有创造自己流行风格和生活方式的天赋。

# 11.从笔迹洞悉对方心理特征

笔迹作为人们传达思想感情，进行思维沟通的一种手段，也是人体信息的一种载体，是大脑中潜意识的自然流露。不同心境的字，笔迹也不一致。但在长时期内，字体的主要特征，如运笔方式、习惯动作、字体开阖是不变的。只是近期的字更能反映出最近的思想、感情、情绪变化、心理特点等。

笔迹分析的方法很多，由笔迹了解人的内心世界，可以从三个方面来观察，即笔压、字体大小、字形这三个要点来研究分析这个问题。

（1）笔迹特征为字体较大，笔压无力，字形弯曲；不受格线限制，具有个性风格，容易变成草书；有向右上扬的倾向，有时也会向右下降，字体稍潦草。

这类人平易近人，好相处，善于社交活动，为体贴、亲切类型的人。气质方面具有强烈的躁郁质倾向。另外，他们待人热情，兴趣广泛，思维开阔，做事有大刀阔斧之风，但多有不拘小节，缺乏耐心，不够精益求精等不足。

（2）笔迹特征为字形方正，一笔一划型，笔压有力，笔划分明，字字独立，字的大小与间隔不整齐，具有自己风格，但笔迹并不潦草。字的大小虽有不同，但一般言之，显得较小。

这类人不善交际，属理智型。处事认真，但稍欠热情。对于有关自己的事很敏感，害羞、对他人却不甚关心，感觉较迟钝。气质方面具有分裂质倾向。

一般情况下，他们都有较强的逻辑思维能力，性格笃实，思虑周全，办事认真谨慎，责任心强，但容易循规蹈矩。结构松散，书写者形象思维能力较强，思维有广度。为人热情大方，心直口快，心胸宽阔，不斤斤计较，并能宽容他人的过失，但往往不拘小节。

（3）笔迹特征为字形方正，一笔一划型，但与上述类型不同，为有规则的平凡型，无自己风格，字迹独立工整，字形一贯笔压很有力。

这类人凡事拘泥慎重。做事有板有眼，中规中矩，但稍嫌缓慢。意志坚强，热衷事务。说话絮絮叨叨，不懂幽默。有时会激动而采取强烈行动。气质方面具有癫痫质倾向。

他们精力比较充沛，为人有主见，个性刚强，做事果断，有毅力，有开拓能力，但主观性强，固执。笔压轻，书写者缺乏自信、意志薄弱，有依赖性，遇到困难容易退缩。笔压轻重不一，书写者想象思维能力较强，但情绪不稳定，做事犹豫不决。

(4) 笔迹特征为字形方正，稍小、有独特风格。尤以萎缩或扁平字形为多。字迹大多各自独立，无草书，笔压强劲：字的角度不固定，但字体并不潦草。

这类人气量较小，对事务缺乏自信，不果断，极度介意别人的言语与态度。简言之，属于神经质性格的人。

他们还有把握事务全局的能力，能统筹安排，并为人和善、谦虚，能注意倾听他人意见，体察他人长处。右边空白大，书写者凭直觉办事，不喜欢推理，性格比较固执，做事易走极端。

(5) 笔迹特征为每次书写，字体大小与空间大小无关；字形稍圆弯曲，有时呈直线形；有时字形具有自己风格，有时则工整而有规则；大小、形状、角度、笔压均不固定，潦草为其显著特征。

这类人虚荣心强，重视外表，经常希望以自己话题为中心，因此话太多。不能谅解对方立场，缺乏同情心与合作精神。由于以自我为中心，因此容易受煽动，亦容易受影响。

另外，这类人看问题非常实际，有消极心理，遇到问题看阴暗面、消极面太多，容易悲观失望，字行忽高忽低，情绪不稳定，常常随着生活中的高兴事或烦恼事而兴奋或悲伤，心理调控能力较弱。

# 12.从烦躁不安的表现看对方城府

每个人都会有心情糟糕的时候，从而显得烦躁不安，这种感情除了通过面部表情及口头语言表现出来以外，身体的某个部位还会有一些无意识的动作。通过这些动作，有时也能看透一个人的心理。

喜欢用嘴咬眼镜腿、铅笔或是其他的一些物品的人，喜欢我行我素，而不受他人限制。他们之所以做出这种动作，是想掩饰自己恶劣的情绪，意图是不想让他人知道。但这种掩饰如果起不到什么作用，情绪进一步恶化，他们可能就会在突然之间发很大的脾气，而且没有人能够制止得了。

喜欢用指尖拢头发、轻搔面部，或是把食指放在嘴唇上的人，比较开朗和乐观，在挫折和困难面前虽然有时也会感到很丧气，但是能够很快地调整好自己的心态，实事求是地面对一切，积极地去寻找解决问题的办法。

用手抚摸或抓下巴，这种人多比较圆滑、世故和老练，处理问题能够比其他人更客观、更理智。

抚摸下巴是一种自我镇定的方法，意图是避免或克制自己感情冲动、意气用事，同时也是在思考下一步的对策。

烦躁不安时，两手互相摩擦的人，多自信心很强，善于自我挑战，敢于承担一定的风险。而且一件事情既然决定要做，就不会轻易地改变主意和行动方向，但有时也会显得很固执。

烦躁不安时，咬牙切齿的人，情绪变化无常，极不稳定。而且心胸不是太宽阔，好意气用事，理智常常无法控制感情。

烦躁不安时，喜欢心不在焉地乱写乱画的人，多有很强的创造力，而且为人处世较慷慨，不会那么太斤斤计较，与人交往起来会非常容易。

# 13.从走路的姿势识别对方

每个人的走路姿势都有所不同，对熟悉的人，我们在很远的地方或拥挤杂乱的场合中，一眼就可以认出他来。有一些特征是由于躯体本身的原因造成的，如步率、跨步的大小和姿势会随着情绪的变化而改变。如果一个人很高兴，他会脚步轻快，反之，他就会双肩下垂，走起路来好像鞋里灌铅一样。莎士比亚在《特尔勒斯和克尔期达》一书中有节对一只大公鸡走路姿势的描述，文字极为生动："这个高视阔步的运动家，以自己的脚筋而自豪。"一般说来，走路快而双臂摆动自然的人，往往有坚定的目标，并且能锲而不舍地追求；习惯于将双手插在口袋中，即使天气暖和也不例外的人，爱挑剔，喜欢批评别人，而且颇具神秘感，常常显得玩世不恭。

一个人在沮丧时，往往两手插在口袋中，拖着脚步，很少抬头注意自己是往何处走。在这种心情下，如果他走到井边，朝里面望望，也没什么可以大惊小怪的。

走路时双手叉腰，上身微向前倾的人，如同事业上的短跑运动员。他想以最短的途径、最快的速度来达到自己的目标。当他似乎无所作为时，往往是在计划下一步的重要行动，并且积蓄了能突然爆发的精力，那叉起的前臂，就像代表胜利的 V 字形一样，成为他的特征。

一个人心事重重时。走起路来常会摆出沉思的姿态。譬如头部低垂、双手紧紧交握在背后。他的步伐很慢，而且可能停下来踢一块石头，或在地上捡起一张纸片看看，然后丢掉。那样子好像在对自己说："不妨从各个角度来看看这件事。"

一个自满甚至傲慢的人，可能采取墨索里尼式的走路姿势。他的下巴抬起，手臂夸张地摆动，腿是僵直的，步伐慎重而迟缓。这样走路是为了加深别人的印象。

速率和跨度一致的步伐往往为首脑人物所采用。这样走路，容易让随从和部属跟在后面时保持步调一致，形成小鸭跟着母鸭的队形，以显示追随者的忠实和服从。

# 14.喜欢以手托腮者爱幻想

以手托腮的动作，是一种替代的行为。用自己的手，代替母亲或是情人的手，来拥抱自己，安慰自己。

在精神抖擞毫无烦恼的人身上，是不常看见这样的举动，只有在心中不满、心事重重时，才会托着腮沉浸于自己的思绪中，借此填补心中的空虚与不安。

若你眼前的人，正用手托腮听你说话时，那就表示他觉得话题很无趣，你的谈话内容无法吸引他。或者他正在思考自己的事，希望你听他说话。而如果你的情人出现这样的举动，也许他正厌倦于沉闷的聊天，希望你给他一个热情的拥抱呢！

若平日就习惯以手托腮的话，表示此人经常心不在焉，对现实生活感到不满、空虚，期待新鲜的事物，梦想着在某处找到幸福。

想抓住幸福的话，不能只是用手托着腮幻想而什么都不做。守株待兔便是这类型的人最佳的写照。

有这种个性的人在谈恋爱时，会强烈渴望被爱，总是祈求得到更多的爱，很难得到满足，处于欲求不满的状态。

从另一个角度来看，这种人因为觉得日常生活了无新意，而惯于沉浸在自己编织的世界中，偏离了现实，脑中净是罗曼蒂克的情怀，与之交谈，往往会有一些意想不到的有趣话题出现。

这种人就像一个爱撒娇的孩子一样，随时需要呵护，但太过于溺爱也不是好事。拿捏好尺度，适度地满足他的需求才是上策。而经常做出托腮动作的人，除了要自我检讨这种行为是否是因内心空虚产生的反射动作外，也应尽量充实自己，减轻内心的不安，试着通过心态的调整，改善表现在外的肢体动作。


# 15．从吵架看一个人的本质


有些人一吵起架来就精神百倍。因为吵架刺激这种人分泌肾上腺素，使他们觉得兴奋，而这种兴奋是事情顺利时无法感受到的。有些人则害怕，自己生气，他们竭尽一切努力去避免争执，即使不可避免也要尽快结束它。其实，许多人吵到最高点的时候，满脑子只想赢，经常忘了到底为什么争吵。

**（1）言辞攻击**

他非常容易动怒。虽然一开始，他只是针对某一件事而吵，可是很快便扩大到言辞上的攻击，他会数落对手的每一件错事，甚至功击对方的家庭。他实在是个差劲的战士，他想成功的干劲儿和必胜的决心，若用在其他方面很有帮助，但用在亲密关系上，造成的负面效果可太大了。这是因为他在争执时所说的那些话，到最后都变成无理取闹的人身攻击。

**（2）身体攻击**

用身体代替说话。只要他察觉吵架快输了，或觉得无法再用言语与别人沟通时，他就选择直接的正面攻击。他天生容易冲动，只要事情不如他愿，他就觉得有挫折感。他会踢自己的车，咒骂路上其他的驾驶员。他会因自己的失望和自己造成的错误而责怪他人，甚至责怪吵架的对手不该逼他攻击他们。

**（3）无所谓**

他对烦心的事能够视若无睹。他把自己想象成高枕无忧、轻松自在，但事实上，他只有能力处理愿意面对和能够控制的事。他相信，时间可以解决一切，船到桥头自然直。他的想法是对的，因为到最后，和他吵架的人会觉得，一个人穷嚷嚷实在是自讨没趣，对方不是鸣金收兵，就是出手打他。

**(4) 无辜**

他总是透过看似无辜的言辞攻击对方，例如："你实在是反应过度，我想你应该和你的家人讨论讨论这种现象。"他并不想和对方讨论任何事情，只保持沉默做自己想做的事，而且无论对方说什么，都无法让他改变心意。他希望以一副洋洋得意和高人一等的姿态来赢得对方。

**(5) 让人同情**

他喜欢有人介入代替你和对方争吵，而且比较喜欢在众人面前吵架，好让众人站在他这边。他善于在吵架的时候引起别人的同情和关心，即使他错了，也有办法如法炮制。无论如何，他总是受伤的那一方。

**(6) 不动感情**

他最喜欢的反应是"别激动！"无论在任何情况下，他都不让自己流于情绪化的表达方式。他是一个理性、讲道理、聪明的人，认为行动、爆发式的反应不过徒然制造双方的分裂。和他吵架没什么意思，因为他永远是赢家。他的个性强烈，能够透过理性的争执去说服他人。

**(7) 发泄**

这是一种情绪的恣意宣泄。两人对吼，吼到声嘶力竭，然后双方再以理性的讨论将感觉表达出来。这种吵架方式需要双方都有相当程度的理解力，同时都有能力收放自如，也就是先放任自己大吼，然后在两人吵得不可开交之前适时调整自己。

**(8) 愤怒摔东西**

即使他厌恶暴怒和暴力，但暴怒和暴力却令你兴奋。只要摔破几个盘子或用手在墙上捶几下，他就觉得好过些。他因威胁恐吓而获胜，对手则因害怕而屈服，然后他就得逞了。他努力像英雄一样，想在争执中获得自尊和自信，可是，想赢的欲望却使他表现得像个婴儿。

**(9) 最后通牒**

只要他输了，被逼急了，便使出最后的武器："我没办法再忍受了，我要离开!"其实,他无法忍受的是事情不如他意,而这个最后通牒,使他觉得自己威力大增。不过,如果有一天,对手对他说:"好!现在就走,我才不在乎!"这时他必须面对事实所带来的恐惧,因为他根本没有勇气离开。

**(10) 翻旧账**

他是那种脑容量和大象一般大的人,有能力把陈年旧账全部搬出来细数一番。他认为,他俩关系中的每一件事都必须提一提。他有惊人的记忆力和分析力,而且认为吵架是一种理智的挑战。他通常占上风,因为大多数人都只拥有普通的记忆力。

**(11) 散布谣言**

争执中途,他会突然插进一句:"每个人都这么认为。"他散布谣言或制造谣言,目的在使自己获胜。吵架的时候,他没有信心一个人吵赢对方,而以团体的意见站在他这一旁作为吵架的筹码。除非有人和他站在同一个阵线,否则他几乎没有勇气表达自己的信念。

**(12) 我的律师会和你联系**

他觉得自己没有能力单打独斗,必须靠他人的协助,而那些人也的确能够帮助他。信心和成功都站在他这一旁,他还尊重他人的专长。他寻求专业协助,因为他不喜欢输,而法律行动是他可以想到的最有效的办法。

**(13) 留纸条或写信**

他觉得把想说的话写下来,要比开口说自在点儿,因为他觉得这么做较能控制自己的情绪,也更有把握让别人会听进去自己要说的话。直接对质他会不自在,因为他需要别人喜欢你。他很清楚自己想说什么,而且可以很完整地把那些话写下来。

**(14) 电话对阵**

电话沟通比起面对面冲突,不但让他更能够借声音来发泄心中的怒气,还可以将彼此的敌意局限在两个地方。他不怕因此受到身体攻击,也比较能够控制吵架情绪。他可以随时挂断再打,或等对方再打给他。在他的生命中,有许多类似挂断电话的委屈经验,但他都不愿直接面对。

### (15) 沉默

他对愤怒的反应是：保持沉默。虽然表面上你愉快、开朗，但内心却怒气冲冲。他不惹是生非，不破坏现状，即使船底有个洞，船开始往下沉，他也宁可选择溺死，而不愿和他人针锋相对。基本上，在人际关系方面，他是个悲观主义者，而且他认为，诚实只会使事情更糟。

# 16. 说话时比手划脚的人好胜心强

一般而言，比手划脚的动作幅度大的人感情丰富。和身体僵硬、言行拘谨的人正好相反，这类人的行为举止和自己情感、情绪的表达有非常密切的关系。当情绪高昂时，身体的动作便很自然多了起来，若心中有不吐不快的事情时，手的动作也会不自觉地夸张起来。

这种人总是急于表达自己的情感、宣泄自己的情绪，因而忽略了他人的感受，是属于个性较为强势的人。缺乏主见者若是和他们在一起，将会被其强势的气焰压制住。正因为他们只考虑自己而忽视他人的感受，基本上是属于较自私的个性。

但是，这类型的人在工作上大多相当有能力，由于个性积极，对自己想说的话、想做的事，都能通过流畅的表达能力，轻易地传达给他人。再加上说服能力够强，办事的成功率也提高不少。他们的动作夸大，好像在演戏似的，以致自己情绪的兴奋、低落，很容易影响周围的人，在工作职场上或团体中，可带动他人和自己一起往前冲，是创造活跃气氛、使大家团结为一体的高手。

特别是那种连打电话时都会夸张地比手划脚的人，明明看不到对方，却好像对方就在眼前似的，这种人若对一件事物热衷起来，其他的事便不会放在眼里。除此之外，他们也是好胜心非常强的人，若有强劲对手出现的话，他们一定会使出浑身解数，绝不愿输给对方。

这类型的人，不仅在工作上，对于玩乐和商场上的应酬，也毫不含糊，样样事都拿捏得十分恰当。可是一旦遭遇挫折，却会变得异常脆弱，若再加上没有赏识自己的上司，缺乏适时激励自己的对手时，也会令他们油尽灯枯，欲振乏力。因此，他们也常常需要看一些励志性的书籍，借以鞭策自己。当他们感到失落时，与其对他们说一些鼓励的话，还不如制造一个新的环境，让他重新投入一个自己主演的剧情中，反而会让他们振作起来。

# 17. 双臂交叉抱于胸前者防卫心重

将双臂交叉抱于胸前，是一种防御性的姿势，防御来自眼前人的威胁感，保护自己不产生恐惧，这是一种心理上的防卫，也代表对眼前人的排斥感。

这个动作似乎在传达着"我不赞成你的意见"、"嗯……你所说的我完全不明白"、"我就是不欣赏你这个人"。当对方将双臂交叉抱于胸前与你谈话时，即使不断点头，其内心其实对你的意见并不表示赞同。

也有一些人在思考事情时，习惯将双臂交叉抱于胸前，但是一般来说，有这种习惯的人，基本上是属于警戒心强的类型。在自己与他人之间划下一道防线，不习惯对别人敞开心胸，永远和对方保持适当的距离，冷漠地观察对方。

防卫心强的人，大多数在幼儿时期没有得到父母亲充分的爱，例如：母亲没有亲自喂母乳、总是被寄放在托儿所、缺乏一些温暖的身体接触。在这种环境之下长大的人，特别容易表现出此种习性。

著名的日本演员田村正和，在电视剧中常摆出双臂交叉抱于胸前的姿势，因此他给观众的感觉，绝不是亲切坦率的邻家大哥，而是高不可攀的绅士。他不是那种会把感情投入对方所说的话题中，陪着流泪或开怀大笑的类型。他心中似乎永远藏有心事，在自己与他人之间筑起一道看不见的墙。这种形象和他习惯将双臂交叉抱于胸前的姿势，似乎非常符合。

个性直率的人通常肢体语言也较为自然放得开。当父母对孩子说"到这儿来"，想给孩子一个拥抱时，一定会张开双臂，拥他入怀。试试看将双臂交叉抱于胸前对孩子说"到这儿来"，孩子们绝不会认为你要拥抱他，而是担心自己是否惹你生气，准备挨骂了。

观察一下对方，是习惯将双臂交叉抱于胸前、还是自然地放于两旁呢？自然放于两旁的人，较为友善易于亲近，并且可以很快地和你成为好朋友。不过，若你有不想告诉他人的秘密，又想找人商量时，请选择习惯将双臂抱于胸前的人。因为太过直率的人守不住秘密。而习惯于双臂抱胸的人会将你的秘密守口如瓶。但是，要和这种人成为亲密的朋友，可能要花上一段很长的时间。

# 四. 根据衣着打扮快速识别对方心理

衣着是思想的形象，这和有钱没钱无关。学会从衣着打扮
看人识人，就很容易且迅速掌握对方的性格与爱好。这是最简
单的方式之一。

# 1．从穿着风格识别对方心理

常言道，服装是流行的文化。从一个人衣着打扮的习惯中，可以看出一个人的性格特征。

**(1) 喜欢穿白衬衫的人：缺乏爱情，清廉洁白，是个现实主义者**

喜欢穿白衬衫的人，其性格特征是缺乏主动性、判断力、羞耻之心的人。他们在色彩感觉上、在扮装上都非常优秀；相反，不论对什么服装，只要穿上白衬衫都能相得益彰。白色确实与任何颜色的服装都能搭配组合，关于这一点没有什么异议。同时，白色是表示清洁的颜色。

白色与任何颜色都能搭配的优点，当然也能给人一种亲切感，但这种形态的人"穿什么都可以"，就是说对服装不受拘束，在性格方面是属于爽直派的。诸如此类穿白衬衫职业的，比如裁判官、医生、护士、机关的职员等各行各业的职业者，当你看到他们的第一印象都是缺乏感动性，尤其在感情方面和爱情方面。有这种感觉倒是不可思议。

这类人容易自以为是。对于自己喜欢从事的工作，他会一意孤行地追求和实现。这类人在生意场上常常是个躁动分子，极可能与他人起冲突，随时有动干戈的事情发生，在人际交往中，遇到这类穿着的人要有戒备之心。这类人总会为自己的失误找出各种借口，这种人没有什么话题可言，除重要的事情交涉后，关于酒色话题一般不参与言论。有喜好穿白衬衫习惯的人，总是以工作为人生的支点，是不折不扣的现实主义者，对工作有一贯认真的态度。在茫茫众生中，总有一些脚步匆匆、马不停蹄的人，他们享有较高的社会地位，为了维持自己的"白领"形象，他们无时不在为工作做出努力，他们是上司眼里的精英、下属心中的怪物。

**（2）喜欢粗糙风格的人：独立独行型，用人不得法**

粗糙风格就是不打领带的人。

"领带好像是会束缚脖子，我不喜欢。"这类型态者大概喜欢粗糙风格，这种人像"一只狼"喜欢独来独往。

在穿着上喜欢不修边幅的人，大都是活力四射的精力旺盛之人。这类人不喜欢久居人下，喜欢领导别人做事，其用人的手法通常很不高明。这种人不适合从事薪水阶层工作，大多数人都是脱离薪水阶层，单独到社会中去做生意或自由闯荡。

由于某种职业特点的限制，许多人被迫打起了领带，假如一位主管有意无意对下属提起对打领带的看法。如果他回答是不喜欢打领带，那么就可能说明他对现在的处境不满意，有另起炉灶的意图。而某些官员被生意人招待去打高尔夫球取乐，或薪水阶级者利用星期天、假日打高尔夫球取乐，这种现象不但是享受不修边幅的动作，且有"变成自由的愿望"。

**（3）喜欢朴实服装的人：坚韧、有计划，但运数不佳**

政府官员和银行职员等，大概是由于职业的关系，大多喜欢穿朴实的衣服。这类人从表面现象上也是朴实的。这类人大部分属于体制顺应型。在朴素当中，也有一些豪华的特征。而且，他们在自己的容姿上也有相当的自卑感。相反，喜欢豪华服饰的人，是自我显示欲和金钱欲望都强烈的人，同时也具有歇斯底里的性格。

这种类型的人，利用自己的特性发展适合自己职业一般毫无问题。有些虽不是体制顺应型的人，但为生活不得已勉强穿朴素服装。

许多公司注重制服，这完全把人的个性压制住了。不让个人穿自己所喜欢的服装，这种行为是绝对不可取的。在欧美人的眼中，把东方人这种形态视为工蜂或经济动物。由此可知，欧美人对于服装按照自己的个性，自由自在地去选择穿着，是个性的一种充分体现。

平时喜欢朴实服装的人，但在某个豪华的场合上，你却看到他盛装而人，这种人就要引起人们的警觉。这类人可能十分单纯，也可能颇有心机。他对金钱欲望非常强烈，对别人的批评也非常在意，很难接受别人对他的意见，对这类人奉承是上策。

穿着朴素衣服的人向来非常小心，任何事情都有计划性，并且以注意诚实不欺者为多。另一方面，这种人外表看起来诚实，其实对酒色特别着迷，以致家运不好。应付这种类型的人，不要显示攻击心。其次，这种类型的人人情味非常浅薄，是重视现实的人。

**(4) 喜欢蓝色、蓝紫色服装的人：待人虽温和，但自尊心强**

喜欢穿这种服装的人，大多属精神病或者精神分裂症，其性格是缺乏决断力、实行力。这类人说话比较啰嗦，缺乏羞耻心和责任感，由于这类人不善于表露自己的情感，是自尊心非常强烈的人。

这种人与人相处时，如果你缺乏观察的眼光的话，会感觉这种类型是"很好的人嘛!"其实这种人缺乏人情味。假如这种人是你的处长，当你经过数次请客与某公司进行的交易成功时，你的处长就会讲话："这件事情怎么没有预先报告，你自行交涉是不对的。"总而言之，这种类型的处长没有培养部下的能力，并且也不喜欢把功劳让给部下。

按照处长的意思是："在请客方面花很多钱，不如把所花的钱直接送给谈生意的人更为有效。"这种想法是喜欢这类色彩服装的人特有的想法。

要想接近喜欢这类色彩服装的人，应逐渐按部就班，并投其所好。同时在这种人面前不能说别人的坏话，这种人在你说别人坏话时，他会假惺惺地骂你。

**(5) 喜欢穿黑色服装的人：爱憎分明，但个性非常温厚**

有的人说，穿黑色服装会使人精神紧张，也有人说，黑色服装是仅仅能在结婚、丧葬及祭祀的仪式中穿着的服装。通常喜欢红白明显色彩的人，同时也喜欢黑色系统的服装。因为这是歇斯底里型和神经质型的人的特性。

此种类型的人的性格特征是：对别人的态度不温柔，很难接近。但假如了解了他的心理之后，你会发现他是个非常有趣的人。这类人大多都有点罗曼蒂克的气质，这类人性格通常多是温柔善良，为人忠厚，且具宽容的气度。在商场上遇到这类人时，你必须对他持诚实的态度。他让你办的事儿，能够办到的话，你一定要立刻付之行动，让他从实际中了解你，然后成为他的朋友和合作者。

对人依赖心非常重，是喜欢穿黑色服装人的短处。这种类型的人在性格上不喜欢半途而废，任何事情都要彻底弄明白，看起来好像是个乐观的人，实际上是为了隐蔽某一点，所以花费很多心思来表现大方之处。这种人实质上有纤细神经的一面，经常处于着急状态。

**(6) 喜欢穿粗直条整套西装的人：对自己没有信心，喜欢摆空城计**

在一般薪水阶层人士的穿着习惯中，很少看到穿蓝色粗直条西装的人。大多数的自由职业者，为了掩饰职位上引起的感觉不安，才喜欢穿这种整套的西装来隐藏内心的动向。

这种人的特征是流行时尚的发烧友。由于对自己没有信心，又恐怕被别人发现，或者因为情绪上的孤独不安时，才会穿上粗直条整套西装。

与这种类型的人接触时，绝对不能攻击对方的缺点。如果言谈之间的内容不假思索的话，会受到对方的攻击，因此须多加注意。例如对方不幸的事情，一定要绝口不提。"你的名誉真是狼狈不堪"或"那是命运"，诸如此类占卜书那种口吻绝对要避免。因为这种人最不喜欢占卜，性情如同女性那般，无草率之处。所以对这种人不要多讲话，按照对方说话的语气去调整，尽量不要指责其缺点，并且要不时地夸赞他。这种类型的人性格有点类似女性。实质上这种人头脑非常单纯，所以，你应当避免去激怒对方。

**(7) 喜欢穿背后或两旁开叉上衣的人：具有领导气派且自我显示欲非常强**

上衣背后或两旁开叉的衣服，并非为了肥胖的摔跤选手穿着所设计的。同时，肥胖型者也有喜欢穿背后开叉的倾向。

你们大概经常碰见西装笔挺的绅士，英国制的西装，带花纹的领带，小羊皮或羔羊剥皮鞋、珍珠袖扣、瑞士制的手表，镜框是高级的舶来品，连打火机也是世界上驰名的名牌商品。像这样的人，在你所见者之中一定不乏其人。

这类人通常会给人以商界大亨或来头不小的感觉。而且这类人通常极具伪装性，他们大多以侠义中人自居，借以表示领导者的风范，但这种人通常让人失望，并不真是具有侠义之气的人。但这类人的金钱观念比较淡薄。对长期交易没有多少兴趣，往往特别注重短期交易，具有追求一夜暴富的倾向。

一旦以信用为主进行交易时，必须详细调查对方的底细。一方为了慎重起见想暂停交易的话，对方则会施以威胁法。若一方采取冷静态度，对方会急变为软弱战术。

这类人士会对人作过多的许诺。此时，你应委婉推辞为上策。其实这种人的性格是神经质、疑心重、嫉妒心强、独占欲旺盛，喜欢装饰外表并且好玩的典型。然而，观其面貌又是一副诚实的模样。

### (8) 喜欢舶来品的人：有自卑感，但善于奉承人

对于喜欢这类穿着习惯的人，绝不能轻易从外表上判断其为人。有的人在任何场合都喜欢从上到下都是舶来品的装扮。这类人和他人打交道时，一点儿人情味都没有，简言之，这类人大多都冷酷无情，即使外表看起来非常密切的人，事实上他们之间的关系，肯定不乏利害关系连接着。

这种人对生意上的事情非常敏感。当自己处于不利地位时，会立刻寻找外援，而一旦失手，则会诿过于人，对于这类人，要有警惕性。

假使你的朋友中有喜欢舶来品者，这种人对流行很敏感，另一方面对自己又缺乏信心，借用舶来品来装饰自己。这种类型者多数是孤独、情绪不安定且有自卑感，最好不要去揭穿他们的自卑感。

### (9) 穿着马虎的人：缺乏机密性、计划性，但有实行力

在穿着方面有非常马虎习惯之人，是可以从如下方面进行判断的。有的人上装着英国的名牌尼龙西装，脚蹬一双意大利飞龙皮鞋，而却系着一条非常粗俗领带的人，这种穿着不得要领，疏于考究的人，就是穿着习惯上非常马虎之人。他们的特性就是与众不同。

这类人通常富有行动力，对工作抱有热忱之心。

假如在同事或晚辈之中有这种类型的人，对你而言，并不是件好事，这类人虽然富有行动力，得意之时，他会高踞之上，失势之时，他又畏

缩不前，是一类非常麻烦的人。

这类人，一旦下决心从事某项工作，就会一贯如注，有始有终。如果你和这类人相处的时候，一定要掌握分寸，有距离的尊敬，因为他听到异己之言便会恼羞成怒，对于这类人，不宜采取责备的口吻或刺激性语言，让他对你造成不必要的妨碍。和这类人有生意上的往来时，你的胜算非常之低。假如你必须和这类人打交道，你就要学会使用头脑和手段，尽量别招惹他生气，这类人比较注重连带关系和相同意识。

# 2. 从衣服的选择判断人的性格

"衣服是文化的表征，衣服是思想的形象。"这是郭沫若说过的话，意思是说人可以通过衣着打扮来向外界展示自己。

随着社会的进步与发展，现在从衣着打扮上判断一个人的难度在无形之中增大了，因为现在的人们提倡张扬个性，不再拘泥于这样那样的形式，所以不能按照传统的一套进行观察和判断。

但也正是由于张扬个性，不拘泥于形式，人可以更加充分地层示自己的心理状况、审美观点等，从而把握其性格特征。

一般来说，喜欢穿简单朴素衣服的人，性格比较沉着、稳重，为人较真诚和热情。这种人在工作、学习和生活当中，对任何一件事情都比较踏实、肯干，勤奋好学，而且还能够做到客观和理智。但是如果过分的朴素就不太好了，这种情况表明人缺乏主体意识，软弱而易屈服于别人。

喜欢穿单一色调服装的人，多是比较正直、刚强的，理性思维要优于感性思维。

喜欢穿淡色便服的人，多比较活泼、健谈，且喜欢结交朋友。

喜欢穿深色衣服的人，性格比较稳重，显得城府很深，不太爱多说话，凡事深谋远虑，常会有一些意外之举，让人捉摸不定。

喜欢穿式样繁杂、五颜六色、花里胡哨衣服的人，多是虚荣心比较强，爱表现自己而又乐于炫耀的人，他们任性甚至还有些飞扬跋扈。

喜欢穿过于华丽的衣服的人，也是有很强的虚荣心和自我显示欲、金钱欲的。

喜欢穿流行时装的人，最大的特点就是没有自己的主见，不知道自己有什么样的审美观，他们多情绪不稳定，且无法安分守己。

喜欢根据自己的嗜好选择服装而不跟着流行走的人，多是独立性比较强，有果断的决策力的人。

喜爱穿同一款式的人，性格大多比较直率和爽朗，他们有很强的自信，爱憎、是非、对错往往都分得很明确。他们的优点是做事不犹豫不决，而是显得非常干脆和利落。言必行，行必果。但他们也有缺点，那就是清高自傲，自我意识比较浓，常常自以为是。

喜欢穿短袖衬衫的人，他们的性格是放荡不羁的，但为人却十分随和和亲切，他们很热衷于享受，凡事率性而为，不墨守成规，喜欢有所创新的突破。自主意识比较强，常常是以个人的好恶来评定一切。他们虽然看起来有点吊儿郎当，但实际上他们的心思还是比较缜密的，而且什么时候都知道自己是做什么的，所以他们能够三思而后行，小心谨慎，不至于因为任性妄为，而做出错事来。

喜欢穿长袖衣服的人，大多比较传统和保守，为人处世都爱循规蹈矩，而不敢有所创新和突破。他们的冒险意识在某一方面来讲是比较缺乏的，但他们又喜爱争名逐利，自己的人生理想定得也很高。这样的人最大的优点就是适应能力比较强，这得益于循规蹈矩的为人处世原则。把他们任意放在哪一个地方，他们很快就会融入其中，所以通常会营造出比较好的人际关系。他们很重视自己在他人心目中的形象，希望得到注意、尊重和赞赏，从而在衣着打扮、言谈举止等各个方面都总是严格地要求自己。

喜爱宽松自然的打扮，不讲究剪裁合身、款式入时的衣着的人，多是内向型的。他们常常以自我为中心，而融不到其他人的生活圈子里。他们有时候很孤独，也想和别人交往，但在与人交往中，又总会出现许多的不如意，所以到最后还是以失败而告终。他们多是没有朋友，可一旦有，就会是非常要好的，他们的性格中害羞、胆怯的成分比较多，不容易接近别人，也不易被人接近。他们对团体的活动一般来说是没有兴趣的。

穿着打扮以素雅、实用为原则的人，他们多是比较朴实、大方、心地善良、思想单纯而又具有一定的宽容和忍耐力的人。他们为人十分亲切、随和，做事脚踏实地，从来不会花言巧语地去欺骗和耍弄他人。他们的思想单纯只是说凡事都往好的方面想，绝对不是对事物缺乏自己独特的见解。他们具有很好的洞察力，总是能把握住事情的实质，而作出最妥善的决定和方案。

喜欢色彩鲜明、缤纷亮丽的服装的人，他们多是比较活泼、开朗的，单纯而善良，性格坦率又豁达，对生活的态度也比较积极、乐观和向上。他们多也是比较聪明和智慧的，这些体现在外的就是有较强的幽默感。同时，他们的自我表现欲望比较强，常常会制造些意外，给人带来耳目为之一新的感觉，以吸引他人的目光。

# 3．从服饰颜色观察对方价值取向

留意于一个人的着装的色彩选择上，可以看出他的性格特征和心理动向。

服饰表现个性。通过对一个人的穿着打扮的观察，可以明显地发现出一个人的内在气质。"服饰是第二种皮肤"，也是人们了解他人的一个途径。

　　一个人总是试图掩饰赤裸裸的自我，而穿着衣服，但是又往往因为自己的衣着使得内心反而暴露于外了。因为一个人经过自己选择而穿于身上的衣服，正好表现出在他裸露着肉体时，所不能了解的内心。所以，有时候，我们将衣服视为与人体不可分离的部分，甚至视为"自己的化身"，均不足为怪。在心理学中，称此种情况为"自我延长"。人们经常在社会生活中，可以看到某些人的穿着和其本人的年龄或身份是不谐调的，对于这类人，我们透过他（她）的服饰可以理解他（她）的想法，他们一般都是有意而为之的。

　　在现实生活中，也有不少企业家和社会名流，他们喜欢穿深蓝色粗直条纹的衣服，这本不是一个偶然的现象。俗话说，偶然是戴着面具的必然。他们这样穿着，无非是尽可能地夸大自己的社会影响力，从服装上表现一种自我优势的心理趋向。由于蓝色是具有安定感的颜色，他们这样装扮自己，在自我表现的同时，也在显示自己在社会的稳定地位。而企业家或社会名流并不都会穿深蓝色粗直条纹的西装，而那些较喜欢此类衣着的人，大多数都可能是徒具豪爽的表象，而内心却是个软弱无力的人。

　　有些人完全无视于自己的爱好，仅是由于"流行"，便一味地赶时髦。这种人大都深具孤独感，情绪也不稳定。

　　相反，对于所谓的流行毫不在乎的人，是个性较为坚强的人；不过，也有很多是由于某种原因或因素，而把自己关在象牙塔里，深恐与他人"同化"，而失去自我。我们如与这种人同事或同处，往往会因小事固执己见，而产生摩擦。此外，还有处于这两者之间的类型，此种类型者现在比以前大为增加，这种人属于强烈的适度自我主张者。

　　由服装了解他人所应该注意的一项要领，也就是要注意服装的变化。服装当然足以反映出个人的喜好。每个人都有各自喜爱的形式、色调以及质料等等。一般来讲，在一个公司的桌子上，如果放着一件上衣，就凭该上衣的类型、颜色等，便能够让人猜出大概是属于什么样的人了。

　　可是，有时候，我们也会碰到随时改变其所好，让人无法了解其真正喜好的服装为何的人。这种人的情绪大都不稳定，或者也可能由于希望脱离单调的工作，过着富于变化的生活，以致有此种逃避现实的表现。

还有一种人，本来一向穿着特定格调的服装，可是，突然之间，穿起完全不同格调的服装来。这种人大多数是在物质或者精神方面，遇到了重大的刺激，他（她）的思维方式受到新观念的影响，从而表现在服饰上的重大调整。

在中国古代，有位少数民族的国王，为了学习汉族的优秀文化艺术，首先从服装上做起，从意识形态上强化对汉族文化的接纳，最终获得了良好的效果。

在日常生活中，有的人喜欢穿显眼的华丽服装，有的人却喜爱朴素的衣服，这都多少表现了其不同的心理。喜欢华丽服装的人，表示这个人的自我表现欲特别强烈；但是，假使这种华丽程度太过分的话，就成了所谓的奇装异服了。一般而言，穿着这种服装的人，除了自我表现欲强烈之外，获取金钱的欲望也很强烈。

有些人经常打着原色领带，此种类型者，自我意识极强，一切顺利的话，可成大器，是一种突出型的人物。

喜欢穿朴素服装的人，是一种顺应体制型的人，这些人大都缺乏主体性。

另一种与服装的关系密不可分者，就是所谓的流行与心理的关系。法国启蒙思想家伏尔泰，曾经比喻流行这一现象为"善变而烦人的女神"。当然有不少人极容易受这位"女神"的诱惑，但是也有完全不在乎的人。一般说来，女人在意流行，而且容易受流行的影响。此乃起源于女人特有的气质，心理学上称之为"同调性"。不过，现在男人追求流行者，似乎也已显著增加，这些人都属于顺应体制型，同时也是对自己缺乏信心的表现。换句话说，欲转换成对他人表现权威的心态了，亦即有补偿自卑感的作用。

每一个人在选择服装的色彩上，总与个性脱不了关系。因为，每一个人服装的色彩，总是和个人当时的心理活动状态有着一定的联系。所以，从每个人所喜爱的颜色上可多少看出他具有什么样的性格特征：

**(1) 喜欢橄榄色的人**

这种人在选择橄榄色时，当时的心理状态一般是处于被抑制的状态和歇斯底里的状态。

**(2) 喜欢绿色的人**

这种人一般喜欢自由，有宽大的胸怀的特征，绿色是其在抱有希望、没有偏见的心理状态下选择的。

**(3) 喜欢蓝色的人**

这种人通常是在表现内向质的性格，想有现实感的时候选择蓝色。

**(4) 喜欢橙色的人**

一般是在无法独居时，对人生意欲强烈的时候所选择的颜色，这种人雄辩、开朗、口才好，并喜欢幽默。

**(5) 喜欢黄色的人**

这种人在使别人感觉自己有智慧、有纯粹高洁心境时，选择黄颜色的服装。

**(6) 喜欢红色的人**

选择红色的人是冲动的、精神的、很坚强的生活者。红色是在虚张声势时所选择的。

**(7) 喜欢紫红色的人**

选择紫红色的人，一般是在无法冷静、无法客观分析自己的时候所选择的。

**(8) 喜欢桃红色的人**

喜欢桃红色的人，是保持漂亮时所选择的。这种人以举止优雅为特征。

**(9) 喜欢青绿色的人**

这类人是在喜欢有纤细感觉的心理状态下选择的。

**(10) 喜欢紫色的人**

这种人一般具有保持神秘、自我满足的艺术家的气质，喜欢别出新裁。

**（11）喜欢褐色的人**

这类人在选择褐色时，当时的心理状态很踏实。

**（12）喜欢白色的人**

这种人通常是在缺乏感动性、决断力、实行力、不知所措的心理状态下所选择的。

**（13）喜欢黄绿色的人**

这类人是在缺乏兴趣、交际狭窄、缺乏纤细心情时选择的。

**（14）喜欢灰色的人**

这种人是在缺乏主动性的时候，自己没有勇气面对困难的心理状态下所选择的颜色。

**（15）喜欢浊紫红色、暗褐、黑色的人**

这种人是在非社交场合的时候、不喜欢表露心情的时候所选择的。

# 4.从化妆识别女人心

"爱美之心，人皆有之"，尤其是女人对美更加钟情，但一个人的容貌是天生的，怎样才能看上去更漂亮呢?这就需要化妆。事实上，一个女人化什么样的妆，从某种意义上说也就是她性情的外露，作为男人，你便可以通过观察女友化妆的方式来了解女友的心。

**（1）喜欢时髦妆的女人城府不深**

喜欢化流行的时髦妆的女人，她们对新鲜事物的接受能力往往是很快的，但常缺少属于自己的独立的个性。她们缺少必要的对未来的规划，相对更热衷于今朝有酒今朝醉。她们不知道节省，自我表现欲望强烈，希望自己能够引起他人的注意，城府不是特别深。

**(2) 喜欢浓妆的女人前卫**

喜欢浓妆艳抹的人，自我表现欲望强烈，总是希望通过一种比较极端的方式吸引他人，尤其是异性更多关注的目光。她们的思想比较前卫和开放，对一些大胆的过激行为常持无所谓的态度。她们为人真诚、热情和坦率，虽然有时会遭到一些恶意的攻击，但仍能够尊重他人。

**(3) 喜欢自然妆的女人单纯**

化看起来非常自然的妆，这一类型的人，她们多是比较传统和保守的，思想有些单纯，富有同情心和正义感。但不够坚强，在挫折和打击面前常会显得比较软弱。为人很真诚，从来不会怀疑他人有什么不良动机。

**(4) 长时间喜欢以同一模式化妆的女人现实**

从很小的时候就开始化妆，并且多年来一直保持着同样的模式，这一类型的人多有一些怀旧情结，常会陷入到过去的某种回忆当中，享受往昔的种种，但也能很快地走出来。她们比较现实，能够尽最大努力把握住目前所拥有的一切。她们为人真诚、热情，所以人际关系不错，有很多志同道合的朋友。她们很容易获得满足，但是有一点跟不上时代的潮流。

**(5) 喜欢长时间化妆的女人有毅力**

用很长的时间化妆，这一类型的人是完美主义者，凡事总是尽力追求达到尽善尽美。为了实现自己的目标，她们可能会付出昂贵的代价，但并不怎样在乎。她们多有很强的毅力。她们对自己的外表并没有多少的自信，所以在这方面会花费大量的时间、精力甚至是财力。但由于她们过分地加以强调外在的形象，总会给人造成一种相当不自在的感觉。

**(6) 喜欢异国色彩妆的女人向往自由**

喜欢化异国色彩比较浓重的妆的女人，她们多是有比较丰富的想象力的，身体内有很多艺术的细胞，希望自己能够成为一个艺术家。她们向往自由，渴望过一种完全的无拘无束的生活。她们常常会有许多独特的，让人吃惊的想法，是个完美主义者。

**(7) 任何时候都不忘化妆的女人不自信**

无论在什么时候，哪怕是出门到信箱里去拿一封信或是一份报纸也要化一化妆的女人，她们多对自己没有自信，企图借化妆来掩饰自己在某一方面的缺陷。她们善于把真实的自己掩蔽起来。

**(8) 化妆特别强调某一部位的女人自信**

在化妆的时候特别强调某一部位的人，她们多对自己有相当清楚的认识，知道自己的优点在哪里，更知道自己的缺点在哪里，尤其懂得如何扬长避短。她们多对自己充满自信，相信经过努力一定能够实现自己的理想。她们很现实和实际，并不是生活在虚无飘渺的幻想中的一类人。她们在为人处世等各个方面都非常果断，并且能保持沉着、冷静的态度。

**(9) 喜欢淡妆的女人聪慧**

喜欢化淡妆的女人，她们追求的目的是看起来说得过去就可以了，并不要特别地突出自己，这一点与她们的性格是很相符的。她们的自我表现欲望并不是特别的强，有时甚至非常不愿意让他人注意到自己。这一类型的人有很多都是相当聪明和智慧的，也会获得一定的成就。她们拥有自己的绝对隐私，并且希望能够在这一点上得到他人的尊重和理解。

**(10) 从来不化妆的女人不肤浅**

从来都不化妆的女人，更在乎的多是"清水出芙蓉，天然去雕饰"，她们追求的是一种自然美。这一类型的女人对任何事物都不局限在表层的肤浅的认识，而是更看重实质的东西。在她们心里有非常强烈的平等观念，并且不断地追求和争取平等。

# 5．从帽子解读人的个性

帽子不仅仅只有御寒的功能，它还是一种戴着美观给人树立某种形象的东西，遍布世界各地都在生产形式各异的帽子，出入任何一家娱乐场所大型酒楼餐馆，都会看到衣帽间的牌子，这说明帽子对于一个人来说，有着很重要的用途，它可以帮人建立某种形象，使人的个性在众人面前得以展现。

**（1）爱戴礼帽的人**

戴礼帽的人都自认为自己稳重而有绅士风度。他的愿望是让人觉得他有沉稳和成熟的风格，在别人面前，他经常表现得热爱传统：喜欢听古典音乐和欣赏芭蕾舞等，与流行歌曲无缘，有时他甚至站出来反对这些他自认为是糟粕的东西，要求政府出面制止这些大逆不道的行径，他欣赏一个男人穿西服打领带，一个女人穿套装旗袍，正眼也不瞧一眼袒胸露背穿超短裙的女人。

他所守的皮鞋任何时候都擦得锃亮，而且所穿的袜子也一定给人以厚实的感觉，即使是炎热的夏季，他也会拒绝穿丝袜，同时他也讨厌凉鞋和穿着拖鞋走路。由于他看不惯很多东西，所以他的心底很清高，有些自命不凡，认为自己是干大事的人，进入任何一个行业都应该是主管级的人物。

可惜他过分保守并且缺乏冒险精神，成就并不大，所干的事业也不像想象的那么顺心。

在友情上，他的朋友会觉得他保守、呆板、不容易掏真心话，即使他在见面时斯文有礼，也不能加深他们之间的友谊，他和任何一个朋友之间的友谊都不能保持应有的深度。他有时也会想到这些，并试图努力去改变，但他天生的性格使他难以表达自己的心思，有时反而适得其反。

### (2) 爱戴旅游帽的人

这种帽子既不能御寒也不能抵挡太阳的照射，纯粹是作为装饰之用。用这种帽子来装扮自己，以投射某种气质或形象；或者戴上它另有企图，用来掩饰一些他认为不理想或者有缺陷的东西。

从这些他所表现出来的特点看，他不是一个心底诚实的人，不肯以真面目示人，是个善于投机钻营的人，因此真正了解他的人少之又少，而一般所看到的只是他的表面。

由于他过度聪明，过度自以为是，在别人面前既唱红脸又唱白脸，以为自己做得天衣无缝，其实别人早已看出他是个不可深交的人。因此他真正的朋友不多，多半是与他面和心不和的人，有时他也能看出自己的缺点，但由于他的本性所决定，他无法改变这些事实。

在事业上，这种男人也用他那套投机之术去钻营各种空档，有时也会收到不错的效果，当他黔驴技穷时，也就会被他的上司和同事看穿。

### (3) 爱戴鸭舌帽的人

一般有点年纪的人才戴鸭舌帽，它显示出稳重、办事忠实的形象。如果男人戴这类帽子，那么他会认为自己是个客观的人，从不虚华，面对问题时，总能从大局着想，不会因为一些旁枝末节而影响整个大局。

有时候他自以为是老练的人，在与别人打交道时，就算对方胸无城府，他还是喜欢与别人兜着圈子玩，即使把对方搞得晕头转向，也不直接说出他的心思。

他之所以这么做，是因为他是个会自我保护的人，不愿轻易让别人了解他的内心。他不是个攻击型的人，但是个很会保护自我的防守型的人，所以他很少伤害别人，但也不容许别人伤害他。

他是个很会聚财的人，相信艰苦创业才是人生的本色，多劳多得是他的客观信条，他从不相信不劳而获或少劳而获，他认为他所拥有的财富来之不易，所以他从不乱花一分钱。

### (4) 爱戴彩色帽的人

他清楚在不同的场合，不同颜色的服装，应该佩戴不同色彩的帽子。

说明他是个天生会搭配且衣着人时的人。

他喜欢彩色鲜艳的东西，对时下流行的东西非常敏感，每当城中出现新鲜玩意儿，他总是最先尝试的那批人，他希望人家说他的生活过得多姿多彩，懂得享受人生，并且总是以弄潮儿的身份走在时代前列。

同时，他也是个害怕寂寞的人，因为他精力旺盛朝气蓬勃，那颗不甘寂寞的心，总是使他躁动不安，他经常邀请伙伴们一起玩耍，到歌舞升平之地尽情玩耍。其实天知地知他知我知，当最后一支舞跳完后，曲终人散的那种滋味会马上浸满他的心头。

对于工作，他的热情和消极是成反比例的，有时会为他带来一定的好运，当他热情起来时，就像有使不完的劲，一旦无聊时，空虚感马上袭满他的心头。为什么他不能使他精神生活变得更充盈一点呢?要知道总有一天，内在的空虚感会把他淹没掉的。

**(5) 爱戴圆顶毡帽的人**

这纯粹是一副老百姓的派头，对任何事情都感兴趣，但从不表达自己的看法，即使有看法也是附和别人的论点，好像这类人没有主心骨似的。

他确实就是这类人，但他并不是没有主张的人，他只不过是个老好人罢了，不愿随便得罪一个人，哪怕他是个最不起眼的人。

从本质上讲这种男人是个忠实肯干的人，他相信只有付出才有收获的道理。在他平和的外表下，有自己执着的观点，他相当痛恨不劳而获的人，相信君子爱财取之有道，对不义之财他从来不让它沾污他的手指。

对于做每一件事情他都会全力以赴，投入巨大的精力和热情，对于报酬，他只拿属于自己的那一份。他是以自己的美德赢得尊重的。

在选择朋友方面，他表面随和，其实颇为挑剔，他认同"道不同不相为谋"的方针，因此除非对方和他有类同看法和观点，否则他是不会考虑和他深交的。

# 6. 从穿的 T 恤看人

如今，T 恤已经成了一种最普遍而且最受欢迎的服装，男女老少皆宜。在过去，T 恤只是用来保暖和吸汗的内衣，可是现在，它已演变成了一面公众告示牌，可以任由自己在上面随便记录或宣泄各种情绪和想法。所以，选择什么样的 T 恤可以直观地看出一个人具有什么样的性格。

习惯于选择没有花样的白色 T 恤的人，多有自己比较独立的个性，他们不会轻易地向世俗潮流低头。他们往往具有一定程度的叛逆性，但表现的形式往往不是特别的明显和恰当。

喜欢选择没有花样的彩色 T 恤的人，自我表现欲望并不是特别的强烈，他们甚至是可以甘于平凡和普通，做一个默默无闻的人的。他们多比较内向，不太爱张扬，而且富有同情心，在自己能力许可的条件下，会去关心和帮助他人。

喜欢在 T 恤上印上自己名字的人，思想多是比较开放和前卫的，能够很轻松地接受一些新鲜的事物，他们对一些陈旧迂腐的老观念多是持一种相当排斥的态度。他们的性格比较外向，喜爱结交朋友，为人比较真诚和热情，所以通常会有比较不错的人际关系。他们的自信心还是很强的，有一定的随机应变能力，在不同的情况下，能够及时地作出应对策略。

喜欢穿印有各种明星的画像及与之有关的东西的人，多是追星族，他们对那些人有无限的崇拜，并且希望自己有朝一日能像他们一样。他们很乐于向别人表达自己的这种心理。

喜欢在 T 恤衫上印有一段幽默标语的人，多具有一定的幽默感，而且很聪明和智慧。另外，他们也是具有很强的表现欲望的，希望自己能够吸引别人的注意。

喜欢穿印有学校名称或大企业的标志装饰的 T 恤，这一类型的人多比较希望他人知道自己的身份，并且对自己所在的单位和企业具有一定的感情。他们希望能够以此为载体，吸引一些志同道合的人。

喜欢穿有著名景点的风景的 T 恤，这一类型的人对旅游总是情有独钟的。他们的性格多是外向型的，对新鲜事物的接收能力很强，而且具有一定的冒险精神。自我表现欲很强，希望把自己所知道的一切都传达给他人。

# 7. 从领带透视人的内心

西服，自诞生那日起就成为男人服饰中的佼佼者，而且这个地位一直到今天也没有动摇。正式的西装有单排扣和双排扣区分，每一个男人都可以依据自己的喜好进行选择，而且不用花太多的精力。但是有一件辅助饰物却让男人大伤脑筋，那就是领带的打法和色彩的搭配。领带的作用类似于女士们的丝巾作用，但男人的行事原则和人品秉性却可见完完全全地展现在领带打法与颜色的搭配上。若仔细观察周围的男人，便不难发现他们"本色"的蛛丝马迹！

领带结又小又紧的人。如果有这种喜好的男人身材瘦小枯干，则说明他们是有意凭借小而紧的领带结，让自己在他人匆忙的——瞥时显得"高大"一些。如果他们并无体型之忧，则说明是在暗示他人最好别惹他们，他们不会容忍别人对自己有半点的轻视和怠慢。这是气量狭小的表现，由于生活和工作中谨言慎行，疑心甚重，他们养成了孤僻的性格。他们凡事大多先想自己，热衷于物质享受，对金钱很吝啬，一毛不拔，结果几乎没有什么人愿意和他们交朋友，他们也乐于一个人守着自己的阵地，孤军奋战。

领带结不大不小的人。先不考虑领带的色彩和样式，也不管长相和体型如何，男人配上这种领带结，大都会容光焕发，精神抖擞。他们可以获得了心理上的鼓舞，会在交往过程中注重自己的言谈举止，所以不管本性如何，都显得彬彬有礼，不轻举妄动。由于认识到领带的作用，他们在打领带结的时候常常一丝不苟，把领带打得恰到好处，给人以美感。他们安分守己，把大部分的精力放到工作当中，勤奋上进。

领带结既大又松的人。领带的作用是使男人更加温文尔雅，但打这种领带结的男人所展现的风度翩翩决不是矫揉造作出来的，而是货真价实，是他们丰富的感情所展露出的风采；不喜欢拘束，积极拓展自己的生活空间，主动与他人交往，练就高超的交往艺术，在社交场合深得女人的欢心和青睐。

领带绿色、衬衫黄色的人。绿色象征生命和活力，是点缀大自然的最美妙的色彩；金色代表收获和金钱，是财富与权势的徽章。这样搭配领带和衬衫的男人富有青春活力与朝气，想什么就做什么，不喜欢拖泥带水，对事业充满信心，不过有时鲁莽冲动，自控能力较差。

领带深蓝色、衬衫白色的人。"蓝领"代表职工阶层，"白领"代表管理阶层，他们将两者融合到一起，上下兼顾，少年老成，同时不乏风度翩翩；由于视野宽阔，白领的诱惑远远超过蓝领，所以他们对工资特别专注，事业心极重，结果在奋斗过程中常常出现急功近利的表现。

领带多色、衬衫浅蓝色的人。五彩缤纷是人们对美好事物的形容，充满了迷离和诱惑，普通人和勤奋的人往往对此敬而远之，所以选择这种领带和衬衫的人拥有一股市井脾气，热衷于名利；路边的野花繁多美丽，常常使他心猿意马，见异思迁的他们对爱情往往不能专心致志，追逐的目标总是换了一个又一个。

领带黑色、衬衫白色的人，黑白分明是对阅历丰富之人的形容，所以喜欢这种打扮的人多为稳健老成之士。由于看得多，感悟也多，他们懂得什么是人生的追求；善于明辨是非，相信"善有善报、恶有恶报"，正义在他们身上得到了最大的展现。

领带黑色、衬衫灰色的人。不用看他们的表情如何，仅这身打扮就让人有种不舒服的感觉。他们在穿着之时必先照镜子，能够接受镜中的压抑则说明他们有很深的忧郁，而这份忧郁是气量狭小所致，他们选择这身打扮，正是为了掩饰这个缺点。在工作当中，老板考虑到其他员工的情绪，常常请他们卷铺盖回家，所以他们经常变换工作。

领带红色、衬衫白色的人。红色象征火焰，代表奔放的热情，更是一种积极和主动的表现，所以男人选择红色领带，无异于想追逐太阳的光辉，以使自己成为关注的焦点。他们本应该属于充满野心的类型，但白色代表纯洁，是和平与祥和的象征，白色衬衫让别人对他们刮目相看，见到他们如火一样的热情和纯洁的心灵。

领带黄色、衬衫绿色的人。用辛勤的耕耘换取丰硕的收获，按照理想设计生活和人生，并勇于实施，他们流露出的是诗人或艺术家的气质。他们相信付出就会有回报，所以不会杞人忧天地担心秋后因为意外的暴风雨而颗粒无收；与世无争，保持柔顺的性情，对人非常和蔼可亲。

不会系领带的人。连系领带这种小事都要人代劳的人，大都心胸豁达而不拘小节。他们或是有某种常人没有的绝技在身，或是先天具有领袖才能，使他们不屑将精力消耗在系领带这样的细节问题上。他们性情随合，有同情心，朋友甚多，口碑亦好，且夫妻情笃、家庭和睦。

# 8. 从提包样式认识包的主人

提包是人们在工作、学习和生活当中非常重要的一件物品，很多时候它几乎与人形影不离，人走到哪里，它们也随之被带到哪里。正是因为提包具有如此非同寻常的作用，所以，它们在一定程度上可以向外界传达一定的信息，让外界通过提包来认识提包的主人。

提包的样式是多种多样的，人们可以根据自己的喜好进行选择。一般来说，选择的提包比较大众化的人，他们的性格也比较大众化，或者是说没有什么特别鲜明的、属于自己的个性。他们在很多时候都是随大流，大家都这样选择，所以我也这样选择，没有自己的主见，目光和思想比较平庸和狭窄。人生中多少有收获，而无大的成就和发展。

选择的提包特别有特点，甚至是达到那种让人看一眼就难以忘却的程度的人，其性格可能要分两种不同的情况来分析：一种是他们的个性的确特别强，特别突出，对任何事物都能从自己独特的思维、视觉等各方面出发，从而作出选择。这一类型的人有很多具有艺术细胞，他们喜欢我行我素，不被人限制，而且他们标新立异，敢冒风险，具有一定的胆识和魄力。如果不出现什么意外，自己又肯努力，将会在某一领域做出一定的成绩。另外还有一种人，他们并不是真正地有什么个性，也没有什么审美眼光，不过是为了要显示自己的与众不同，故意作出一些与其他人迥然有异的选择，以吸引更多的目光罢了。这一类型的人自我表现欲望及虚荣心都比较强。

选择的提包多是休闲式的人，可以看出他们的工作有很大的伸缩性，自由活动的空间比较大。正是由于这样的条件，再加上先天的性格，这类人大多很会懂得享受生活。他们对生活的态度比较随便，不会过分苛刻地要求自己。他们比较积极和乐观，也有一定程度的进取心，能很好地安排工作、学习和生活，做到劳逸结合，在比较轻松惬意的氛围里把属于自己的事情做好，并取得一定的成就。

选择的提包多是公文包，这也从一个侧面说明了提包主人工作的性质。他们可能是某个企事业单位的老总，如果是普通职员，也是比较正规单位的。选择公文包可能是出于工作的一种需要，但在其中多少也能透出一些性格的特征。这样的人大多办事较小心和谨慎，他们不一定非得要不苟言笑，即使是有说有笑，对人也会相当严厉。当然，他们对自己的要求往往更高。

有小把手的方形或长方形的手提包，在有些时候可以当成是一件配饰。这种手提包外形和体积都相对比较小，所以使用起来并不是特别的方便。喜爱这一款式手提包的人，多是没有经历过什么磨难的人。他们比较脆弱和不堪一击，遇到挫折，容易妥协和退让。

喜欢中型肩带式手提包的人，在性格上相对比较独立，但在言行举止等各个方面却是相对较传统和保守的。他们有一定相对自由的空间，但不是特别的大，交际圈子比较狭窄，朋友也不是很多。

非常小巧精致，但不实用，装不了什么东西的手提包，一般来说，应该是年纪比较轻，涉世也不深，比较单纯的女孩子的最好选择。但如果已经过了这样的年纪，步入成年，非常成熟了，还热衷于这样的选择，说明这个人对生活的态度是非常积极而又乐观的，对未来充满了美好的期待。

比较喜欢具有浓郁的民族风味、地方特色的小提包的人，自主意识比较强，是个个人主义者。他们个性突出，往往有着与他人截然不同的衣着打扮，思维方式等等。有些时候显得与他人格格不入，所以说，营造出比较好的人际关系存在着一定的困难。

喜欢超大型手提包的人，性格多是那种自由自在、无拘无束的，他们很容易与他人建立某种特别的关系，但是关系一旦建立以后，也会很容易就破裂，这也是由于他们的性格所决定的，因为他们的生活态度太散漫，缺乏必要的责任感。虽然他们自己感觉无所谓，但却并不是其他所有人都能容忍和接受的。

把手提包当成购物袋的人，多是希望寻找捷径，在最短的时间内以最少的精力把事情办成的人。他们很讲究做事的效率，但做起事来又比较杂乱无章，没有一定的规则，很多时候并不能如愿以偿。他们的性格多比较随和和亲切，有很好的耐性，满足于自给自足。在他们的性格中感性的成分要比理性成分多一些，做事有些喜欢意气用事。独立能力比较强，不太习惯于依赖别人。

一个手提包，但有很多的口袋，可以把各种东西放到该放的适合位置。选择这样的手提包的人，说明他们的生活是十分有规律性的，而且能在大多数的时候保持头脑的清醒，不会轻易做出糊涂的事情。

喜欢金属制手提包的人，多是比较敏感的，能够很快跟上流行的脚步，他们对新鲜事物的接受能力是很强的。但是这一类型的人，在很多时候自己并不肯轻易地就付出，而总是希望别人能够付出。

喜欢中性色系手提包的人，其表现欲望并不是很强烈，他们不希望被人注意，目的是减少压力。他们凡事多持得过且过的态度，比较懒散。在对待他人方面，也喜欢保持相对中立的立场。

不习惯于带手提包的人，其性格要分几种情况来说，有可能是因为他们比较懒惰，觉得带一个包是一种负担，太麻烦了。还有一种可能是他们的自主意识比较强，希望独立，而手提包会在无形当中造成一些障碍。两种情况都是把手提包当成是一种负担，可以显示出这种人的责任心并不是特别的强，他们不希望对任何人任何事负责任。

喜欢男性化皮包的人(这里理所当然是针对女性而言，因为男性本应该选择男性化皮包)，一般来说都是比较坚强、剽悍、能干的，并且趋于外向化的。

提包里的东西摆放得乱七八糟，没有一点规则，要找一件东西，需要把提包内的所有东西全部倒出来，这样的人可以看出他们的生活是杂乱无章的，奉行的是"无所谓"的随便态度。这一类型的人做事多比较含糊，目的性不明确，但对人通常都较热情和亲切。可是由于他们的生活态度有些过分随便和无所谓，所以常常会导致使自己陷入到比较难堪的境地。和这一类型的人相识、相交都比较容易，但是分开也不难。

提包内的各种东西摆放得层次分明，想要什么伸手就可以拿到，这说明提包的主人是一个很有原则性的人，他们多有很强的进取心，办事认真可靠，待人也较有礼貌。一般来说，这一类型的人有很强的自信心，且组织能力突出。但缺点是他们大多比较严肃、呆板，会过多地拘泥于生活中的某些细节。

# 9. 从手上的戒指分析人个性

大多数时候，一个人的双手都暴露在外，因此，无形中泄露了个人许许多多的个性。而戴在手指土的裳饰品，更是一种向别人暴露自己个性的方式，即使不能表露自己，至少可以引人注目。身土的垂饰、手环、耳环，通常每天更换，但者戴的是戒指，戴的时间通常比较久。因此，戒指显示的大多是一个人的内在，而非一时的冲动。

**(1) 结婚戒指**

结婚戒指愈大、愈华丽，表示他愈想向世人宣布他的婚姻状况。同样地，手指上的结婚戒指戴得愈紧，表示他对这桩婚姻的忠诚度愈高。不过，如果他发现自己在玩手中的结婚戒指，让它在手指上滑来滑去，可能不自觉中，他对自己的婚姻关系有所质疑，不知是否要继续维系下去。

**(2) 俱乐部的戒指**

戴俱乐部的戒指，表示他认同某个团体。他之所以人会是为了让别人对他有所印象，同时加强自己的自尊心。事实上，大多数人都不熟悉这类戒指，但这并不会阻挠他在这个社团中力争上游。

**(3) 图章戒指和家族微章**

他借用家系让人留下深刻的印象，希望别人因注意整个家族，而忽略了其中某一成员。且不谈他的现状，他总有成叠成串的历史来提升他的形象。他很可能夸大了他的贵族门第，但有谁会去调查呢?他经常提到他伟大的叔叔，在战争期间是一位将军。

**(4) 钻石戒指**

他已经得到了一只钻石戒指，正打算戴着它四处炫耀。他花许多时间赞赏它所发出的光芒，和它那各个不同的切割面。每一面都令他想起自己的某项成就。他欣赏手中钻戒的华丽与美，知道这是一项好投资，好到如果他离开它，他还有六克拉的大钻戒可以炫耀。

### （5）小指戒

如果社会舆论可以接受，他会戴一只霓虹光圈，四处宣扬自己多有创意。但事实上不可能，所以他必须透过宝石的灿烂来凸显自己。由于他是位男士，只能够把他的钻戒戴在小指上，不过他那灵活的小指绝不会使他的钻戒黯然失色。你个性积极，知道如何出风头，而且从不担心自己的外在是否太过俗丽。

### （6）手工戒指

他的戒指可能占满了整根手指，不过这只戒指并不发光，而且它也不需要发光。它的独特与复杂的设计，不需炫丽的外表，就可以成为话题。一只这样的戒指，反映出他的内心世界也同样复杂。为了让别人认识他，他会强迫对方花更多心思看看他。他积极树立自己的流行时尚，而且有信心成功。

### （7）同时戴好几个戒指

假使他在每一根手指头上都戴一只戒指，那他正深受物质、精神和美学等动机所左右；但不幸的是，他的思想价值在人群中迷失了，到最后，他不过是俗丽和刺眼的代表。虽然戴好几个戒指的起因是犹豫不决，但这些戒指看起来实在很像一套金属指节环。因此，他一定有个特点，那就是，相当保护自己。

### （8）不戴戒指

他不喜欢杂乱或烦扰的感觉。凡是他所做的每一件事，所经手的每一样东西，都力求自然舒适，如此才能够自由行动、自由表达。他不涂指甲油，不喜欢化妆。他的双手是用来工作而不是用来做秀的。

# 10．从戴的手表看人

"一寸光阴一寸金，寸金难买寸光阴。"这是在说时间的宝贵。时间在不知不觉中悄悄地流逝，不同的人对此会有不同的感觉。有的人视若无睹，而有的人却表示深深的惋惜，然后，抓紧利用每一分钟去做一些有意义的事情。一个人对时间持什么样的看法，这很大程度上是由人的性格决定的，而时间对人具有什么样的影响，很多时候又通过所戴的手表传达出来。这两者之间有着非同一般的关系，下面就针对这一点进行一下说明和介绍。

有一种新型的电子表，只要按一下显示时间的键，就会出现红色的数字，如果不按，则表面上一片漆黑，什么也看不见。喜欢戴这一类型手表的人多是有些与众不同的特别之外的。他们独立意识强烈，从来不希望受到他人的约束和控制，而是自由自在，无拘无束地去做自己想做并且也愿意去做的事情。他们善于掩饰自己的真实情感，所以一般人不能轻易走近去了解他们。在他人看来，他们是非常神秘的，而他们自己也非常喜欢这种神秘感，乐于让他人对自己进行各种猜测。

喜欢液晶显示型手表的人，在生活中多比较节俭，知道精打细算。而且他们的思维比较单纯，对简洁方便的各种事物比较热衷，而对于太抽象的概念则难以理解。他们在为人处世各方面都多持比较认真的态度，不是显得特别随便。

喜欢戴闹钟型手表的人，他们大多对自己要求比较严格，总是把神经绷得紧紧的，一刻也不肯放松。这一类型的人虽算不上传统和保守，但他们习惯于按一定的规律和规定办事，他们在争取成功的过程中任何一件事都是以相当直接而又有计划的方式完成的。他们有责任心，有时候会刻意地培养和锻炼自己在这一方面的能力。除此以外，他们还有一定的组织和领导才能。

戴具有几个时区手表的人，他们多是有些不现实的。他们有一定的聪明和智慧，但一切都止于想象而已，不会去付诸实践。做事常三心二意，这山望着那山高。在一些责任面前，常以逃避的方式面对。

戴古典金表的人，他们多是具有发展眼光和长远打算的人，他们绝对不会为了眼前一些既得的利益而放弃一些更有发展前途的事业。他们心思缜密，头脑灵活，往往有很好的预见力。他们的思想境界比较高，而且很成熟，凡事看得清楚透彻。而且有宽容力和忍耐力，又很重义气，能够与家人朋友同甘共苦，生死与共。他们有坚强的意志力，从来不会轻易向外界的一些困难和压力低头。

喜欢怀表的人，多对时间有很好的控制能力，虽然他们每天的生活都是忙忙碌碌的，但是却并不是时间的奴隶，而是懂得如何在有限的时间里放松自己寻找快乐。他们善于控制和把握自己，适应能力比较强，能够很好地调整自己的心态。他们多有比较强的怀旧心理，乐于收集一些以往的东西。他们言谈举止高雅，可以显示出一定的文化修养。他们有比较浓厚的浪漫思想，常会制造一些出人意料的惊喜。他们为人处世有耐心，很看重人与人之间的友情。

喜欢戴上发条的表，这一类型的人独立意识多比较强。他们自给自足，很多事情都坚持一定要自己动手。他们乐于做那些可以立竿见影就见到成果的工作，如干某一次体力活。他们最看重的是自己所获得的那种成就感，但在这个过程，他们又不希望一切都是轻而易举就获得的，这样反而没有了意义和价值。他们并不希望得到他人过多的关心和宠爱。

戴表蒙上没有数字的表，这一类型的人抽象化的理念较为强烈，他们擅长于观念的表达，而不希望什么事情都说得一清二楚。他们很在意对一个人智力的锻炼和考验，他们认为把一切都说得太明白就没有任何意义了。他们很喜欢玩益智游戏，而且他们本身就是相当聪明和智慧的。他们对一切实际的事物似乎并不是特别在意。

喜欢戴由设计师特别为自己设计的手表的人，他们多非常在乎自己在他人心目中的形象和地位，并且可以为了迎合他人而改变自己。他们时常会大肆渲染夸张一些事情，以证明和表现自己，吸引他人的注意。

不戴手表的人，大多有比较独立自主的个性，他们不会轻易地被他人支配，而只喜欢做自己想做并且也愿意去做的事情。他们的随机应变能力比较强，能够及时地想出应对的策略，而且非常乐于与人结识和交往。

# 11．不同的发型表现不同的个性

在足球场上，我们时常可以看到运动员各种各样稀奇古怪的头发，并对其津津乐道。不同的发型往往表示人的不同个性，通过仔细的观察，我们就不难发现这一点。

男士不管是留长发、剃光头，或是其他各种各样比较特别的发型，其都有一个普遍的共同点，那就是标新立异，想别出心裁地突出自己，增加自身的魅力。

与男士相比，女士的发型若要研究分析起来，则显得比较复杂。

女性若留着飘逸的披肩发，则说是她比较清纯、浪漫；若留的是齐眉的短发，则显得天真活泼，无忧无虑；烫成满头卷发，代表这个人较有青春的活力，或多或少地充满些野性。

女性把头发梳得很短，并让它保持顺其自然的状态，说明这个人比较安分守己，甚至是封闭保守的；如果她把头发梳理得很整齐，但并不追求某种流行的款式，则表明这可能是比较含蓄，但有较强烈的自主意识的一个人；在自己的发型上投入很多的精力，力争达到精益求精的程度，说明这是一个自尊心比较强，追求完美，爱挑剔的人。

头发像钢丝，又粗又硬，而且还很浓密，这样的人疑心多比较重，不会轻而易举地相信别人。他们最相信的就是自己，所以凡事都要自己动手，操纵和掌握一切，才觉得放心。他们做事很有些魄力，而且组织能力也比较强，具有一定的领导才能。这一类型的人，理性的成分要大大地多于感性，所以涉及感情方面的问题时，往往会显得很笨拙。

头发很粗，但色泽淡，而且质地坚硬，很稀疏，这一类型的人自我意识极强，刚愎自用，往往听不进去别人半句话。他们不甘心被人领导，但却渴望能够驾驭别人。他们多比较自私，缺乏容人的度量，但这一类型的人一般来说，头脑还算比较聪明，可是他们的目光又比较短浅和狭窄，只专注于眼前，看不到长远的利益，所以多不会有多大的成就。

头发柔软，但却极稀疏，这一类型的人，自我表现欲望一般来说比较强，他们喜欢出风头，更爱与人争辩，以吸引他人的目光，获得他人的关注。在他们的性格中，自负的成分占了很多，他们妄自尊大，很少把他人放在眼里，尽管自己在某些方面表现得的确得糟糕。他们做事的时候，多缺少必要的思考，所以常会作出错误的判断，而且还容易疏忽和健忘。

头发浓密粗硬，却能自然下垂，这种人从外形上来看，多半身体比较胖，而且也显得比较慵懒，不喜欢活动，但是他们的心思多比较缜密，往往能够观察到特别细微的地方。他们的感情比较丰富，易动情，对情感不专一。

下面所说的类型，多是针对男性朋友而言：头发和胡须连在了一起，且又浓又粗，这种类型的男性，给人的第一感觉往往是剽悍、强壮。一般来讲，这些认识都是不会错的，除此之外，他们还显得比较鲁莽，性格豪放不羁，有侠义心肠，喜欢多管闲事，好打抱不平，多不拘于小节。

头发淡疏，粗硬而卷曲，这一类型的人，多思维比较敏捷，而且善于思考，并有很好的口才，能够很容易地说服别人。他们的性格弹性比较大，可以说得上是能屈能伸，适应性很好。但他们的屈和伸，又是在坚守一定的原则和基础之上进行的，所以无论外在的东西怎样多种形式地不断变化，其内在还有一些稳定不变的东西。

头发浓密柔软，自然下垂，这一类型的人，大多性格比较内向，话语不多，善于思考。从某种程度上说，他们具有很强的耐性和韧性，这一类型人所从事的事业多是和艺术方面有关的。

头发自然向内卷曲，如烫过一样，这一类型的人，脾气大多比较暴躁，而且疑心比较重，总是患得患失的在犹豫和矛盾中挣扎，除此之外，嫉妒心还很重。

发根弯曲，发梢平直，这一类型的人多自我意识比较强，厌恶被人约束和限制，不会轻易地向他人妥协。

让自然来决定自己的发型，并且长时间地保持，这一类型的人多总是怨天尤人，但却从来不从自己身上寻找原因，更不会付诸行动去寻求改变。他们很多时候容易向别人妥协，所以很多行动并不是真正的发自内心自己真实想做的。

头发长长的，直直的，看起来显得非常飘逸和流畅，这种人的性格大多界于传统与现代之间，他们既含蕴世故，又大胆前卫，只是要视情况而定。他们通常有很强的自信心，对成功的渴望很迫切。

头发很短，这样看起来很简洁，而且也极为方便，这一类型的人，大多有勃勃的野心，他们的生活总是被各种各样的事情占据着。他们在内心很想把这些事情做好，但实际上却往往什么也做不好，因为他们缺少必要的责任心，在遭遇困难，面对挫折的时候，往往是选择逃避。他们做事准备工作往往做得很细致。

热衷于波浪型烫发的人，说明他们对流行是比较敏感的，他们大多很在乎自己外在的形象，并且知道怎样才能使自己的外在形象达到最佳的效果。他们比较现实，在绝大多数时候，能够根据客观实际来协调和改变自己。他们能够把握自己的命运，无论是对任何一件事情，都会积极主导着自己的生活，使之达到符合自己的要求。

喜欢蓬松及前端梳得很高的发型，这一类型的人比较保守，而且还有点固执或者也可以说是执著。他们喜欢上了一件东西，认准了某一件事物，在绝大多数的情况下，不会轻易地改变自己的想法及观念。

故意把发型弄得很怪，这一类型的人，表现欲望很强烈，他们希望自己能够吸引更多的目光，他们经常不考虑他人的心情和感受，有什么话就说什么话。他们对任何一件事情都有自己独特的见解和认识，并且会始终坚持着自己的立场，他们很有一股魄力，敢于同权势对抗，不屈不挠。虽然这些人的行为有时显得让人有些难以接受，但却有不少人尊敬他们。

喜欢平头的人，大多男子汉的味道更浓一些，他们讨厌娘娘腔十足的人，而对很有硬气的人十分有好感。他们自己本身看似缺乏温柔，但实际上也有温柔的一面，他们的思想从一定程度上来说还是相对比较保守和传统的，他们也很在乎自己在他人面前的表现。

喜欢剃光头的人，多是努力在营造一种能够让人产生误解的想法，这样很容易给人一种神秘感，让人猜不透他们心里在想些什么。

# 12．从所穿的鞋子观察对方

鞋子，并不是像我们所想象的那样，单纯地起到保护脚的作用，这只是一方面。在观察他人的鞋子的时候，我们除了注意其美观大方外，还可以通过它对一个人进行性格的观察。

始终穿着自己最喜爱的一款鞋子，这一双穿坏了，会再去买另外一双，这样的人思想多是相当独立的。他们知道自己喜欢什么，不喜欢什么，他们很重视自己的感觉，而不会过多地在意他人怎样看。他们做事是比较小心和谨慎的，在经过仔细认真的思考以后，要么不做，要做就会全身心地投入，把它做得很好。他们很重视感情，对自己的亲人、朋友、爱人的感情都是相当忠诚的，不会轻易背叛。

喜欢穿没有鞋带的鞋子的人，并没有多少的特别之处，穿着打扮和思想意识都和绝大多数人差不多。但他们很传统和保守，中规中矩，追求整洁，表现欲望不强。

穿细高跟鞋，脚在一定程度上是要受些折磨的，但爱美的女性是不会在意这些的。这样的女性，表现欲望是很强的，她们希望能引起他人，尤其是异性的注意。

喜欢追着流行走，穿时髦鞋子的人，有一种观念，那就是只要是流行的，就全部是好的，但没有考虑到自身的条件是否与流行相符合，有点儿不切合实际。这种人做事时常缺少周全的考虑，所以会顾此失彼。他们对新鲜事物的接受能力比较强，表现欲望和虚荣心也强。

喜欢穿运动鞋说明这是一个对生活持相对积极乐观态度的人，他们为人较亲切和自然，生活规律性不强，比较随便。

喜欢穿靴子的人，自信心并不是特别强，而靴子却在一定程度上能为她们带来一些自信。另外，她们很有安全意识，懂得在适当的场合和时机将自己很好掩蔽起来。

喜欢穿拖鞋的人是轻松随意型人的最佳代表，他们只追求自己的感觉和感受，并不会为了别人而轻易地改变自己。他们很会享受生活，绝对不会苛刻自己。

热衷于远足靴的人，在工作上投入的时间和精力相对要多一些，他们有很强烈的危机感，并且时刻做好了准备，准备迎接一些可能突然发生的事情。他们有相对较强的挑战性和创新意识。敢于冒险，向自己不熟悉的未知领域挺进，并且有较强的自信，相信自己能够成功。

喜欢穿露出脚趾的鞋子，这样的人多是外向型的人，而且思想意识比较先进和前卫，浑身上下充满了朝气和自由的味道。他们很乐于与人结交，并且能做到拿得起放得下，较洒脱。

喜欢穿系鞋带的鞋子的人，性格多是比较矛盾的，他们希望能有人来安排他们的生活，但对于安排好的一切却又总想反抗。为了化解这种矛盾，他们多是在尊重他人为自己所做的安排的同时，又寻找自由的空间，以发展自己，释放自己。

# 五．根据生活习惯快速识别对方心理

　　著名牧师华理克说："性格其实就是习惯的总和，是你习惯性的表现。"生活习惯不仅仅透露出一个人的性格，还可反映人的潜意识，反映人潜在的愿望。所以，从生活习惯观察人，是掌握人内心活动的捷径。

# 1．从日常生活习惯识别对方性格

心理学家莱恩德曾说过这样的话，他说："人们日常做出的各种习惯行为，实际反映了客观情况与他们的性格间的一种特殊的对应变化关系。"

我们在日常生活中，自然而然地会产生并形成一些具有某种特定意义的小动作。因为这是在自然而然当中不自觉地形成的，具有很强的稳定性，所以很难在轻易之中一下子就改正过来。改正不过来，就随身携带，这就为我们通过这些小动作去观察、了解和认识一个人提供了一些方便。

两脚自然站立，两手插在衣服口袋里，并不时地伸出手来然后又插进去，这种人的性格多是比较小心和谨慎的，凡事想的要比做的多，由于想得太多，瞻前顾后，行动起来往往畏首畏尾，反而不能大刀阔斧，所以最后的结果反倒多半不会让人太满意。在工作、学习和生活当中，这样的人大多缺少灵活性，为了避免风险，多用一些老套的方法去解决问题。这样的人害怕失败，是因为他们没有承受失败的良好心理素质，在挫折、打击和困难面前，他们常常是灰心丧气、怨天尤人，而不从自己身上寻找原因。

两脚并拢或是自然直立，把双手背在背后，这是一种充分表现出自信心理的姿态。习惯于做这种动作的人，一般来说都具有某一特定的自我优越感，更准确地说是具有一定的社会地位和知识水平，能够担当起领导别人的责任而不是被人领导。他们多会和别人把关系处得很融洽，这可能是出于维护自己现有的一切的一种需要。

在很多时候，除了用语言以外，我们还习惯于用"摇头"和"点头"

来表示自己对某一事物的看法，是肯定还是否定。经常习惯于做这样动作的人，虽然很会表现自己，却也很容易引起别人的反感，产生不愉快的情绪，因为这种表示有些时候会被人误以为你是没有真正地用心去听他人的谈话而采用的敷衍的方法，所以需要注意。一般来说，经常摇头或是点头的人，他们的自我意识都是很强的。某一件事情，一旦打算要做，就会非常积极地投入其中，并尽最大的努力把它朝成功的那一方面促进。

忘记一件事，冥思苦想也没有一点头绪，但在突然的一个瞬间，想起来了，很多人会拍一下脑袋，叫一声"想起来了"。还有，对于某一个问题陷入困境当中，想不到好的解决办法，在突然之间有了灵感，也会做拍脑袋的动作。再有就是做错了某一件事以后，有所醒悟，并对此表示非常后悔，也多会这样做。虽然同样是拍打脑袋，但部位却有不同，有的是拍打后脑勺，有的是拍打前额。拍打后脑勺多是处于思考状态，这种动作的最大目的就是为了放松自己，以想到更好的应对办法，而拍打前额，则多表示事情不管是好还是坏，至少已经有了一个结果。

有些人心里想的、嘴上说的、手上做的经常会很不一致，比如对于某一件东西，其实他是十分想得到的，但当别人想给予他时，他却进行拒绝。口上拒绝着，但手却在底下接受了。这种人多比较圆滑和世故，并且能非常老练而又聪明地处理各种人际关系，使自己与他人保持和睦。他们在迫不得已的时候是不会轻易地得罪人的，即使得罪了，也会想方设法地弥补，使之有挽回的余地。

经常触摸自己头发的人，其个性多是十分鲜明而又突出的，他们是非善恶总是分得特别清楚，并且不肯有一点迁就和马虎。他们具有一定的胆识和魄力，喜欢标新立异，去做一些比较刺激，别人不敢做的冒险的事。这种人会不时地取笑和捉弄他人一番。应该承认他们当中有一些人的文化素质和修养并不是特别高，但并不是绝对和全部的人都这样。他们一般来讲都有比较良好和稳定的人际关系，为人处世比较慷慨和大方，不会太斤斤计较，所以很容易赢得人心。这种人多比较有心，能够通过生活中的某一个细节来寻找和制造机会以发展和完善自己。

喜欢用腿或脚尖使整个腿部颤动，有时还用脚尖或者以脚掌拍打地面，这样的人多很会懂得自我欣赏，有一些自恋情结。但他们比较封闭和保守，在与人交往中会有所保留，并且不太容易与他人建立良好的关系。

在与人交谈的时候，几乎总是伴随着一些手势和动作，以对所说的话起解释、强调和说明、补充的作用，如摊开两手、拍打手心等。这样的人，一般来说自信心都很强，具有果断的决策力，凡事说做就做，有一股雷厉风行的洒脱劲儿，很有气势。他们多属于比较外向型的人，在什么时候都极力想把自己打造成为一个核心人物。

在抽烟的时候喜欢吐烟圈的人，一个比较突出的特点就是占有和支配欲比较强，凡事喜欢我行我素，不受管制。他们大多性格比较外向，爱与人交往，并且够仗义和慷慨，凡事不会太计较，只要能说得过去就可以了。所以这样的人多易得人心，在他周围总是团结着一些人。抽烟时爱吐烟圈，其性格在整体上大致如此，另外还可能通过他吐烟圈的形状看出其对某一事物状况的态度是积极的还是消极的。如果烟圈是朝上吐的，说明他的态度是积极的，充满了自信；反之，如果是向下吐的，是表示态度比较消极，没有多大的自信。

摊开双手，这在很多时候是表示很无奈，很为难的一种动作，它意在告诉对方"我也没有办法，你让我怎么办呢"的意思，同时可能还伴有耸肩的姿势，这从某一个侧面说明了这是一个比较真诚、坦率的人，当自己无能为力的时候，可以直言相告，而不是虚伪地掩饰。

双手叉腰这多是在非常气愤的时候所表现出来的一种动作，有时也可以是自己作为一个旁观者，观察某一件事或某一个人，含有一定要看个结果的心理。这种人的性格中多含有比较执著的一面，凡事追求完整和清楚，而不会在没有完全解决弄清楚的时候就半途放弃。

当一个人用手摸后颈时，在很多时候是出现了懊恼、悔恨或是害羞的心理情绪，这种人的性格多是比较内向的，遇到某些事情时，常会以一些动作来掩饰自己的情绪。

在与人交谈交往中，自然地解开外衣的纽扣，或者干脆把外衣脱掉，从这一动作就可以看出这个人在很多时候是非常真诚和友善的，说明他对交谈、交往的对象并没有持太多虚伪客套的礼节，因为在一定的场合，这样的动作很可能会被误以为是对对方不尊重不礼貌的行为，而他没有过多地注重这些，显然是并没有把对方当做是外人。至于那些一会儿把纽扣扣上，一会儿又解开的人，给人的感觉似乎就不太舒服。而这样的人又多较意志不坚定，做事犹犹豫豫，迟疑不决，缺少果断的作风。

# 2. 从挤牙膏的习惯看人

人性格的外露，体现在生活中的方方面面，只要你认真、细心地观察，就会发现这其中的许多奥妙。

人每天都要刷牙，既然是刷牙，就要挤牙膏，这是一件多么微小的事情，简直不值得一提，可是这其中却也有一定的学问。心理学家发现，通过挤牙膏也可以观察出一个人的性格。

把牙膏盖弄得不知去向，这种行为并不是我们通常所认为的这个人太粗心大意了。相反，这表明了这种人有很强的进取心，还有一定的胆识和魄力。在面临比较重大的事情时，一般不会临阵退缩，做逃兵。

使用牙膏时小心翼翼，轻轻地挤压，这种人的感情多比较丰富和细腻，温柔随和，比较浪漫，不轻易发怒，能体谅和宽容别人。但作为长辈，多会对小辈表现得过分溺爱。

用牙膏时一次挤很多，这种人多大手大脚，在各方面一点也不懂得节俭。

用牙膏很节省的人在生活中知道节俭，但有些保守，中规中矩，显得死板，缺乏生机。除此以外，这种人多比较理智，不会有过激行为。

# 3．从刷牙的方式看性格

一个人刷牙的模样和方式，通常是由父母教导的。因此，在刷牙时所做出的许多无意识的动作正反映出他的人生态度。

**（1）上下刷**

这表示，他有很好的自我形象，而且保有幼年时代学到的许多积极的价值观和道德观。事实上，他和父母之间的良好关系，成为他个人和工作上成功的主因。他擅长以一种非常不受限制的乐观态度去从事例行工作。在别人眼里，他是一位可以信赖、友善、快活的人，没有什么心机。

**（2）左右刷**

他早就知道这样刷是错误的。那为什么有人要用错误的方法刷牙呢？可能是因为这些人在成长过程中，曾和父母亲有过严重的冲突。问题出在他目前仍在叛逆期，他总是唱反调，别人也发现他喜欢争辩，尤其爱争些鸡毛蒜皮的琐事。

**（3）只在早上刷牙**

他很在意自己留给他人的印象，而且可能非常努力地依照别人的期望在过日子。大体说来，他十分讲究穿着，很懂得修饰自己，总是把最好的一面呈现在别人面前。每天早晨以活力充沛的崭新心情面对一切，是他心目中不可或缺的一部分。不过在潜意识里，他正设法把前一晚的自己清洗干净。

**（4）只在晚上刷牙**

如果他只在晚上刷牙，那他只在乎一件事情：不要蛀牙。他是个从来不说废话的人，喜欢以最少的精力来完成一件事，事情不必做得很完美，只要差不多即可。他通常说话算话，不多说，也不少说。

### (5) 每日刷牙超过三次

这样的行为是被迫的，因为长期缺乏安全感，就连最简单的工作，他也要一而再、再而三地检查。每次外出赴约前，他可能花上三个小时梳妆打扮，却仍旧认为自己不够好看。同一件事情，他一次又一次地请求别人帮他出主意，许多朋友都快被他逼疯了。

### (6) 使用硬毛牙刷

使用一支会使他出血的牙刷，透露出他有一种需要接受惩罚的基本需求。基本上他相信，所有值得的事物，都必须付出痛苦和牺牲才能得到。甚至去看牙医时，他也请医师不要使用麻醉剂，因为他想证明自己可以忍受拔牙的痛楚。

### (7) 用太多牙膏

浪费是他存在的主要目的。由于心中强烈的不安全感，他有舍弃一切的倾向，而且，他所谓的"足够"是永远都不够。他极度挥霍，为的是让自己体会到幸福的感受。他所过的生活远超过他财力所能负担的限度。对他而言，这些都无所谓，只要每个月信用卡的账单能够付清就行了。

### (8) 用太少牙膏

没有人会责怪他挥霍无度。他很节俭，找到廉价、特价商品是他毕生最大的兴趣。他讨厌丢掉任何东西，所以他在裤子上贴补丁，补鞋跟，重新整修家具，把所有东西都做了最有效益的使用。

### (9) 牙膏用到牙膏管都卷了起来

他紧紧把握生命中的一点一滴，不单是牙膏而已。他是个吹毛求疵的人，一本正经，规规矩矩。他习惯把盘中最后一口食物吃完，不浪费任何一丁点，即使剩下，也会用塑料袋保存好。他制造的垃圾很少，只要想到要丢东西，就令他惶恐不安。

### (10) 从牙膏管中间挤牙膏

他只关心眼前，不重视未来，是个及时行乐的人。他没有银行账户，如果有也只是一点儿股票、债券，或其他长期投资。在性爱方面，即刻的满足通常是他建立长久关系的基础。

# 4．从床具看人

人的一生有 1/3 的时间，都在床上度过，在床上睡觉、做梦，或只是躲在被子下。床是与人们分享最亲密想法和经验的地方。由于一张床要能够实观上述的目的，所以，这张床必须是安全和舒适的，它能够反映出床主人的特性。

**(1) 单人床**

睡单人床表示从小到大的教育方式对他的道德观影响深远，而且他对自己的社交关系限制得十分严格。他是一个保守主义者，结婚之前，不会和别人分享自己的床。

**(2) 3/4 的床**

比单人床大一点儿，但比双人床小一点儿。只要和某人同床共枕，他喜欢和对方很亲近、很温暖地窝在一起。他可能没有伴侣，不过这段时间不会太长。他还没准备好对某人作完全的承诺，不过，他已经准备好付出 75%了。

**(3) 特大号床**

他需要有自己的空间，而且这空间要很大很大。他需要玩耍的空间，需要逃避的空间。他不计代价避开被囚禁的感觉，为的是维持自己对自由和独立的那份渴求。特大号床表示，只要他想和他的同伴保持距离，随时都可以做到。

**(4) 圆床**

他不晓得哪一头是床头，其实，他也不在乎，因为这样，生活才更有意思。既定的规则无法局限他，他喜欢把自己的床当作整个宇宙。

**(5) 折叠床**

他可能还没意识到，但他对已经压抑多年的性欲，有着深切的罪恶感。他能够放纵自己，然后再否认自己曾有过的那番经验。每当他把床折成椅子形状时，他所关心的只剩事业，他把自己的感情和床垫一块儿隐藏起来。这样的行为，可能会令那些刚和他共度良宵的异性惊惶失措。

**(6) 日式垫子**

让自己睡在地板上，这种来自东方半斯巴达式的地板垫子，有股自律的意味。它们就像地板一样硬帮帮，而这点正合人意，因为他从来没打算让自己舒适自在。

**(7) 镜子床**

实际上他不太信任自己的情感，经常跳出来，仿佛在一旁观察自己。有了床上方的镜子，他才能够让自己相信一切真真实实地存在。

**(8) 水床**

这个人很善变，是个真正明白该如何"顺应潮流"的人。他可以把过去的经验完全融合在一起，使自己成为一个极度性感、令人满意的伴侣。做爱时，他相当投入，达到忘我的境界，他忘了时间，忘了地点，完全沉溺在一波又一波的愉悦和温暖中。

**(9) 铜床**

床就是他的城堡。四周有精巧的金属架，四角有四根尖尖的柱子。他觉得自己十分容易受伤，甚至在睡觉时，也需要保护，才不会受到别人的攻击。企图卸下这种防御心的人，由于无法攻破别人周身这道坚实的堡垒而备感挫折。

**(10) 自动调整床**

只要轻按一下按钮，就可以抬高或放低头和脚，而且可以调整出上千种位置。他是个完美主义者，无论花多少成本，费多少心力。他为人严苛，难以取悦，刻意塑造环境迎合自己的需求和想法，而且坚持到底，别无选择。他不去顺应别人，但别人必须适应他。

### (11) 早晨整理床铺

如果他通常在早晨下床前，就把自己的床铺整理好，那他是个爱整洁、擅长打扮自己的人。不过，如果他每天早上都一定要把床铺整理得漂漂亮亮，那就是有洁癖。他会把浴室的每一条毛巾都叠得整整齐齐，家中每一个角落都打扫得一尘不染，而且沙发上还盖了一层塑料套子。别人到家里来，根本无法放松心情，因为他无时无刻不在找寻掉落的尘屑。

### (12) 早晨不整理床铺

不曾有过一位像严格的长官一样巡视你床铺的母亲，也不曾遇见一位像母亲一样检查床铺的严格长官。他自以为对人生的态度是如何的超然，其实，这一切反映在现实的生活里，不过显示出他是一个既懒惰又无纪律的人罢了。他的床变得邋遢透顶，邋遢到没有人愿意睡在上面。

# 5. 从个人嗜好识别对方

其实每个人都是有一些自己所喜爱的嗜好的，只不过有些时候，由于工作、学习太忙了，忙得没有一点时间来做自己喜欢的事情，所以渐渐地把它忽略了。嗜好不同于一般的工作和学习，工作和学习在很多时候都是具有一定的目的性的，为了某一目的而做，甚至是做也得做，不做也得做，这就显得非常被动。可是嗜好不一样，嗜好完全是自己喜欢、感兴趣的，做它是为了愉悦自己。有什么样的嗜好，这往往要根据一个人的性格而定，所以通过它来观察一个人实在是最好不过的了。

喜欢表演的人，首先他们的性格中情感是相当细腻的，希望能够尝试不同的角色，体验不同的生活。除此外，他们的想象力还应该特别的丰富，这样他们才能把不同的角色揣摩到位，表演逼真。情感敏锐、细腻，这都是喜欢表演的人的性格特征，但是这一类型的人，他们有些富于幻想而不切合实际。

喜欢木工制品的人，他们的动手能力都是比较强的，凡事都希望能够自己解决，而不依赖别人。他们的自尊心比较强，总是靠别人，会使他们的自尊心受到伤害。他们多怀有强烈的自信，坚信自己的成功。他们对于新事物的接收能力比较快，敢于冒险、进行探索和尝试。

喜欢钓鱼的人，做事的时候对于过程的重视程度往往要多于结果。他们在做的过程中能够体会到很多的快乐和自我价值的一种肯定，但是对于结果的成败，则显得有些无所谓了。他们信奉的人生信条就是努力做了就无愧于心。他们在平日里显得比较散漫，看样子有些不在状态上，可一旦有事情发生，他们往往能够以最快的速度调整自己，积极地投入其中，他们多有很强的耐性。

喜欢手工艺品和刺绣的人，多是热情而富有爱心的，他们有很强烈的责任感，能够对每一个人每一件事情负责。他们的生活态度是积极乐观的，但并不会放纵自己。他们什么时候都知道什么是自己应该做的，什么是自己不应该做的。他们的自信心很强，经常会为自己所取得的成就而暗自陶醉，从中获得一种满足感和成就感。

喜欢搜集钱币的人，其性格相对来说是比较保守和传统的，不太敢于冒风险，对于接收新鲜的事物的能力比较差。他们多具有很强烈的责任心，尤其是对于自己的子女更是疼爱有加。这一类型的人做事善始善终，比较追求完美，从来不会半途而废，他们对结果的重视程度往往要大于过程。

喜欢搜集一些乱七八糟的东西，如啤酒瓶子，没用的盘子等占据一定空间的东西的人，多是进取心比较强烈的，他们在大多数时候都显得相当忙碌，好像总有许多做不完的事情。他们的怀旧情结比较浓厚，从这一点可以看出他们是很重感情的人。他们不会过分地放纵自己，而且很懂得节俭，欲望心不是特别强烈，在很多时候比较容易满足现状，有很强的自信心，会为自己所取得的成就而感到骄傲和自豪。

喜欢园艺的人，凡事都追求一个循序渐进的过程，然后让其自然而然，水到渠成。他们有一定的责任感，能对某个人、某件事情负责。他们自己心里会时常有一些欲望，为了使这种欲望变成现实，他们会很努力地工作，然后在付出得到回报以后，好好地享受自己劳动的成果。

喜欢美食烹饪的人多是不甘于平庸和寂寞的人，他们总是要想方设法地使自己的生活中多些激情和色彩。他们有很好的创造力和想象力，并且总会给亲人和朋友制造一些意外的小惊喜。他们总是有着很高的目标和理想，并会为此而不断地追求、前进。

喜欢做高危活动，比如滑翔、跳伞、登山等，若想从事这些活动，一个首要的要求就是必须得身体好。这样的人虽然在外表上看起来很健壮，但他们的心思却是非常缜密的，他们做事情总是非常小心，一件事情前前后后往往总是把可能出现的问题全部仔细考虑清楚以后才行动，他们对"三思而后行"这一句话往往有比他人更加深刻的理解。他们的性格是比较坚强和固执的，一件事情一旦决定要做，就不会轻易地改变，其中无论遭遇到多大的困难，他们也都能扛得住。他们很有胆识和魄力，敢于向一些未知的领域进行挑战。

喜欢打猎的人性格多是比较粗犷和豪爽的，很讲义气，凡事不会和人太计较。他们深知社会之现实，优胜劣汰，适者生存，所以会努力使自己成为一个强者，因为只有这样才能更好地生存下去，他们有一定的勇气和胆识，很多事情都是敢作敢当，可称得上是一个顶天立地的人。

喜欢下棋、玩纸牌的人，可能在身体上不那么强壮，但在智力上他们往往要胜人一筹。他们常把自己的聪明才智发挥得淋漓尽致，从而把对手逼得走投无路。在这个过程中，他们会获得很大的满足。喜欢下棋、玩纸牌的人，其逻辑思维和分析思考能力都是相当强的。他们常常能够以比其他人相对更集中的精力投入到某件事情当中，所以他们做事成功的几率会比较大。

喜欢飞机模型的人，其自我意识并不强烈，他们与喜欢不受人约束和限制，自由自在的人恰恰相反，他们往往更乐于听命于他人的领导和安排，这样他们就不会感到无所适从了。他们缺少必要的冒险精神，凡事把安全保险放在第一位。在遇到困难的时候，他们的情绪往往会显得相当暴躁，这时候，只有出现一个领导者，指导着他们去做什么，怎样做，他们才会逐渐地稳定下来。

喜欢乐器的人，多是感性成分比较多的人，他们的敏感度是非常高的，总是能够在不经意间捕捉到一些好的坏的感觉，这为他们带来快乐的同时也带来了苦恼。他们的性格并不是特别的坚强，反而相对比较脆弱，有的简直是不堪一击。他们希望得到别人的关心和爱护，但却并不一定能够去关心和爱护他人。

喜欢抽象画的人，他们的表现欲是相对比较强的，他们希望能够有更多的人注意到自己。另外，他们的自我意识比较浓，并不是十分在乎他人对自己的看法，而喜欢我行我素。他们的行为在很多时候是相当古怪的，他们做事喜欢为自己着想，而很少考虑其他人的意见和感觉。他们是相对独立的，而且任性固执，只愿意自己订规矩，自己遵守，而不愿意遵守他人制定好的规章制度。

喜欢阅读的人多是有很强的创造力和想象力，有自己的想法的。他们兴趣广泛，往往能够超越自己的经验来计划某一件事情，扩展自己的生活领域。

喜爱集邮的人，善于自我调节来平复自己的情绪。在发生一件事情，使他们的心情很不平静的时候，他们总是能够进行自我开导，而将之先放在一旁，然后等平复以后，再来处理。他们多是很爱面子的人，很多时候，不知道怎样拒绝别人，所以会无端在增加许多烦恼。

喜欢旅行的人，多属于外向型，他们的好奇心往往很强烈，而且好动，他们需要一些富于变化，带有刺激性的东西来满足自己。这一类型的人，通常会有比较好的人际关系，而且由于经常旅游，见识的事物比较多，增长了他们的阅历和知识，他们在人群中的形象会在自然而然当中提高。

喜欢写作的人，他们的思考能力是很强的，为人较小心和谨慎，喜欢把自己的想法写出来，这样可以更方便把自己的思路厘清，他们很有自己独特的见解和想法。

# 6．从抽烟的方式看人

虽然抽烟有害健康，但许多人依旧我行我素。抽烟是一种冒险，一个人如何冒险？又为什么要冒脸？不同的人对香烟持有不同看法，我们可以从他们对香烟的态度上识别对方。

**(1) 喜欢抽低焦油含量烟者意志不坚定**

喜欢低焦油含量香烟的人，大多都是懂得吸烟的害处，想把烟戒掉，但又控制不住自己，所以选择低焦油含量。这一类型人缺乏必要的果断力，凡事不能雷厉风行地作出决定，总是想着要几者兼顾，不肯也不轻易地放弃什么，多打算采用居中的办法使事情得以解决。这种人的意志和信念并不坚定，在遇到挫折和磨难的时候，总能为自己找到许多理由和借口寻一条退路。

**(2) 喜欢抽无过滤嘴烟者诚实**

喜欢无过滤嘴香烟的人多诚实可信，为人处世比较脚踏实地，人格魅力很突出。他们是很现实的人，不会把时间和精力花费在一些没有意义的事情上面。但对于某件事不尽如人意的结果，他们也会感到深深的懊恼。

**(3) 喜欢卷烟抽者固执**

喜欢自己卷烟抽的人，一种是经济落后的原因所致。另一种是热衷于自己卷烟抽，这样的人多有耐性，但很固执，并不会轻易地接受他人的建议和忠告。

**(4) 喜欢用烟嘴抽烟的人不自信**

喜欢用烟嘴抽烟的人有非常强烈的表现欲望和虚荣心，这种人缺乏一定的安全感，所以要与他人保持一定的距离才会觉得比较自在。这样的人也没有十足的自信心，他们在很多时候会故意营造出一种假象，使自己看起来成熟老练一些，以混淆视听。

### (5) 在电梯里抽烟者自私

喜欢在电梯里抽烟是一种展现权力和控制欲的方法。如果一个人需要用这种方式获得自我满足的话，表明他是一个私心相对比较重的人，为自己考虑的多，而基本上不为他人着想。他们习惯于以一种藐视的态度来确定自己的地位。这样会让他人感觉到很不舒服，所以这一类型的人并不容易营造出良好的人际关系。

### (6) 喜欢抽外国烟者虚荣

没有在国外生活的历史，却对外国烟情有独钟，而且养成了抽外国烟的习惯，对这种类型的人最好的解释就是这个人表现欲望和虚荣心比较强，爱出风头以吸引别人的目光。他们会在各个方面不断地严格要求自己，以达到无懈可击的完善、完美程度。

### (7) 把烟深深吸进肺里的人占有欲强

喜欢让一种经验长久持续下去，企图榨干生命中的一点一滴。他总是大口含着烟，尽情地深深一吸。他讨厌原有的一切离开自己，讨厌眼看着事情结束。不幸的是，这种事情在他自己身上经常发生。

### (8) 做爱后抽烟的人复杂

抽烟可以打断瞬间的情绪，也可以隐藏不自在的情感。在做爱之后，以抽烟来放松心情，表示性行为带给自己紧张的情绪。也许自己不愿伴侣知道自己的某种想法或感觉，也可能他压抑了自己某种想法或感觉。在这时候抽烟，可以掩饰其他可能被性行为所唤醒的更深层需求。长时间的亲密令他害怕，然而，一旦这样的关系真的发生了，他可能觉得自己必须让这样的关系持续下去。

# 7.从打火机使用习惯看人

### (1) 随用随丢式打火机

如果他使用燃料用完就可以丢弃的瓦斯打火机，那他的生命中充满了各式各样的变化。他的人际关系得以持久的少之又少，因为他讨厌需要时时留意照顾某人或某事。随用随丢式打火机容易操作，既方便又实用，就像他每处只做一场秀的个性。

### (2) 银制或金制打火机

他的个性和使用随用随丢式打火机的人恰恰相反。丢东西或抛弃某人，对他而言实在是件难事，甚至使用期限已过了许久，他还是舍不得丢弃。虽然他喜欢沉浸在古董和有价值的艺术品中，但他心中大部分的爱却保留给散置在身旁的小饰品。他坚持留在某一个地方，在那里扎下稳固的根，对朋友和同事都有很深厚的感情。

### (3) 电子打火机

拥有这么一个打火机表示他为人深思熟虑、做事有效率。他坚持花最少力气完成别人交代的工作。为了省事，他会用电动牙刷、电动擦鞋机、电动开罐器等等。

### (4) 玩打火机的开关

他已经点完烟了，可是还继续把玩打火机的开关。这是一种内心焦虑的迹象。当然，这也是为何他总是在场第一个抽烟的人。他的内心充满焦虑，表现在外变成了情绪紧张，给人一种元气耗散的印象。再者，这样做可以让情绪得到适当的宜泄。不过，轻轻地玩打火机的开关，总比让脸部不断抽搐好。

### (5) 打小火

一顿饭可以让他撑过一个星期，因为他可以靠最寒酸的剩饭、剩菜过活。他这么做不但得不到亲戚们的赞同，而且他那些没花掉的财产还可能由亲戚们继承。

### (6) 点大火

他所做的每一件事都毫无节制而且超支。他戴高价位的珠宝、开大型豪华汽车，花钱方式好像没有明天。这就是为何他把信用额度用完、拿着首饰上当铺的原因。当然，他不在乎。他因慷慨大方而受人喜爱，通常也因此无往不利。只是他常在帮人点烟时，不小心烧到别人的鼻子。

### (7) 令人印象深刻的火柴

当他在帮人点烟时，一定会让对方注意到火柴盒上时髦夜总会或餐厅的名字。当然，他是在创造一种重要的社会形象，因此，他的打扮毫无瑕疵，穿的绝对是设计师设计的衣服。然而，事实真相是，他可能付不起这些时髦的行头，而且上俱乐部经常只点一杯苏打，却乘机拿一大把纸火柴盒。

### (8) 一根火柴点两根烟

他是一个大男子主义者或女强人，总是点两根烟，然后满不在乎地把其中一根交给另一个人，也不管对方是否抽烟。这种做法显示他拥有高超的社交技巧，而且能够沉静而有效率地运用这些技巧。替别人做些小事使他觉得对方需要他。当然，他只要看到别人开始为自己做事，他就会有点儿紧张。

# 8．从拿烟的习惯观察人

### （1）标枪式拿法

这种拿法是把香烟拿在拇指和食指的尖端，其他手指缩向掌心，仿佛抽烟的人正要掷标枪。假使以这种方式拿烟，私底下，他可能想烧死正在和他讲话的人，或任何一个来找他的人。这种拿烟法蕴藏了一股沸腾的怒气，而且随时都可能爆发出来。

### （2）O 型拿法

这种拿烟法比标枪式拿法优雅，或许也比较女性化。但基本上，内在蕴藏的情感是同样的。用大拇指和食指的指尖拿着香烟，两根手指形成一个圆圈，其他手指优雅地伸展开。外表看来，他正摆出一副诱人、无攻击性的姿势。但内心巧妙地设下一个满怀敌意的陷阱，并且希望有人掉下去。

### （3）反着拿

用食指和中指拿烟，不过方向反了过来，如此一来，烟头与手掌平行。这模样仿佛他正要把烟给对方，而他也的确愿意把自己的烟给对方，但他希望给的不只这些。这样的拿法不过表示他在大胆地暗示对方。总而言之，他愿意先采取行动，跨出第一步，让别人了解他。

### （4）烧到手掌心式拿法

烟还是反过来夹在食指和中指间，不过拿得比较低，烟头几乎碰到掌心。这种拿烟法透露出一股强烈自我毁灭的倾向。他不可能把这种倾向表现出来，因为他隐藏愤怒的方式，就和他藏烟头的方式一样。在他生命的这一刻，他宁可自焚也不愿被别人活活烧死。

**(5) 握拳式拿法**

他紧握的拳头死命抓着夹在食指和中指底部的那根烟，他会把这根烟抽到剩下烟蒂。即使不饿，他也会硬将食物塞到肚子里，以免别人从他的盘中偷走剩下的食物。

**(6) 捂嘴式拿法**

这模样看起来很像握拳式拿法，不过这种拿法的手是张开的，给人的感觉是：每抽一口烟，就用手捂住嘴巴。整体而言，这样的姿势仿佛告诉别人：我每开口说一个字，必定先自我反思。事实也的确如此：他的每一个想法必定是经过深思熟虑后才说出口的，别人想责骂你还真难。

**(7) 使用烟嘴**

其实非常需要有人在身边。然而，很少有人发现他何以有这种不合逻辑的想法，因为他把自己包装得漂漂亮亮，没人能够猜透他的心。

# 9. 从随手涂写识别对方

或许我们每个人都有这样的经历：在工作无聊时在一张纸或是其他的什么东西上随便地涂涂写写。有心理学家指出，这种无意识的乱涂乱写，往往能显示出一个人的性格来。因为人内心的真实感觉，正是通过涂写这个过程显露出来的。

喜欢画三角形的人，理解能力和逻辑思维能力多比较强。在绝大多数时候能够保持头脑清醒，思路清晰，有很好的判断力和决断力，但缺乏耐性，容易急躁、发脾气。

喜欢画圆形的人，凡事有一定的规划和设计，喜欢按照事先的准备行事。他们多有很强的创造力和很丰富的想象力。

喜欢画多层折线的人，多分析能力比较强，而且思维敏捷，反应速度快。

因为单式折线代表内心不安，所以喜欢画单式折线的人在很多时候都处在一种相对紧张的状态之中，情绪不稳定，时好时坏，让人难以捉摸。

喜欢画连续性环形图案的人，多能够将心比心，站在别人的立场上为别人着想。他们在大多数情况下都对生活充满了信心，而且适应能力很强，无论什么样的环境都能很快地融入其中。他们对现状感到满足。

喜欢在小格子中画上交错混乱线条的人，有恒心有毅力，做什么事情都有一股不达目的誓不罢休的劲头。

喜欢画波浪形曲线的人，个性随和，而且富于弹性，适应能力很强。善于自我安慰，遇事愿意往好的面想。

喜欢在一个方格内胡乱涂画不规则线条的人，说明他的情绪低落，心理压力很重，但不会产生悲观厌世的想法，对人生还抱有很大的希望，并会寻找办法，解脱自己，朝积极向上的方向努力。

喜欢画不规则曲线和圆形图形的人，心胸多比较开阔，心态也比较平和，对环境的适应能力很强，但有点玩世不恭。

喜欢画不定型但棱角分明图形的人，多竞争意识比较强。争强好胜，总是希望自己能够胜人一筹，而事实上，他们也在不断地为此而努力，并且可以作出巨大的付出和牺牲。

喜欢画尖角的图案或紊乱的平行线的人，表明他的内心总是被愤怒和沮丧充斥着。

喜欢在格子中间画人像的人，朋友很多，但敌人也不少。

喜欢写字句的人，多是知识分子，想象力比较丰富，但常生活在想象当中，有点不切合实际。

喜欢画眼睛的人，其性格中多疑的成分占了很大的比例。这一类型的人有比较浓厚的怀旧心理。

喜欢涂写对称图形的人，做事多比较小心谨慎，而且遵循一定的计划和规则。

小小短短的线，尤其是周围有一大片空白，这些线不是相互平行，就是成直角排列。喜欢顺手画这些东西的人多是性格比较内向的。他们对这个社会和自己所处的环境充满了恐惧感，总是想方设法地逃避。他们可能也很聪明和智慧，但通常不会有什么好的想法和创意，因为他们总是被一些无形的东西局限了正常的思维和思考，从而使得自己无法进行突破和超越。至于那些使他们受到局限的东西很大程度上完全是他们强加到自己身上的。

像云一样的弯曲造型，又像风扇和羽毛，喜欢顺手涂写这些东西的人对新鲜事物的接收能力往往是很强的，而且也具有很好的适应能力。曲线一条包含着另一条，表示他们对周围人是相当敏感的。在遭遇挫折和磨难的时候，他们多能够保持相对的冷静，积极寻找解决的办法，而不是不加思考，贸然动手。而且这一类型的人，他们时常会沉浸在某种幻想当中，有一点不切合实际。

习惯于画有角，两度空间的四方形、三角形、五边形等几何图形的人，他们多具有十分严密的逻辑性，而且是善于思考的。他们的组织能力相当强，但有时也会让人产生错觉，认为他们太过于执著自己的信念。他们对那些想改变自己或否定自己意见、看法的人简直无法容忍。他们在为人处世等方面多少有一些保守，但在面对各种事物时多能够做到胸有成竹，知道自己该做些什么，怎样做。

喜欢画三度空间的正方体、三棱锥、球体等几何图形的人，他们多比较深沉和稳重，比较现实和实际，性格弹性很大，在大多数时候能够做到收发自如。在面对不同的情况时，他们能够及时地调整自己。他们善于将比较抽象的东西变成具体化、通俗易懂的内容。他们多有很好的经济头脑，是一块做生意的好料子。与人沟通能力也比较强。

喜欢画飞机、轮船和火车的人，从所画的图形表面上理解，他们像是旅行爱好者，希望把各旅游景点全部看完，可实际上，他们这是在发泄自己的愤怒和挫折感。他们时常会失去希望，而陷入到迷茫当中，并且在挫折和困难面前，表现得很消极。自信心并不强，对自己也不抱什么希望，而总是把希望寄托在他人身上。

有趣的线条、圆圈和其他的图形，这一类型的人多是极富有创造力的。对于许多未知的领域他们都有相当浓厚的兴趣，并打算进行尝试。对他们而言，没有什么事情是绝对的，他们时常自相矛盾，一个问题，可能会有许多不同的答案。在生活中，他们时常会把自己弄得筋疲力尽，可到最后却还是无法理出一个头绪。他们具有一定的才华，很博学，但却没有几样是十分精通的。

喜欢画各种不同面孔的人，多是借画画的过程发泄自己内心的某种情绪。喜欢画一张笑脸的人多是知足常乐者；皱着眉头的则恰恰相反，可能是永远也不会感到满足；苦瓜脸或是扭曲变形的脸，多代表他们的内心是非常痛苦和混乱不堪的；大眼睛则代表他们的生活态度非常乐观；一脸茫然，用一个平凡的点代表眼睛，或是一条直线代表嘴巴，则表示心里有疏离感。

不断地画同一个图形的人，多有很强的获得欲望。一般来说，这一类型的人的希望变成现实的机会都比较大，因为他们有股不屈不挠的精神，一旦确定下了目标，就不会轻易地改变。他们在遭遇挫折的时候可能也会失望，但绝对不会放弃，他们会用最快的速度调整自己的心情，再去争取。他们有野心也有干劲，在什么时候都知道自己在做些什么。

喜欢画花草树木以及田园景象的人，多是性情温和而又非常敏感的人。他们对形状和颜色往往具有比其他人都突出的鉴赏力。这一类型的人多在文学、艺术等方面具有相当的才华和成就。他们淡泊名利，与世无争，向往安静平和的生活。

不断地写着自己的名字，练习各种新鲜的字体，这一类型的人自我表现欲望是相当强烈的，可能会为此做出一些让人无法接受的事情来。他们会经常感到迷茫和无助，不知道自己该做些什么。他们不断地重复写自己的名字，是一种潜意识的不断的自我肯定，目的是克服目前困扰自己的某种情绪。

# 10．从处理信件的方式看人的性格

在现代的社会中，通信设施越来越先进，方便和快捷的通信方式在很多时候使很多人忘记了还有写信这么一回事儿，写信进行沟通和交流这仿佛已是20个世纪很久远的事情了。但这是针对一部分人而言的，写信的联系方式虽然在今天已经不如以前了，但在一定范围内还普遍存在着，所以对于从处理信件来观察一个人还是有必要的。另外顺便强调一下，随着科技的发展，很多人都上了网，到网上去交流，在网上发电子邮件其实也是写信的一种方式。

一收到信就打开并在最短的时间内写好回信的人，他们的时间观念一般来说还是比较强的，希望尽快地把事情做好，然后去做其他的事情，同时也不希望对方等得太久。但也有一种情况是，他们只是在对信件的处理上表现得比较积极，因为写信的人是他比较重视的，但在其他方面则比较散漫和随便，得过且过就可以了。

收到信以后不开信也不看就把它丢在一边不管，继续做其他的事情。这样的人，如果他不是存心要不看信，就表明他的工作、学习、生活是很忙的，时间被安排得很紧，至于那些不是特别重要的信件自然就会放在一边等到时间充裕的时候再处理。当然，可能永远不会有处理的时间。

接到信以后，请别人代自己打开信件，这样的人对别人多是充满信任感的，否则不会让别人替自己打开信，毕竟信是属于比较私人化的东西。并且他们不擅长隐藏自我，可以将许多秘密说出来与他人共同分享。这种人自我意识比较强，人际关系不会太好。但总的来说还是比较不错，他们虽然比较以自我为中心，但还较慷慨，凭这一点可以使自己赢得他人的信任。

在接到信以后，先仔细地看完寄信人的地址以后，再打开信看信的内容。这样的人，生活态度多是比较严肃的，他们做事很有规则性，而且很彻底，要么不做，做一定要把它做得很好。

在接到信以后，进行一番选择，先把私人信件拣出来，看完以后再去处理其他的信件。这样的人多是感情比较细腻，而且特别重情谊的人，他们一般来说在性格上显得有些脆弱，需要得到别人的安慰和扶持，这也是对私人信件比较看重的一个非常重要的原因。

喜欢阅读垃圾信件的人，其好奇心是比较强烈的，他们希望能够接受一切自己感兴趣的东西。基于这一点，他们对新鲜事物的接收能力特别快。因为有些东西是比较无聊的，他们在看的时候，又练就了自己的忍耐力和宽容力。

与上一种人相反，见到垃圾信件就丢掉的人，他们在为人处世方面，都是比较小心和谨慎的，有自我防卫意识，不会轻易地相信某一个人。这一类型的人多少有些愤世嫉俗，所以显得不够圆滑和世故，所以人际关系会存在着一些不如意之处。

信箱总是满满的，从这一点就可以看出，其人际关系是相当不错的，有很多可以用写信的方式进行联系的朋友。这种人多属外向型人，为人多比较随和亲切，能够关心人，为他人着想，所以很容易获得他人的信任和依赖，他们很满足于这种什么东西都有很多的良好感觉。

与信箱满满相对，信箱总是空空的人，性格是比较孤僻和内向的，不太容易与他人进行沟通和交流，心里有很多属于自己的隐私，但他们不会将这些说出来与他人分担和分享。这样的人由于性格注定自主意识比较强，凡事不用征求其他人的意见，就有自己的主张，常我行我素。他们常走极端，不是过分坚强，就是过分地脆弱。

# 11．从办公桌的状态看人

　　每个人在工作的时候都有一张办公桌，那么在这一张桌子上，如果够仔细的话，也可以发现许多的秘密，这些秘密是什么呢？这就是通过办公桌所呈现出来的种种表象，观察一个人到底是什么样的性格。

　　不管是办公桌的桌面上，还是抽屉里，都是整整齐齐的，各种物品都放在该放的位置上，让人看起来有一种相当舒服的感觉，这表明办公桌的主人办事是极有效率的，他们的生活也很有规律，该做什么事情，总会在事先拟定一个计划，这样不致有措手不及的难堪。他们很懂得珍惜时间，能够精打细算地用不同的时间来做更有意义的事情，而不是浪费掉。他们多有一些很高的理想和追求，并且一直在为此而努力。但是他们习惯了依照计划做事，所以，对于一些出乎意料之外发生的事情，常常会令他们感到不知所措。在这一方面，他们的应变能力显得稍微差一些。

　　在抽屉里习惯放一些具有纪念意义的物品的人，多是比较内向的。他们不太善于交际，所以朋友不多，但仅有的几个却是非常要好的。他们很看重和这些人的感情，所以会分外珍惜。他们有一些怀旧情结，总是希望珍藏下一些美好的回忆。但他们比较脆弱，容易受到伤害，而且做事也缺少足够的恒心和毅力，常常会在挫折和困难面前不战而退。

　　抽屉和桌面全部是乱七八糟的人，他们待人多相当亲切和热情，性格也很随和，做事通常只凭自己的喜好和一时的冲动，三分钟热血过后，可能就会自然而然地放弃。他们缺少深谋远虑的智慧，不会把事情考虑得太周密，也没有什么长远的计划。生活态度虽积极乐观，但太过于随便，不拘于小节，经常是马马虎虎，得过且过，但是他们的适应能力较一般人要强一些。

　　无论是桌面上还是抽屉里，所有的文件都按照一定的次序和规则码好，整齐而又干净，这一类型的人工作很有条理性，组织能力也很强，办事效率比较高，而且具有较强的责任心，凡事都小心谨慎，避免失误的发生，态度相当认真。这样的人虽然可以把属于自己的工作做得很好，但是有一点墨守成规，缺乏冒险精神，所以不会有什么开拓和创新。

　　桌面上收拾得很干净、很整洁，但抽屉内却是乱七八糟，这样的人虽然有足够的智慧，但往往不能脚踏实地地做事，喜欢耍一些小聪明，做表面文章。他们性格大多比较散漫、懒惰，为人处世并不是十分可靠。在表面上看来，他们有比较不错的人际关系，但实际上，却没有几个人是可以真正交心的，他们也是很孤独的一群人。

　　各种文件资料总是这里放一些，那里也放一些，没有一点规则，而且轻重缓急不分，这样的人大多做起事来虎头蛇尾，总也理不出个头绪来。他们的注意力常被一些其他的事情分散，从而无法集中在工作上，自然也很难做出优异的成绩。他们也想改变自己目前的这种状况，但是自我约束能力很差，总是向自我妥协，过后又后悔不迭，可紧接着又会找各种理由来安慰自己。

　　桌子和抽屉里都像是垃圾堆，找一样东西，往往要把所有的东西全部翻个遍，到最后可能还是找不到，这样的人工作能力差，效率也极低，他们的逻辑思辨能力非常糟糕，也多缺乏足够的责任心。


# 12. 从缓解压力的方式判断人的心理


　　社会发展越快，竞争越激烈，而人的压力也就越大。生存压力和生活压力像两座大山一样压在人的背上，是一种什么样的感觉是可想而知的。在这样一种情况下，人很容易就会疲劳、心烦意乱，严重的还可能导致产生心理疾病，以致精神崩溃，这不是危言耸听的事情。

压力的存在，是个人能力无法改变的，但为了保持身体和心理的健康，更好地加入到竞争之中，可以进行自我调节，找到一种放松的方式。用什么样的方法放松要根据自己的实际情况和需要来决定，这可以反映出一个人的性格。

以形态心理疗法来放松自己的人，多是完美主义者，他们凡事总要尽力追求完整，形成一个整体形象，否则的话，就会感到不安。他们自身从整体来看，也是不错的，但却并不能如他们自己所预料的那样，被他人注意。

用运动的方式来放松自己，这是一种很有效的方式，在运动的疲惫中可以暂时忘记一切。这一类型的人多比较内向，缺少朋友，轻易也不会向他人倾诉自己的心事，尤其是比较熟悉的人，不过陌生人倒还是可以考虑一下。他们意志坚强，在挫和困难面前，虽然有时也会表现得失望和颓废，但却是暂时的，他们多还能够勇敢地站起来，去面对一切。他们是做得比说得要多的人。

采用自然疗法放松自己的人，他们多是比较开朗和乐观的，很得周围人的喜欢。他们待人真诚、朴实，说话直截了当，有什么说什么，凭着自己的感觉走，不会遮遮掩掩。但这是在工作之外，他们厌恶工作，所以很难以单纯、自然、放松的心情投入到工作当中。在工作中，他们什么事也没有，就会突然间感到特别烦躁。

采用睡觉放松自己的人，多是很聪明而且实际的，他们无论在什么时候都知道自己的目标，并且会努力寻找一种最简单最快捷的方法去实现它。他们有一些固执，并不会轻易地接受他人的意见和建议，但如果请一位权威性的人物对其进行说服，许会起到一定的作用。他们对一些原则和理论上的东西并不十分看重，而是着眼于非常具体的，看得见摸得着的实例。

采用行为治疗法放松自己，这一类型的人有很多并没有什么主张，他们很容易向他人妥协，听从他人的安排和调度，他们是乐于被他人领导和一群人。不愿意自己动脑筋思考，而是喜欢他人把一切都安排得好好的，自己只要按着去做就可以了。他们对自己的要求比较严格，会尽力把每一件事情做好。

不接受任何治疗方法，只是任之顺其自然，这一类型的人，多有较强的独立自主观念，无论发生什么事情，在绝大多数时候，他们并不企图依靠外界的力量来解决，而只是寄希望于自己，并且也对自己充满了信心。他们并不相信谁，尤其是那些被绝大多数人视若神明的，更有点不屑一顾。他们自给自足，很容易满足，而且不希望现状被改变。

# 13．从电话的形状看人修养

通信技术以日新月异的速度发展着，通信工具变得越来越方便和先进。电话几乎达到了每个家庭都必备的程度，电话可以使人与外界进行更好的沟通和交流。一个人使用什么样的电话，在一定程度上表现出他在与人沟通时所采取的一种普遍态度，通过电话的类型，可以看出一个人的性格中友善、谨慎的成分有多大，对人是充满爱意还是心怀敌意等各种情绪。

使用的是标准黑色电话的人，他们的生活多很节俭，从来不会乱花一分钱。他们对人有一定的戒备心理，并不会轻易地就相信谁，即使给予他人关心和帮助，也会在证实对方确实需要自己的关心和帮助之后才会给予。他们说话做事干脆、果断，说到做到，拿得起也放得下，从不拖泥带水，而且在任何情况面前都有能保持冷静。他们不太在乎自己的穿着打扮，多以朴素的装扮示人。

喜欢壁式电话的人，多具有较充沛的精力，他们可以在同一时间内同时做几件事情，而且这几件事情都能做得很好。他们多具有很强的社交能力，所以结识了很多不错的朋友，营造出了良好的人际关系。他们在与人交往方面要花费很大一部分的时间和精力，但这并不影响他们对家庭所负的责任和义务，他们能够做到两者兼备。

公主型的电话是那些有很多浪漫情感的人所喜欢的，这一类型的人大多小时候娇生惯养，所以在长大以后会比较任性。他们多有较强的虚荣心，喜欢被好听的话和漂亮的东西包围着，而且还好做白日梦，生活有些不切合实际。但他们对生活的态度还是比较积极和乐观的，活得比较快乐，并且能把自己的快乐传递给他人，让他人也快乐起来。他们的思维多比较单纯。

选择能够记录下电话号码，然后自动拨号型电话的人，他们多有比较强的依赖心理，总是希望有人能够帮助自己解决一些问题。他们在面对压力的时候，常常会有退缩的念头产生。他们的生活总是显得特别忙碌，虽然十分珍惜时间，但到最后却往往见不到什么成效。

选择扩音器电话的人，他们多希望自己生活的空间是相当自由和开阔的，狭小或是密闭型的地方，总会让他们感到非常紧张。他们在很多时候会保持积极和乐观的生活态度，而且脾气很好，从来不会轻易动怒，对他人也具有一定的宽容力和忍耐力。

按不同的键会有不同的电子音符奏出不同的音乐，喜欢这种类型电话的人多是易冲动，脾气较暴躁，没有多少耐性的人。

选择隐藏式电话的人，多比较冷淡和漠然，并不希望与他人有过多的接触，他们不想让他人真正地走近和了解自己，所以在通常情况下都会隐藏自己的真情实感，而把一个虚假的自己呈现在他人面前。而恰恰是他们这种对一切都漠不关心的态度会吸引很多人的注意力，成为一个焦点人物，他们很孤独，没有归属感。

喜欢样式非常奇特的电话，这一类型的人在很多时候，很多方面都会显得与这个社会整体格格不入，他们言谈举止显得非常古怪和唐突，常常让人感觉无法接受。但是他们却较富有同情心，乐于与人交往。在紧急时刻，应变能力也比较强。

选择无绳电话的人多自主意识比较强，从来不希望被任何一件事情捆绑住手脚，样他们就可以自由自在，随心所欲地想干什么就干什么。他们似乎永远都没有安静下来的时候，总是忙忙碌碌的。但是他们很聪明，懂得怎样才能不使自己招惹上是非。

# 14. 从看电视的习惯推断对方

若想了解一个人的性格，只要认真仔细地观察他在生活中的各个细节，在绝大多数情况下，都会有一些收获。看电视在我们的生活当中，几乎是一项不可缺少的重要内容，但是你知道吗，通过看电视，也可以观察出一个人的性格特点。

一边看电视一边做其他的一件或是几件事情，如边看电视边看报纸、打毛衣或是吃东西。这固然和所看电视节目的内容有一定的关系，但也表明，这样的人多有很好的弹性，能较容易地适应各种各样的环境。在条件允许，甚至是不允许的情况下，他们都很愿意向自己、向外界进行挑战，尝试新鲜的事物。

在看电视的时候，能够保持精神高度的集中，这样的人多办事比较认真，做任何一件事情都能够全身心地投入。而且这类人情感比较细腻，有丰富的想象力，很容易与他人产生共鸣。

在看电视的时候看着看着就睡着了，除去工作特别累，人非常疲劳的情况外，这种类型的人的性格多是随和而又乐观的，在挫折和困难面前，他们往往也能够笑着坦然面对，并积极地寻找各种方法，力争到最后轻松地解决。

一遇到自己不喜欢的节目就立即调台，这样的人耐心和忍受力都不是特别强，但他们很懂得节俭，不会浪费时间、金钱、财力、物力等。这一类型的人独立性很强，不属于那种一哄而起，一哄而散的人。

# 15.从手机放的位置识别男人心

时下，几乎每人都有一部手机。如果你想更快地看透男友的心，那么只要你留心一下他的手机是放在哪个位置的，就能轻松读透一个真实男人的心!然后你再对症下药，保准让你心爱的男人更加出色!

**(1) 习惯把手机放于上衣口袋**

他们习惯将手机放在胸前如：衬衫上衣口袋、西装的内侧口袋，这样的男人做事不急不慢，不温不火，脚踏实地，会尽一切的努力让生活朝着他所预定的目标前进。这种男人往往比较成熟、稳重，是那种可以让女性终身依赖的男人。

爱情方面：表面上，他不一定拥有两性关系的主导权，但是在内心里，他可是操盘手。对他来说，爱情与面包是同样重要的。

工作方面：因为他富有远见卓识，就算现在的他还很年轻，尚未能在事业上有重要的建树，但将有颇为理想的发展前景的。

性爱方面：随着年龄的增长，性将对他逐渐失去吸引力，寻求心理上的满足会隐藏在潜意识里。

性情方面：对形象过度重视，有候比你还挑剔呢。

**(2) 习惯把手机握在手里**

习惯将手机一直拿在手上的人，对生活有极高的热情，不到非休息不可的最后一分钟，这个男人是不会上床休息的，你可能会发现他喜欢睡在浴缸里或躺在客厅的电视机前。

爱情方面：他对伴侣的期待，是希望你有如战场上的战友，和他一起对抗一切困难险阻，不过对情绪的敏感程度是很有限的。如果你真心爱他，就必须先调整好自己对两性关系的期待，因为爱情对他来说极其重要。

工作方面：因为他的精神饱满、精力充沛，如果是从事社会交往较频繁，活动量大的工作，他的发展前景将会很理想，而这对于他来说也会有如鱼得水的快乐，因为他总是喜欢挑战，喜欢刺激!不甘心平庸安稳的生活。

性爱方面：对性的欲望需求是很高。这点你要提前有思想准备。

性情方面：有时候会有点不负责任的态度出现，但这也许是他任性的表现，多多和他沟通吧!

### (3) 习惯把手机悬挂于腰间

很多男人会将手机挂在腰带上，原因可能是手机太大，没有其他合适的地方放，出现这样的情形你可以问他，如果可以选择的话，他会把手机放在何处。如果他还是选择挂在腰上时，你可以再注意一下他所挂的位置。挂在前方的男人，对生活中的所有事物，都有一套自己独特的想法和做法，对生活的态度是坦率而真诚的。挂腰带后方的男人，对生活也很有创意，只是可能凡事喜欢留一手，不将事情完全说清楚，因为这是他的习惯也是他的乐趣。

爱情方面：对爱情的态度是积极并且主动的，表达的方式或许因人而异，但是他绝对不会放弃对你表达爱意的任何一个机会。

工作方面："赚钱养家是男人的责任"，对他来说是天经地义的事，所以他会很努力地工作，甚至一天兼职三、四份工作并且以此为乐。

性爱方面：对性的观念很传统。

性情方面：或许你会发现他对生活的感觉有点粗糙，换个角度看，这也是男人和女人魅力不同的地方啊!

### (4) 习惯把手机放于后裤袋

将手机放在牛仔裤或西裤后裤袋的男人，表达方式是温和、友善，却带着强烈的戒备心，他有着一些不希望人知道的心理小秘密，对愈疏远的朋友表达反而愈亲密，愈接近他的身边，却发觉他愈疏远。

爱情方面：在爱情的关系方面，他会令你感到若即若离、忽远忽近的。如果你深陷其中不可自拔，请务必小心经营你们的爱情。听说过放风筝的方式吗？要得到他的爱，先给他充分的自由。

工作方面：对工作抱着很多的理想和抱负，但是常陷在思考的泥沼里，多了一点玩心，少了一点耐心。如果他的创意能与实干型的伙伴配合的话，将会有意料不到的成功。

性爱方面：柏拉图式的爱情，爱与性是并存的。

性情方面：他的情绪起伏很大，容易多愁善感，大多是因为心里不为人知的小秘密造成的，你们在一起就多多关心他吧。

### (5) 习惯把手机放在看不到的地方

所谓看不到的地方，就是将手机放在背包或者公文包里。这样的男人做事一定深思熟虑、胸有成竹。对自我的要求很高，自尊心很强，举止优雅风度，对人亲和却很少采取主动。

爱情方面：对伴侣的要求严格，除了喜欢你、爱你之外，最好你还是个各方面都很优秀的女性。这样的性格使他对爱情会有失落感的，因为100%完美的女性几乎是不存在的。多和他沟通，让他知道你很爱他。

工作方面：他是天生受上天恩宠的人，有着无穷潜力，只要抓住一次成功的机会，就有可能平步青云。但因为他太突出，往往会招来一些小人的嫉妒，所以请他注意自己的处世方式。

性爱方面：很温柔。

性情方面：过于追求完美也会给你带来一些压力，你要多鼓励他敞开胸怀，做一个快乐的自我。

### (6) 经常忘带手机

他是不是又忘了带手机了呢？像这种经常忘了带的习惯也是有一些暗示的喔!如果你不了解他的生活目标，不要惊讶，他自己也处在迷糊的状态；不过不同的是，他可是个乐天派的人，是那种俗称"没心没肺"的男人。这种男人性格外向，为人和蔼可亲，喜欢广交朋友。

爱情方面：虽然他看起来马马虎虎，但对爱可是很清楚的，是个典型的嘴花心不花的可爱男人。

工作方面：虽然老板常找不到他，却因为他对工作和对人的热情，在职场也会很出色的。

性爱方面：他关注的重点是过程及有趣程度。

性情方面：这个男人是大智若愚的典型，在他的身上，缺点有可能就是优点哟!

# 六．根据兴趣爱好快速识别对方心理

涉及到兴趣爱好的时候，常常是一个人个性最张扬、防御最松懈的时候。所以，识别一个人最好的方式就是从他的兴趣爱好入手，这样不仅能够近距离看清他的庐山真面目，而且容易找到针对性解决问题的方法。

# 1．从颜色喜好观察对方性格

生活是多姿多彩的，我们眼睛看到的一切也是五颜六色的。我们生活在一个色彩斑斓的世界中，不同的人会热衷于不同的颜色，而从对颜色的喜爱上我们也可以观察出一个人的性格和心理。

红色是一种刺激性较强烈的色彩，它意味着燃烧的愿望。喜欢红色的人多精力充沛，感情丰富，为人热情而奔放。

黄色是一种健康的色彩，意味着健康、单纯、明丽，喜欢黄色的人大多属于乐天派，热爱生活，做事潇洒自如、精力充沛、身心健康。

绿色是一种令人感到稳重、安适的颜色，喜欢绿色的人的性情多较平静，充满了希望和乐观。而且这一类型的人，多具有积极向上的心理和青春的活力。

蓝色本身是一种容易令人产生遐想的色彩，喜欢这种颜色的人多比较严肃和深沉，平时态度比较安定，遇事能保持镇定自若。

紫色是寒色系的代表，它象征权力，是一种表现贵族意味的颜色。喜爱紫色的人多有多愁善感、焦虑不安的性格倾向。

白色是一种洁净，但足以令人产生膨胀感的颜色，它象征纯真、朴素、神圣。喜爱白颜色的人多比较单纯，但有一定的进取心。

黑色是代表死亡的色彩，比较压抑、消极，但它也显得高贵，能隐藏任何缺点。喜爱黑色的人多含有小心谨慎心理，经常会将热情压在心底。

褐色是一种安逸祥和的颜色，喜欢褐色的人多比较安静，没有太大的野心，比较满足于平平安安的没有纷争的生活。

翠绿色给人的感觉比较清爽明快，喜欢翠绿色的人也与常人有很多与众不同之处，他们属于比较高雅和清高的类型。

# 2．从卧室装饰爱好看对方

卧室可以说是一个非常个人化的空间，它可能是唯一一个完全属于自己的场所。如何把这一有限的地方充分加以利用，达到最好的效果？这往往取决于卧室主人的聪明和智慧。

一间卧室若要把它装饰得恰到好处，每一件小饰物，都应该凝聚着房间主人一定的心思和精力。所以，从卧室的装饰和摆设往往能看出其主人是一个什么样的人。

卧室就是生活的中心，它可以用来吃饭、睡觉，还可以用来娱乐。这一类型的人，多是比较外向的，他们希望自己能够多些对他人的了解，同时也希望他人能够对自己多一些认识。他们乐于与他人一起分享自己的幸福和欢乐，同时也能够快乐着他人的快乐，痛苦着他人的痛苦。他们渴望能够拥有一块真正属于自己的自由空间，然后随心所欲地做一些事情。这一类型的人，自信心不是特别强，但他们善于调整自己，以使受挫感降到最低的限度，使自己能够很快地重新再站起来。

在生活中，几乎每一个人都有自己崇拜和敬仰的人物，有些人习惯把自己所崇拜和敬仰的人物的海报贴满卧室。这一类型的人性格多少有些孤僻，若想更好地与人相处，存在着一定的困难。这一类型的人还有一些不注重实际，常会放弃一些唾手可得的东西，而去追求那些遥不可及的事物。他们缺乏自信，常常进行自我贬低，而抬高他人，他们总是觉得自己处处不如人。

房间只是用来睡觉的，除此以外，其他的所有事情都在卧室之外的空间进行。这一类型的人的卧室经常保持整洁、朴素，每一件东西都有其自己的位置和特定的空间。他们的性格与卧室有着一定的相似之处，他们在为人处世各个方面都有一定的规律性，而且懂得控制自己的情绪，不轻易发怒。他们能够保证自己在绝大多数情况下表现都非常得体、自然。

卧室虽然被装潢得美轮美奂，但却没有多少鲜明的个人特色，这表明这间卧室的主人虽然有一定的欣赏格调，但却拘于形式、规律而无法放开手脚，自由活动。他们对自己缺乏自信，经常否定自己。为了维持住现状，他们总是千方百计地想办法以最好的方式应付出现的各种情况，而绝对不会惹是生非，制造情况。他们在多数时候宁可奉命行事也不愿意当领导。

有些人的卧室非常整洁和干净，但另外还有一些人的卧室却乱得不成样子，简直是一个垃圾仓库。这一类型的人，虽然外表上看起来，可能也是非常利索的，但实质上则十分拖沓。他们为人多是比较热情的，但做事缺乏认真负责的精神，常常是得过且过，敷衍了事。

卧室里有各种玩具以及健身用的器械，这一类型的人多是外向型的，他们比较开朗和活泼，为人热情亲切，而且还具有一定的同情心。他们希望生活中时时充满激情，而讨厌死气沉沉，一成不变的慢节奏生活。

房间里保留许多孩提时代留下来的东西，如各种玩具，有纪念价值的艺术品，甚至得过的奖状，等等。这一类型的人有比较重的怀旧情结，常常会陷入到过去的某种情境中而无法自拔。他们乐于受到父母亲人的保护及约束、限制，在思想上并不算十分成熟。他们多有较强烈的依赖心理，缺乏冒险意识，最乐于过目前这种衣食无忧，逍遥自在的日子。

# 3.从喜爱的运动透视对方

生命在于运动，运动对于人而言是一种必需，而生活当中绝大多数人也都在运动。不同的人会热衷于不同的运动方式，这就是人心理活动的外露。

**（1）喜爱篮球的人**

喜爱篮球的人多有较大的理想和较高的目标，他们经常对自己抱有很高的期望，希望自己能够比别人出色，站到别人前边去。为了达到这样的目标，他们可以做出很大的努力和牺牲。这其中可能避免不了要遭遇失败，但他们受挫折以后多不会被击倒，尔后一蹶不振，灰心丧气，相反，他们的心理素质弹性比较好，能够重新站起来再接再厉。

**（2）喜爱排球的人**

喜爱排球的人多是不拘小节的，他们在做一件事情的时候，对过程的重视程度往往要超出结果许多倍。

**（3）喜爱网球的人**

喜爱打网球的人，多是文化素养比较高的人，因为网球运动其本身就具有贵族的气息和很高的格调，并不是所有人都可以轻而易举加入到这项运动中来的。喜爱网球运动的人从整体上来说，多是属于文质彬彬，有礼貌的那一种人，他们会在各个方面严格要求自己，使自己达到一个相对比较高的层次上，力求完美和完善。

**（4）喜爱足球的人**

足球运动本身就是非常刺激，能让人兴奋，喜欢足球的人，应该是相当有激情的，对生活持有非常积极的态度，有战斗的欲望，拼劲儿十足。

**(5) 喜爱高尔夫球的人**

高尔夫球也是一种象征着身份、地位和财富的贵族消遣，喜爱并不一定都能玩得起，凡是能够玩得起的人，多是具有比较强大的经济后盾的，而其本人也可以称得上是个成功者。他们能够成功是具备了成功者必备的素质：坚强的毅力、宽阔的胸怀、远大的理想、不达目的不罢休的精神等等。

**(6) 喜爱在体育馆或俱乐部运动的人**

喜欢在体育馆或是健身俱乐部里做自己喜爱的运动的人，大多比较外向，喜欢和很多人在一起而不是单独一个人。他们会经常参加一些有组织性的活动，而在过程中，又能够遵守纪律。这一类型的人有一个最大的特点就是好奇心相对的要严重一些，喜欢打探别人的秘密和隐私。

**(7) 喜爱在家运动的人**

购买运动器材，在家里做运动的人，可能是个爱冲动的人，因一时冲动，想买运动器材，结果就买了，可是通常都锻炼不了几回，因为家里事情比较多，比较烦琐，而且也没有那么坚强的毅力。

**(8) 喜爱举重的人**

喜欢举重的人多比较偏重于追求表面化的东西，而忽略一些实质和内涵，他们通常都是很在意他人对自己持什么样的态度的，并为此可能会改变自己，迎合他人。

**(9) 喜爱慢跑的人**

喜爱慢跑的人，一般来说，性情都是比较温和、亲切的，对人也较热情，他们在很多时候能够和很多的人建立良好的交往关系。他们的心态比较平和，在绝大多数时候能保持冷静，他们没有太大的野心和抱负，比较容易满足现状。

**(10) 喜爱竞走的人**

喜欢竞走的人，其性格是叛逆的，反传统的，他们喜欢标新立异，尽情地向人展露属于自己的独特的东西。他们的自主意识比较强，不希望被人管制和约束，而渴望自由自在地想干什么就干什么。

**（11）喜爱柔软体操的人**

喜欢柔软体操的人，性格并不是特别的坚强，而且生活多没有什么规律，自我约束能力较弱，经常向自己妥协。这一类型的人若想自己今后的生活更好一些，最好的办法就是找一个在自己所存在的缺点方面很强的人来监视和督促鼓励自己。

**（12）喜爱自己编排运动项目的人**

喜欢自己编排运动项目的人，生活态度一般来说是比较严肃的，他们做任何一件事情都会非常认真地对待，并且追求高效率、高质量。他们对自己要求比较严格，对他人也同样是。

喜欢边看电视边做运动的人，察言观色和自我意识能力比较强，他们往往是不需要别人说什么话，就是明白自己到底应该做些什么。他们懂得合理安排时间的重要性，所以在这一方面做得还算不错。

**（13）喜爱骑自行车的人**

喜欢骑自行车运动的人，相对的头脑要灵活许多，他们做事不会死脑筋，只沿着一条路走，而是在几条路中选择最便捷的一条。他们对新事物的接受能力比较快，好奇心也很强，喜欢去一些未知的领域进行钻研和探索。

**（14）喜爱边做事边运动的人**

边做事边运动的人，多是那种想象力相对较丰富，能把一些枯燥无味的事情变得趣味横生，让人很乐于去做的人。他们善于进行自我开导，有些事情，即使十分不愿意去做，也不会有抱怨。相反，他们会克制自己，从而把做不愿意做的事情当成是自我修养、自我改进的训练方式。

**（15）喜爱走路的人**

把走路当成是一种运动方式的人，他们的为人就和走路一样，既不稀奇也不时髦，但是一直坚持下来，从中受到的益处却是无穷无尽的。他们没有很强的表现欲望，对能够很好地突出自己的事情并没有多大的兴趣。他们只是保持着相对的平稳，做自己该做、能做的事情。他们很有耐心，并且也有信心做好每一件事情。

# 4.从喜欢的音乐判断人心理

或许每一个人都曾有过被某一首音乐作品感动的经历。音乐是一种纯感觉性的东西，听音乐的时候喜欢听哪一类型的，就说明他在这一方面的感觉比较好，而这种感觉很多时候又是这个人心理的真实反映。

**(1) 喜欢听古典音乐的人**

多是一个理性比较强的人，他们在很多时候要比一般人懂得如何进行自我反省、自我沉淀，从而留下对自己非常重要的东西，将那些可有可无的，甚至是一些糟粕的东西抛弃。这样的人大多很孤独，很少有人能够真正地走入到他们的内心深处去了解和认识他们，所以音乐在一定程度上成了他们的伙伴。

**(2) 喜欢摇滚乐的人**

多是对社会不满，有些愤世嫉俗，他们需要依靠着以摇滚的形式来发泄自己心中的诸多情绪。他们会时常感到迷茫和不安，需要有一个人领导着逐渐地找回已经丧失或是正丧失的自我。他们很喜欢与一些志同道合的人交往，他们害怕孤单和寂寞。

**(3) 喜欢乡村音乐的人**

多十分敏感，他们对一些问题常会表现出过分的关心，他们为人多较圆滑、世故和老练、沉稳，轻易不会动怒。他们的性格多较温和、亲切，攻击性欲望并不强。他们比较喜欢一种稳定和富足的生活。

**(4) 喜欢爵士乐的人**

其性格中感性化的成分往往要多于理性，他们做事很多时候都只是凭着自己的直觉出发，而忽略了客观的实际。他们喜欢自由的，无拘无束的生活，希望能够摆脱控制自己的一切。他们对生活往往是追求其丰富多彩，而讨厌一层不变的任何东西。他们的生活多是由很多不同的方面组成的，而这些方面又总是彼此互相矛盾着，从而给他们在表面上笼上了一层神秘的面纱，使他们在人前永远是魅力十足的。

**(5) 喜欢歌剧的人**

其性格中有很多比较传统、保守的成分，他们多是比较情绪化的人，但在大多数时候懂得控制自己的情绪，不会随便地发作。他们做事比较认真和负责，对自己很苛刻，总是要求表现出最好的一面，而努力做到尽善尽美。

**(6) 喜欢背景音乐的人**

他们的想象力是相当丰富的，而他们的生活态度却有点脱离现实而富于幻想，这就使他们有许多必然的失望。不过还好，他们比较善于自我调节，能够重新面对生活，只不过幻想并没有减少。他们的感觉是相当灵敏的，往往能够在不经意间捕捉到许多东西。他们乐于与人交往，哪怕是不相熟悉的人。

**(7) 喜欢流行音乐的人**

简单是流行音乐的主旨，这并不是说喜欢流行音乐的人都很简单，但至少他们在追求一种相对简单和自由自在的生活方式，而让自己轻松快乐一些。

**(8) 喜欢情景音乐的人**

情景音乐听起来清脆悦耳，可以让人产生愉快的心情。喜欢情景音乐的人，其大多都是比较内向的，他们渴望平静和安宁，而不受到其他人或事的干扰。

**(9) 喜欢颓废音乐的人**

他们多有自卑感，从某种程度上来说他们的性格是较矛盾的。他们讨厌一个人的孤独和寂寞，渴望与人交往，但他们又很难与人建立起相对良好的交往关系。在这种情况下，他们会产生一种很反叛的心理，颓废音乐正好使这种心理得到了满足。喜欢颓废音乐的人多崇尚暴力，有自我毁灭的倾向。

# 5.由喜爱的舞蹈分析对方

跳舞是人类最古老的一种沟通方式，它超越了所有的文化，是社会化过程中相当重要的一环。舞蹈就像语言一样，不断演进，同时反映出社会的价值和历史的变迁。一个人跳舞的方式和喜爱的舞蹈，比说话更能透露出一个人的心理特征，这好比人可以用嘴撒一个谎，但是用跳舞来撒谎却是难上加难。

**(1) 喜爱芭蕾舞的人**

一般多有很强的耐心，能够以最大限度的忍耐性把一件事情完成。同时他们也很遵守纪律，具有一定的组织性，他们有一定的追求和理想，常会为自己设定下一些目标，然后努力地去完成它们。除此以外，他们的创造性也是很突出的，常会有一些与传统背道而驰的惊人之作。

**(2) 喜欢跳踢踏舞的人**

多精力充沛，表现欲望强烈，希望能够引起他人的注意。在遭遇挫折和磨难的时候，他们能够坚持下来，从而渡过难关。他们的时间观念比较强，时间对他们来说是宝贵的，不会轻易地浪费。而且他们的应变能力比较突出，在面对任何一件比较棘手的事情时，都能够保持沉着冷静，认真地思考应对的策略，懂得如何进退，以保全自己。

**(3) 喜欢探戈的人**

其多是不甘于平庸的，他们总是追求生活的丰富多彩，最好还要带有一些神秘性。他们很重视一个人的才华和素养，在他们看来，这可能是比其他任何东西都重要的。

**(4) 喜欢华尔兹的人**

华尔兹是一种相当优雅，平衡感十足的舞蹈，喜欢这种舞蹈的人，多是十分沉着稳重，为人比较亲切、随和，有一定的社会经验和阅历的人。他们精通各种礼仪，深谙人与人之间十分微妙的关系。所以在为人处世、待人接物等方面，经过时间的磨炼和自我的要求，他们总会表现得十分得体，恰到好处，在无形之中流露出一种成熟而又高贵的气质和魅力。

**（5）喜欢拉丁舞的人**

拉丁舞包括了桑巴、恰恰、马林巴、亲波萨舞等等，喜爱这些舞蹈的人，多是精力充沛而又魅力十足的，他们有很强的自我表现欲望，希望能够吸引更多人的目光，而实际上，他们也会引起他人的关注。

**（6）喜欢摇滚舞的人**

喜欢跳摇滚舞的多是一些年轻人，毕竟这是一种需要耗费大量体力的舞蹈，人上了年纪，即使是喜欢，也有可能跳不了。无论是喜欢跳的还是只能喜欢而无法跳的，大多是充满了反叛思想行为的人。摇滚往往更容易使人发泄自己心中的任何不满情绪。喜爱跳摇滚舞的人，思想多是比较先进、前卫的，但这些先进、前卫的思想往往又很难被人接受理解，更不要说认可，所以说他们又是相当孤独的一群人。

**（7）喜欢跳交际舞的人**

多很乐意与人交往，对人与人之间那种相对频繁和友好的互动关系更是情有独钟。他们在为人处世方面多是比较谨慎和小心的，而且具有较强的组织和创造能力。

**（8）喜欢爵士舞的人**

爵士舞基本上来说是属于一种即兴的舞蹈，喜欢这种舞蹈的人，多具有较强的随机应变的能力。他们在为人处世方面多不拘小节，只要能说得过去就可以了，而且具有一定的幽默感，这种幽默感并不是故意表现出来的，而是一种机灵和智慧的自然流露，他们很喜欢和很多人在一起，但如果只是一个人也能够寻找和创造乐趣。

# 6.从旅游方式偏好了解对方

现在，旅游越来越成为一种时尚和潮流。在工作、学习之余，抽出一些时间或独自一个人，或是与亲人朋友结伴，或是参加一些旅游社团，到一些旅游景点去玩一玩，既放松了自己紧张和疲惫的心情，又可以丰富和提高自己的知识见闻，真可谓是一举多得。除此以外，从旅游偏好中还可以了解一个人的内心世界。

**（1）喜欢欣赏风景的人**

他们讨厌被人管制，他们对刻板的、乏味的、一成不变的生活充满了厌倦，而向往能有一些新鲜、刺激的东西注入到生活中来。他们想过丰富多彩的生活，他们具有相当充沛的精力，希望自己能够单独做一些事情。他们有丰富的想象力和创造力，总是不断地向新的未知领域挑战，制造出一些意外的惊喜，当然有时候也是灾难。他们是具有一定的责任心的，会对自己该负责的事或人负起责任。

**（2）喜欢在海滩漫步的人**

他们生性有些孤僻，有隐居山林的欲望和倾向。他们对各种人际关系和交往并不热衷，所以人际关系并不是很好。他们没有太多的朋友，但一旦有，却是感情非常好的。他们有一定的责任心，尤其是对自己的子女，往往会投入相当大的时间和精力。

**（3）旅行时喜欢参加旅游团随团旅游的人**

他们具有一定的逻辑思辨能力，会把每一件事情都计划得井井有条，然后再去做。比较现实，不富于幻想，也从不期待着会有什么意外的惊喜出现。他们为人较坦率和豪爽，也比较大方，有好的东西，经常会拿出来与其他人一起分享。他们能够尊重和理解他人，比较赏识有才华的人。

**(4) 喜欢到各地去探访亲戚朋友的人**

他们在待人待物方面表现出来的最大特点就是真诚和热情，而不是虚伪和做作。在与亲人朋友相处的过程中，会给他们带来极大的充实感和满足感，他们把这一切看得都很重。他们多是实事求是的人。

**(5) 喜欢出国旅游的人**

这类人多是比较时尚，喜欢追着潮流走的人。他们比较具有幽默感，这样可以让他们以一种相对积极、乐观而又向上的态度来面对生活，不会被生活中的一些挫折和磨难压垮，从而时刻保持着充沛的精力和热情。

**(6) 喜欢旅行时在外露宿的人**

这类人品德素养水准比较高，懂得规范和约束自我的言行，使自己达到一定的境界，让人称叹。他们个性相对独立，具有一定的想象力和创造力，但他们的生活并不是存在于幻想之上，他们是很注重客观实际的。

# 7. 通过益智游戏分析对方个性

所谓的"益智游戏"就是以新方法运用旧知识来解决问题。经常接触与之相关的游戏，会使一个人逐渐地变得更聪明和智慧。

**(1) 喜欢拼图游戏的人**

他们的生活常常会被一些意料不到的事情所干扰和左右，有时甚至是使长时间的努力和付出全部付诸东流，不过庆幸的是，这一类型的人具有一定的忍耐力和信心，在不如意面前，不会被击垮，而是能够保持自己再奋斗的精神，一切重新开始。

（2）喜欢纵横字谜的人

他们多是做事非常看重效率的人，他们希望在最短的时间内花费最少的精力最大限度地完成某件事情，可这在某些时候是不现实的。他们很有礼貌和修养，在与人相处时彬彬有礼，显示出十足的绅士风度。他们多有坚强的意志和责任心，敢于面对生活中许多始料不及的困难和灾难。

（3）喜欢魔术方块的人

他们多自主意识比较强，他们不希望别人把一切都准备好，而自己不需要花费什么力气或心思，他们也不喜欢把别人的思想和意见拒为己有，而是热衷于自己去钻研和探索，哪怕这需要漫长的过程和付出昂贵的代价，也不改初衷。他们具有很好的耐性，对某一件事情，他人在感觉不耐烦的时候，他们也还能坚持如一。他们心思灵巧，触觉相当灵敏，喜欢自己动手制作一些小玩意儿。

（4）喜欢玩几何图形游戏的人

他们多是比较聪明和智慧的，他们对某一事物，常常会有自己独到的见解，而不是人云亦云。在思想上比较成熟，为人深沉而内敛，常常是一副成竹在胸的模样。在做某一件事情之前，他们多是要经过深思熟虑，前前后后把该想的都想到，在心里有了大致的把握以后，才会行动。这样即使出现什么变故，也能很快地找到应对的策略。

（5）喜欢颠倒字母组成新单词的人

将某一单词的字母随意颠倒顺序，组成新的单词，喜欢这一类型文字游戏的人，其思维反应多是相当灵敏的，随机应变能力很强，对不同的环境或事情能在最短时间内与人协调一致。而且他们在对人的观察这一方面也有一些独到之处，能够很快又非常准确地洞察一个人的内心世界。

（6）喜欢数字类益智游戏的人

这类人多逻辑思维能力比较强，他们的生活多是极有规律的，有时候甚至都达到了死板的程度。他们在为人处世等各个方面并不圆滑也不世故，而是过分的有棱有角。结果，既易伤到别人，也会给自己带来伤害。

### (7) 喜欢智力测验的人

这类人生活没有什么规律化，而且对于各种事物的轻重缓急并没有一个清楚的认识，常常会将时间、精力甚至财力浪费在没有任何意义的事情上面，结果反倒将正经事情耽误了，可是他们并不为此而懊恼或后悔，相反却还找各种理由劝导和安慰自己。

### (8) 喜欢神秘类益智游戏的人

这类人最显著的特征就是疑心比较重。他们对某些细节及一些细微的差别总是表现得极其敏感，而这往往又会成为他们为自己的怀疑所找到的依据。他们会不断地对他人进行指控，但紧接着又会为没有充分的证据进行说明而感到苦恼。

### (9) 喜欢在一张照片中寻找错误的游戏的人

他们活得多不轻松，常常会被一些没有任何理由的烦恼困扰着，目前的现状是一片大好，可他们却往往要朝着不好的方面想。他们的胸怀多不够宽阔，很少注意到他人的优点，却总是盯着缺点不放。

# 8.从喝酒的喜好看男人品位

在社交场合，以酒为应酬的方式最为常见。通常由饮酒可以了解对方的性格，或作为掌握理解对方心理的参考。

虽然酒的品种和心理的关系尚无充分的调查或研究，却可以作以下的概要分析。

### (1) 喜欢威士忌者适应性强

喜欢威士忌者能充分采纳旁人的意见，适应性强，出人头地的愿望非常强，只要有机会即渴望从中赚大钱或期待上司的认可。其对待女性非常重视礼仪并表现亲切，会明确地表达自己的心意。不过，饮用法有以下的不同。

喜欢喝稀释的威士忌的人，渴望能充分把自己的观念传达给对方，适应力非常强。

喜欢加冰块喝威士忌的人，无法确切地用词语或表情传达自己的心意。仔细观察周围的情况，易被他人意见所左右。但是，在公司里通常是平步青云，平常会掩饰自己的感情。

喜欢喝纯威士忌的人，具男性气概、冒险心强，讨厌受形式束缚，对强权势力带有叛逆性。富有创造力、独创性又具正义感。外表上对女性表示冷淡的态度，内心却是温柔的。

**（2）喜欢中国白酒者乐善好施**

有些人偏爱烈性白酒，如果餐桌上没有白酒则索然无味，喜爱白酒者一般富社交性而乐善好施。也有好好先生的一面，极在意对方的感受，易受吹捧，受人所托无法拒绝。对女性尤其亲切，即使失败也不在意。在公司或职场中由于关照部属深受部属们的爱戴，却很难获得上司的认可。在混乱的局面中会发挥卓越的能力。这种男性多半为了认同自己而愿为对自己的能力有极大期待的人奉献心力。虽然失败多却也有大成就。

**（3）喜欢洋酒者极具个性**

最近年轻男子间洋酒派日益增多。商店到处都有洋酒的陈列。用餐必定有洋酒，或约会中必喝洋酒的男性极具个性。

这类男性多数追求豪华的生活，喜爱从事辉煌的工作，在服饰等方面也较挑剔。他们中有许多人有国外生活经验，也有些人则是崇尚新潮。

**（4）喜欢鸡尾酒者值得信赖**

喜好带点甜味的鸡尾酒者很少有豪饮型。与其说是喝鸡尾酒毋宁说是享受那种气氛，或渴望与女性对谈。如果喜好辣味而非调味的鸡尾酒（如马丁尼酒），是具有男性气概的表现，在工作上能充分发挥自己个性与才能，值得信赖。同时具有责任感，举止行动有分寸。

喝甘甜的鸡尾酒是不太喜爱酒精的男性，或渴望邀约女性享受饮酒的气氛，或期待借酒精缓和对方的情绪。

如果向女性劝喝酒精度高或较为特殊的鸡尾酒，乃是暗自期待利用酒精，使女性无法作冷静的判断。跳舞前劝女方饮鸡尾酒的男性，通常希望和该女性有更深一层的交往。

### (5) 喜欢啤酒者较安全

根据美国社会调查研究所的调查，喝啤酒是表现轻松愉快的心情，渴望从苦闷的环境中获得解放。

约会时喝啤酒的男性，通常想要表现最原始、最自然的自己。如果向同行的女性劝喝啤酒，是渴望对方和自己有同样的心情，或内心期待愉快的交谈。既不矫揉造作也不爱慕虚荣，可称为安全型。

如果喝特别指定品牌的啤酒，这种男性可要警戒。有些人会选择和其公司系统相关的啤酒，而有些人也会在啤酒的品牌上表现个人的特性。事实上各品牌的啤酒味道相差无几，特别指定品牌只是心理上作用。

选购外国啤酒的人和洋酒派类似。特别喜好德国啤酒的男性，只是想向女性标榜自己异于一般男性。喜好黑啤酒的男性，通常对强壮的体魄向往不已。

# 9.从吃鸡蛋的方式认识对方

鸡蛋富含的营养成分是很丰富的，这是很多人喜欢它的原因之一。鸡蛋除了能够补充人体所需的各种物质养分外，还可以通过一个人喜欢吃什么样的鸡蛋，来把握一个人的心理特征。

### (1) 喜欢吃炒蛋的人善交际

他们也能与其他人很好地相处。他们不拘于小节，对人对事能持比较宽容的态度。他们不喜欢张扬，也不太希望引起他人更多的注意，但善恶是非多是分得比较清楚的，别人对他好一分，他会回报别人十分，可是如果别人对他恶一分，他可能也会回敬别人十分。

**（2）喜欢吃硬蛋的人善隐藏**

把蛋煮得过了火候，喜欢吃很硬的鸡蛋的人，一般多把自己隐藏保护得很好，他人不会轻而易举地就走近、了解他们。要想认识这一类型的人需要花费很大的力气，慢慢来。这一类型的人，在外表上看起来给人的感觉很冷酷，其实走近他们以后就会发现，他们的内心也很坚硬，并不会随便地就被什么东西所感动。这类人见的世面很广，或许是见得太多，遭遇得也太多，所以才导致他们缺乏温情吧。

**（3）喜欢吃半熟鸡蛋的人易妥协**

喜欢吃煮得半生不熟的蛋的人，在外表上看起来虽然很固执，但他们的内心脆弱，易向别人妥协。他们的性情是热情而又温柔的，一点小小的事情，可能也会让他们感动不已。

**（4）喜欢吃法式煎蛋卷的人开朗而神秘**

他们的外表也许很严肃很呆板，但内心却与外表存在着很大的差距。他们总是能够隐藏一些秘密，然后吸引别人来探个究竟。对于所谓的秘密，他们会不费什么事就说出来，但在开始总是要故弄一下玄虚。

**（5）喜欢吃单面煎蛋的人积极**

喜欢吃单面煎的鸡蛋，这一类型人的性格多是乐观的，充满了积极向上的精神，对未来有着无限的向往，并且抱着很大的信心，相信自己能够开创出一番事业来。同时他们也会很努力地脚踏实地地去做一些事情。

**（6）喜欢吃两面煎蛋的人谨慎**

喜欢吃两面煎的鸡蛋，这也是一个积极乐观的人，但是他们在为人处世方面要相对地谨慎小心得多，不会不加分析和思考就莽莽撞撞地去做某件事情。正是由于这一点，他们避免了许多麻烦和失望的产生，他们多能够很好地有计划地安排自己的生活。

**（7）喜欢吃煮荷包蛋的人谦恭有礼**

他们不招摇，行为举止也很恰当得体。但他们会经常被一些麻烦缠身，甩也甩不掉，不是他们制造麻烦，而是麻烦经常光顾他们。

**(8) 喜欢吃蛋白牛奶酥的人外强中干**

蛋白牛奶酥是把蛋白打散，然后烤得又松又胀，而蛋黄则放在一边不用了。这样的人多有比较漂亮的外表，很能吸引他人的目光。但是通过接触就会逐渐地发现，他们只是空长了一副皮囊，其实并没有什么内涵。

# 10．从洗澡方式的选择看对方

沐浴是一种生活享受，它帮助你去尘换新，洗去疲劳，迎接新生活。一个人的洗澡方式也能暴露出他内心的秘密。

**(1) 喜欢淋热水浴的人感性**

习惯淋热水浴的人易感情用事，以致到最后给自己造成或大或小一定程度上的伤害。他们喜爱热闹，对某些东西也热衷于比较鲜艳的色彩，具有一定的胸怀和度量。但缺少一定的思考能力，在各方面的表现都比较散漫，会给他人留下并不太好的印象，这样或许会使自己失去很多的机会，尤其是在工作方面。

**(2) 喜欢淋冷水浴的人理性**

习惯淋冷水浴的人，具有一定的逻辑思辨分析能力，而且能够控制自己的情绪，从而不做出过分偏激的事情。他们在绝大多数时候，不会只照顾自己的情绪，而使事情显得不合事理、逻辑。

**(3) 喜欢淋浴按摩的人不易满足**

习惯淋浴按摩的人，多比较会享受生活，对自己所处的现状绝对不会轻而易举的就满足，总是在不断地追求新的、更高的目标。他们对新鲜事物的接受能力也是相当快的，并且自己也有可能向新的未知的领域进行探索和挑战。他们的叛逆性一般都很强，会经常做出一些让他人无法理解的事情。

### (4) 喜欢洗泡泡浴的人乐观

习惯泡泡浴的人，多很在乎自己的感受，会时常地放纵自己，可是到最后，却往往要付出沉重的代价。这一类型的人是典型的极时行乐主义者，他们多只关注现在，而不为将来打算。他们还非常重视自己外在的形象，并在这上面花费巨大的时间、精力及财力，有时候甚至需要忍受身体的疼痛也在所不惜。

### (5) 喜欢洗热水盆浴的人判逆

习惯热水盆浴的人，是一个自然主义者，在为人处世方面讨厌虚假的矫揉造作，崇尚本性的流露。他们具有一定的叛逆性，不受一般社会常规或旧式道德的规范。自我意识比较强，希望自己能够引起他人的注意。

### (6) 喜欢洗海绵浴的人神经质

习惯海绵浴的人，他们最常有的感觉多是较强烈的无助感，而且缺乏安全意识。他们有一些神经兮兮，所以活得特别紧张和劳累。

### (7) 喜欢洗蒸汽浴的人深沉

习惯蒸气浴的人，多是工作十分疲劳或是能够很好地享受生活的。他们具有一定的内涵，在为人处世各个方面比较深沉和稳重，能够抓住本质，由内向外观察问题、解决问题。正是由于这一点，再附加上足够的自信，他们往往会取得一定的成功。

# 11．从吃相上识别对方

饮食是生命中不可或缺的一环。有人是为了活着而吃，有人是为了吃而活着。饮食比其他习惯更容易泄露一个人内心的秘密，因为饮食习惯绝大部分是无意识的，是早在童年时代就已经形成的心态。怎么吃？在哪里吃？到什么时候吃？听起来仿佛都是有意识的选择，但是这些选择其实老早就根植在你的个性中了。

**(1) 喜欢将食物切成若干小块慢慢吃的人**

将食物分割成若干小块，然后一点一点慢慢地吃，这样的人，多是比较传统和保守的，他们为人处世都比较小心和谨慎，不会轻易地得罪人，在很多时候都充当好好先生，保持中立。这一类型的人由于缺少冒险精神，所以在事业上所取得的成就不是很大。他们在很多时候比较机智和圆滑，有自己的主张，不会轻易地接受他人的建议，但又不会表现得太过于明显。

**(2) 对喜欢的食物总吃不够的人**

吃东西不知道加以节制，看到喜欢的就一定要吃个够，这一类型的人，性格大多比较豪爽和耿直，他们多有很好的人际关系，具有一定的组织能力，能使自己的周围经常团结着许多人。他们不懂得也不会掩饰自己的情绪，喜怒哀乐往往全部写在脸上，让人一目了然。

**(3) 喜欢独自进餐的人**

从来不喜欢和他人一起进餐，而乐于自己单独一个人静静地吃，这样的人大多性格比较孤僻，有些自命清高和孤芳自赏。他们比较坚强，做事也很稳重，具有一定的责任心，能保持言行的相对一致，做到言必信，行必果。一般来说，他们在很多时候都能让自己的上司和亲人、朋友感到满意。

**(4) 喜欢站着吃的人**

你戴着帽子、穿着衣服，就站在开着门的冰箱前面吃东西。你很饿，需要立刻吃东西。你经常吃没煮过的食物，咖啡还没冲泡好就喝了。尽管你的胃口好，狼吞虎咽，但只要你满足了，你可能是个温柔、体贴甚至是个慷慨的人。

**(5) 喜欢边煮边吃的人**

你是一个妻子，一位母亲，一个牺牲自己的人。但愿你所服侍的人，曾经感谢你为他们做牛做马。你从来没有机会坐下来和家人一块儿用餐，因为如果这样的话，那谁来侍候他们？所以，你要站在火热的炉边吃。让家人高兴是一件很重要的事，也是你活着的唯一目的。

**(6) 喜欢边吃边看书的人**

你需要不断补充食物才能思考。你心里有许多的梦想和计划，而你需要利用每一个多余的时间去思考这一切。你做事符合经济效益，经常为了节省时间和精力而同时做两、三件事。

**(7) 喜欢边走边吃的人**

你在百忙中抓起一个热狗和一杯汽水，最后再吃一根雀巢巧克力棒当做甜点。虽然你让旁人觉得很忙碌，来去匆匆，事实上，你毫无规律，决定仅凭一时冲动，结果经常和自己的兴趣相悖。由于你不善于分配自己的时间，因而替自己找了许多不必要的工作和许多消化不良的机会。

**(8) 喜欢一边看电视一边吃的人**

你不喜欢一个人吃饭，可是，你也不想和别人聊天。传统上，吃饭时间也正是一家人聚在一起。讨论一天所发生事情的时候。不过，在晚餐时间看电视，的确阻碍了大伙儿接触的机会，结果，每个人都变得愈来愈孤独。因此，一家人唯一可以共同分享的感受，是那些伴随广告而来的话题。

**(9) 喜欢带剩菜回家的人**

你知道如何善用每一块钱，会把一餐变成两餐。今天的晚餐就是明天的午餐。你是一个缺乏安全感的人，觉得自己不断受剥削，即使事实上你并未受到他人的剥削。你从小一直被灌输"不浪费，不匮乏"的信条，认为只要将剩饭剩菜带回家，就是不浪费、不吃亏。

**(10) 喜欢在餐厅吃的人**

对你而言，服务比食物重要，因为你喜欢有人侍候你。如果别人先问你，你会很乐意地告诉他心中真正的欲望。一旦你说出了心中的需求，便希望能够依照你所说的实现。经常在外吃饭，可能表示你实在不善于照顾自己，而且你可能是个确定有所收获才愿意付出的人。

**(11) 喜欢在家里吃的人**

你只愿意对自己负责，如果别人侍候你或刻意迎合你，你便觉得浑身不自在。对你而言，适应新环境是种沉重的负担，因此，你选择在熟悉的环境中放松自己。

### (12) 喜欢要求别人给你东西吃的人

在你的成长过程中，只要大喊"妈！我饿了！"你母亲便会放下手边的一切事情，即使到了三四十岁仍旧如此。直到现在，你仍旧没有预先的计划来管理自己的生活。你希望放纵享乐，得到立即的满足，觉得这世界该把你当成唯一的小孩。

### (13) 喜欢吃零食的人

食物是你的癖好、你的镇静剂、你的朋友、你的情人。吃东西可以平息你似乎永远存在的焦虑，协助你放松心情，因此，你可以吃更多。食物是你的支柱和依靠。一想到没事可做，你便急急忙忙走到冰箱前，虽然你的肚子经常是饱饱的，可是你从未满足过，因为你必须不断地把你的不安全感吞进肚子里。

# 12.从喝咖啡的方式考察人习性

喝咖啡是一种文化，现在已有越来越多的人加入其中。咖啡的种类有很多种，不同的咖啡品起来会有不同的味道和感受，人们往往会根据自己的心情、爱好进行选择，找出最适合自己的一种。

### (1) 喜欢即溶咖啡的人缺乏耐性

喜欢喝普通即溶咖啡的人总是力求不浪费自己哪怕一丁点儿的时间，他们只要做事，就急切地想见到成果，尽管这成果并不是完美的，有时甚至会忽略其效率和品质。他们缺乏足够的耐性，脾气暴躁易怒。但与此同时，他们却善于开导自己，以恢复精神，准备更好地去做其他的事情。

**(2) 喜欢冷冻咖啡的人好奇**

喜欢喝冷冻干燥的咖啡的人很重视自己在他人心目中的形象和地位，他人的评价可能会直接影响到自己的心情。他们对新鲜的事物有一定的好奇心理，喜欢探个究竟。他们时常对自己抱有很高的期望，并常在其中迷失自己。他们乐于模仿他人的一些行为。

**(3) 喜欢电咖啡壶冲咖啡的人忧患**

喜欢使用电咖啡壶冲咖啡的人多有较强的忧患意识，喜欢在事情没有发生之前，做一些准备工作，以防万一。在为人处世各个方面他们都显得相当谨慎，但对于比较熟悉的人则非常热情和大方。他们富有同情心，会主动地帮助他排忧解难。

**(4) 喜欢酒精灯煮咖啡的人怀旧**

喜欢使用酒精灯煮咖啡的人多有些怀旧的浪漫主义情调，时常会营造出一种相当朴素而又和谐的古香古色的气氛。他们有比较传统的价值观念，行为也比较保守，这使得他们有许多大胆新奇的想法都无法付诸实践，成为现实。

**(5) 喜欢新奇的混合式咖啡的人与众不同**

喜欢喝新奇的混合式咖啡的人希望把自己塑造成一个完全的与众不同的人物，并且不惜为此花费巨大的时间和精力。他们不满足于自己是一个普普通通平平凡凡的人物，他们希望有属于自己的独特的观点和行为方式，去吸引他人。

**(6) 喜欢磨咖啡豆的人自信**

喜欢自己磨咖啡豆的人多是具有十分鲜明而又独立的个性的，对自己充满了自信，总是认为没有人能够和自己相比，这一点会让他人感觉很吃惊，甚至是极不舒服，但却会记住他们。他们做事有章有序，会尽量达到完美的程度。他们很勤劳。

**(7) 喜欢过滤式咖啡的人有品位**

喜欢喝过滤咖啡是一种最单调最浪费时间的煮咖啡方式，习惯于这一种方式的人多有比较高的生活品位，为了使自己的付出有更多更好的回报，他们往往会延后满足感的到来。他们是完美主义的追求者，对于一切既然想拥有，就一定要是最好的。

# 13.从名片的偏好分析对方性格

名片虽小，但其花样极其繁多，所以，从名片的种种细节方面来看，也能了解一个人的内心世界。

**(1) 喜欢在名片上用粗大字体印自己名字的人欲望强**

喜欢在名片上用粗大字体印上自己名字的人，多表现欲望强烈，他们总是不时地强调自己，突显自己，以吸引他人注意的目光。这种人的功利心一般都是很强烈的，但在为人处世等方面却表现得相当平和和亲切，具有绅士风度。他们最擅长使用某些手段来达到自己的目的，他们的外表和内心经常会相当不一致，在表面他们是相当随和的，但实际上，不容易让他人真正地靠近。他们善于隐藏自己，为人处事懂得眼力行事，更能把握分寸，使一切都恰到好处。

**(2) 喜欢用轻柔质感材料制名片的人不坚强**

喜欢用轻柔质感的材料制作名片的人，具有很强的审美观念的。不太轻易与人发生争执。在条件允许的情况下，会尽力去原谅对方。他们比较富有同情心，会经常去帮助和照顾他人。但这一类型的人不算太坚强，意志薄弱，常会给自己带来一些失败和麻烦。

**(3) 喜欢在名片上附家里地址和号码的人有责任感**

在名片上附加自己家里的地址和号码的人大多是具有较强的责任感的，否则他不会把自己家里的地址和号码印在名片上，这样，如果他不在办公室，对方一定会找到家里来，把事情解决。而与此相反的，恰恰有许多人为了逃避工作上的麻烦，而拒绝告诉他人自家的地址和号码。

**(4) 喜欢在名片上加亮膜的人虚荣**

喜欢在名片上加亮膜，使名片具有光滑效果的人，他们在外表上看起来多显得热情、真诚和豪爽，与人相交十分亲切和善，但这可能只是他们交往中惯使的一种敷衍手段，实际上，他们多是虚荣心都比较强的。

**(5) 喜欢在名片上印绰号和别名的人判逆**

在名片上印有绰号和别名的人，其叛逆心理大多比较强，做事常无法与其他人合拍。他们为人处世一般时候是比较小心和谨慎的，但有些神经质，常常会有一些无端的猜疑，猜疑别人的同时也怀疑自己，这使得他们很容易产生自卑感，在遇到挫折和困难的时候，缺乏足够的信心，总是想妥协退让。从某一方面来讲，他们没有太多的责任心，并且还总会想方设法来逃避自己该负的责任。

**(6) 喜欢持不同名片的人有实力**

同时持有两种完全不同的名片的人，精力往往是相当充沛的，同时也还具备一定的能力和实力，可以同时应付几件事情。他们的思维和眼光较一般人要开阔一些，能够看得更远一些，他们常会有些深谋远虑的策略和想法。他们的兴趣相对要较宽较广一些，所以他们懂很多别人不懂的东西。他们的创造力是很突出的，常会有一些惊人之举。

**(7) 喜欢见人就递名片的人野心勃勃**

不分时间、地点和场合，见到人就递自己的名片的人大多有十分强烈的表现欲望，他们喜欢把自己摆在一个相当显眼的位置上，让所有人都能看到。见人就发名片，正是他们这一性格的淋漓尽致的表露，他们把自己的名片很大程度上是当成了宣传单在使用。这一类型的人多有勃勃的野心，但他们很少轻易表露自己的这种心思，所以在一言一行上都显得小心翼翼，但若是细心观察，还是能够把什么都看得一清二楚的。

**(8) 喜欢不经意地掏一大堆别人名片的人爱夸耀**

经常若无其事地掏出一大堆别人的名片的人，他掏名片的目的不用任何说明就非常清楚了，这是他们夸耀和显摆自己的一种方式，希望他人能够对自己另眼相看。这一类型的人自我意识多比较强，常常以自我为中心，自以为是。他们的社交能力、组织能力比较强，具有不错的口才和充沛的精力，成功的几率还是比较大的。

# 14.从座位选择观察人个性

餐厅、咖啡馆、会议室等等，在这些地方，你喜欢坐在哪个位置呢？通过不同的位置，我们可以大致判断每个人的个性。

**(1) 喜欢靠窗边位置的人平凡**

偏好明亮位置，喜欢靠窗边位置的人，其个性属于普通平凡的一型。避开出入口及洗手间附近，尽可能远离喧闹嘈杂的客人，这类人的个性也不特别突出。而有些人在无意识中，自然会走向装饰有美丽花朵附近的座位，这是比较一般的情形。

**(2) 喜欢中央位置的人以自我为中心**

刻意挑选房间正中央座位的人，似乎不多见。这种人是属于自我表现欲强烈的类型，他们的话题总是以自我为中心，对他人的事漠不关心，聊天时不断强迫别人听自己说话，而自己却总是忽略他人的意见，不顾他人的感受。当店里客人多了起来，而被要求并桌一起坐时，他们会很明显地表露出厌恶、不满的态度。或者，当他们点了奶茶，服务生却不小心弄错，端来柠檬红茶时，他们会马上提出强烈的抗议，绝不是随和、好沟通的类型。喜欢坐在入口处附近的人，属于个性急躁的类型。他们对于周围环境观察入微，生活态度相当认真，永远闲不下来，喜欢到处走动，乐于照顾他人、替他人服务。

**(3) 喜欢面向墙壁的人孤傲**

偏好靠近墙壁附近的座位，而且喜欢面向着墙壁以背对着其他客人的人，显示出他们不想和其他人有任何瓜葛的心态。背对着其他的客人显得孤傲，热衷埋头于自己的世界，无视于外界的存在。

**（4）喜欢背靠墙壁的人普通**

同样选择靠近墙壁的座位，但喜欢背对墙壁、面对店内客人而坐的人，应该算是很普通的类型!人们会将背部贴着墙壁，是一种十分寻常的心理反应。因为背靠着墙壁，我们便不需要担心背后是否会有敌人偷袭，而又可以眼观六路、耳听八方，注意周围的动静。对一般人来说，由于背部没有长眼睛，很难注意到有什么事情发生，因此将背靠着墙壁，是一种能令人安心的本能反应。

**（5）喜欢角落位置的人喜欢安定**

尽可能地选择角落位置的人，也是因为这个位置能够一眼就看清店内全景，对自己来说是最安全的位置。坐在这个位置，可以完全掌握出入的人物，既不会受他人注意又能仔细观察他人。大致而言，这种人追求一种安定、稳妥的生活。由于他们习惯做一个旁观者，基本上缺乏决策的能力，以及作为一位领导者应有的积极态度。因此，与其要他做一位领导者，还不如请他当顾问来得更加适合。

# 15.从亲吻的喜好识别男人

爱情是如此的丰富，世界才变得如此丰富多彩、百态千姿。作为女人，如果你正在热恋中，不妨留心一下他的吻啊。

下面看看他所喜欢亲吻的部位所表现出来的心理状态或特征：

**（1）亲吻头发**

在两性关系上，这种人比较爱吃醋，嫉妒心很重，具有很强的占有欲。在感情生活中，他们常常会受到挫折，有时还会为情爱身败名裂。

**（2）亲吻额头**

积极创造人生的人，人际关系良好，能够给人温柔体贴的感情。这种人的爱情尽在不言中。

**（3）亲吻眼睛**

这种人可以不惜一切为爱情牺牲，他们希望能够征服心中的情人。资料表明这种人也喜欢亲吻性感地带。

**（4）亲吻鼻子**

这是最喜爱做爱的人。这种人有双重个性，他们很贪玩，不容易建立良好的事业基础。

**（5）亲吻脸颊**

这种人比较平和，"以和为贵"是他们的处世准则。他们比较重视友谊，能够始终忠于爱情。但是这种人比较容易受骗。

**（6）亲吻耳朵**

这种人是最善解人意的，他们很容易了解别人的心事和痛苦。在感情上，他们敢爱敢恨。这种人很会利用别人达到自己的目的。

**（7）亲吻嘴部**

这种人对爱情很专一，吻了别人就说明他们已经以身相许。这种人有很强的道德观。

**（8）亲吻脖子**

这种人对爱情一般都是三心二意，在他们的心目中，不会有什么天长地久的恋爱。但是这种人却常常要求对方死心塌地等待自己。

**（9）亲吻肩部**

这种人在精神上很需要安慰。但是他们即使内心无比渴望安慰，也从来不会轻易表达出来。这样的人很容易陷入别人安排好的圈套之中。

**（10）亲吻手臂**

这种人很善于寻找人生的机会，他们懂得试探别人的需要，很会寻找良好的机会。

**（11）亲吻手背**

这种人常常被别人称为"情圣"，他们不仅懂得掌握男女感情，还懂得伺机而行，野心大得很。

**（12）亲吻手心**

这种人很渴望得到对方的真心，他们通常希望得到有品味的爱情。

**（13）亲吻脚和脚趾**

这种人比较尊重对方的感觉，一般会把对方当成生命中最重要的人物。因此他们常常会委曲求全，以便获得对方的心。

当然，要在恋爱的时候正确地判断一个人的个性，专门从亲吻这一项来下结论未免失之偏颇，所以，只能说是一个方面，仅供参考。

# 七. 根据交际方式快速识别对方心理

社交场合识人讲究的是"快"和"准"，容不得你细细品味，慢慢思考。正所谓快人一步，胜人一筹。要迅速破译对方心理密码，贵在见微知著。

# 1. 读懂社交场中的"微笑"

在笑的范畴之内，人们最为推崇的乃是"微笑"。

波拿多·奥巴斯朵丽在《如何消除内心的恐惧》中说："你向对方微笑，对方也报以微笑，他用微笑告诉你：你让他体验到了幸福感。由于你向他微笑，使他觉得自己是一个受别人欢迎的人，所以他也会向你报以微笑。换言之，你的微笑使你感到了自己的价值地位。"

于是有人把微笑这一"体语"比喻为交际中的"通用货币"，人人都能付出，人人也都能接受。

那么，如何辨别微笑这一"交际货币"的真伪呢？

专门从事微笑研究的科学家一语道破了其中的奥秘：虚伪的微笑存在两大无可掩饰的"秘密"。

首先，真实的微笑应该包括两组肌肉的运动，一组是将嘴角往上牵动的颧骨肌；另一组是环绕眼睛的括约肌。由于大多数人不能自觉地牵动这些眼部肌肉，因此假笑者只能牵动嘴角，眼睛却是无动于衷的。

其次，"秘密"是假笑者的笑脸出现不对称的现象。一般来说，他如果是一个左撇子，则他的右半脸特别强烈，而如果不是左撇子，那么他的左半脸会尤其做戏。

其实，真笑和假笑在婴儿时期就表演得清清楚楚了，一个 5 个月的婴儿就能用两组肌肉群对他母亲发出会心的微笑，但对一个完全陌生的人却只运用颧骨肌微笑了。

复杂而多样化的微笑，就蕴藏着很多发自性格——意味深长的众多信息，值得我们去加以探索。

感到悲哀的冷清笑容可以从外向型人的脸孔看到。例如外向型中最认真的"执着性格"之人，当努力变成泡影，遭遇挫折时，他就会垂下双肩幽幽地笑起来，这时的他已经进入"忧郁状态"。在这种场合里，他将跟内向型的人一样，陷入自闭的境地，即使连笑容也显得卑微。

总而言之，一个人喜怒哀乐的感情动向，会很自然地展现于脸上。

大体上来说，性格外向的人以爽快而明朗的心态居多，所以时常面带笑容，即使别人感到悲伤时，他也会满面笑容地安慰对方。

虽然说内向型的人很少有笑容，但是，他们还是有自然地笑出来的时候；但那是很脆弱而缺乏自信的笑，是类似自嘲，又有点像自虐的笑容；也是一种缺乏生气，仿佛看透了某种东西似的，对人生感到疲惫的笑容。

性格外向的人很容易跟别人打成一片，因此，他们能够配合绝佳的时机附合着对方欢笑。正因为他们不隐藏感情，率直地表现自己的内心，表情自然就会很丰富。只要看他的脸孔，就不难知道他的心态，所以很容易为别人所理解，同时，他也是一种很好相处的人。

除了微笑之外，还有以下几种笑的方式：

偷笑。这是很低的笑声，也不长，有时别人未必听得到。这表示说：你常常看到一件事情的有趣一面，而别人未必看的到。别人喜欢你，因为你容易相处。

鼻笑。这是从鼻子里哼出来的，因为你要忍住笑，便忍进了鼻子。这表示说："你倾向忍笑显示你为人怕羞，不想让他人注意，你同时也是谦虚体贴的，喜欢按本本办事，你很重视他人的感觉，而他人也会喜欢你的细心。"

普通的笑。这一类笑平常，不特别，不会太大声，显示这个人喜欢群众。这表示说："你很努力但不争功，你很有耐性，心地好而可靠，是一位非常好的朋友。"

轻蔑的笑。笑时鼻子向天，神情轻蔑，往往是人在笑他也不笑或只略笑几声。这表示说：你看不起每一个人，这其实是自卑感作怪，要把他人压低而抬高自己，你不会有很多朋友。

紧张的笑。笑时慌张，忽然停止，看看别人继续笑便也笑。这也是自卑的表现，缺乏自信心，笑也怕笑得不对，怕人笑你笑。你应改变一下自己，用不着太担心别人对你的看法，人是有权笑的，即使别人不觉得好笑，你也有权觉得好笑！

此外，有一种人一笑就掩口，这也是因自卑感，不过有不同情况，可能只是因自己的牙齿不好看或自知口臭。但如没有这两种毛病，就是发自内心的自卑，与紧张的笑相同。

总之，无论是哪一种笑，它的背后都有极高的含金量，由笑的不同方式而识别一个人的内心动态，是最省事、最直接的方法。

笑的方式有好多种，性格外向的人爽朗笑容是属于单纯而明快的类型，至于内向型的笑容则相当复杂，而且以不明确者居多。

最明显者为假笑。他的脸虽然在笑，但是眼睛却没有笑，心中也丝毫没笑，像戴着假面具的笑，这类笑有：对自我、对对方嘲笑式的笑容，空笑、假笑，令人莫名其妙的笑，以及充满妄谵意味的笑。

总而言之，这是一种缺乏内容的笑容，有时笑声高而尖锐，有时则是吃吃地笑，音量低得叫人几乎听不到声音，一言以蔽之，那是孤独而冷漠的笑容。

每当大伙儿很快乐地笑成一堆时，内向型的人几乎都会发出这种空笑，那并不是附和周围的笑声，而是对人际关系感到不安时，为了掩饰自己的紧张，不得已而勉强挤出来的笑容。

比起外向型的人来说，内向型的笑容比较少。就算他们有任何的喜事，他们也认为不必让没关系的人知道，甚至可以说，他们具有一种隐藏自我的防卫意识。

# 2.主动当介绍人的人喜欢自我表现

"听说你明天要到外地出差，那儿正好有很多我的好朋友，你只要向他们报上我的名字，保证你办事会很顺利。"有的人就是如此，别人还未请他帮忙，就主动为即将出差的人介绍朋友。

如果这位出差的人士靠这位仁兄的介绍，得到当地朋友的特别照顾，同时借着这些人的面子和信用，的确能顺利地开展工作，甚至他们还体念你刚到陌生的地方，晚上带你四处游乐，那么这种人的好意实在不错。但多半情形都是尽管你按地址找到了其人，情况却与预期的不同。

其中原因可能是因为被推荐人并不像介绍人所说的可以信赖，而且他们两人也没什么特别亲密的关系，所以才会得到冷淡的待遇。

如果出差的地点是在国外的话，这个介绍人想发挥自己影响力的欲望也就更强烈，所以我们可听到他说："喂！你这次是不是要到伦敦？你可以拿我的介绍信去拜访这个人，或者你到了纽约去找这个人……"如此一一介绍。

而当事人若信以为真，拿着那封信拜访被推荐人，结果可能又和前述境遇相同，不但自己的期待幻灭，对方也许根本不知道介绍人为何许人。

这种人，为什么如此热衷于帮别人介绍朋友？

原因之一就是这些介绍人可以通过为人介绍这一行为，来满足自己爱管闲事的冲动。

当然，他们一方面是出于好意，体念朋友人地生疏，但另一方面，也是向朋友表示他有不少知心好友，他很有办法。

但这些人的想法未免太单纯，因为他们既然要替人介绍，至少应该知道必须对当事人双方负责任。这些介绍人，表面上看来似乎很乐意照顾别人，本着"助人为快乐之本"之心，事实上他们无法发觉自己并未尽到介绍人的责任，只是以此满足自己而已。

总之，喜欢替人介绍的人，往往是希望表现自己的能力却并未真正替被推荐人或第三者考虑。所以，各位不要把他们的行为和真正喜欢照顾别人混为一谈。

# 3.强求别人应邀的人自私而虚荣

社交场合，有很多人喜欢用强迫的方式邀请别人，别人明明是不愿意，他们仍然坚强再三要求别人应邀，总之就是他们忽略了拒绝者的心意和立场。

这种人面临对方拒绝时，会一再重申自己的意见，以为如此对方就不会再拒绝，观察这些不顾对方推却仍勉强邀请的人，可推测其大约有四种想法。

第一种是把对方的拒绝看成客套。这时，邀请的人就会劝告对方："你不必这么客气嘛！"但对方如再次拒绝，他仍要求："我看你真是太客气了，现在都已经下班了，你就轻松一点，不必这么认真嘛！"一再发挥他推己及人之心。

第二种是，主观地以为对方如果拒绝，就等于断绝了他们的关系。所以当对方推辞时，会觉得很失望，认为对方太冷淡。这种人遭对方拒绝时，则会表示："我诚心地邀请你，你却一再拒绝，真是太不够意思了！"

这种人试图勉强对方，当对方推辞："你实在有所不知，因为我已经和太太约好了，所以真的没办法！"时，邀请人仍不放弃，还故意刺激他："我看你是怕太太吧！"以话中有话的方式来激将。甚至邀请者还会联想：就是他太太在破坏我们两人的友情。

第三种和第二种类似，邀请人一个人玩乐时，会觉得寂寞而缺乏勇气，所以邀请的对象都是固定的。由于邀请人和被邀请人有共同玩乐的经验，且认为两人搭挡得天衣无缝，所以就想强迫对方同乐借以壮胆，换句话说，其实邀请人根本是依赖对方，因无法独自取乐而勉强对方。

第四种，邀请人希望对方满足其虚荣心，听他炫耀，或让他发泄不满和恼怒的情绪。

只要仔细分析这些邀请人的动机，就可以了解对方为什么会出现这种强迫行为。这类人，希望自己依赖的对象能满足自己的倾诉等欲望，所以完全忽略他人的权利和心理动机，勉强别人来满足自己的欲望。

# 4.喜欢请客的人自我满足欲望强

每个人都希望自己拥有请客的经济能力，因为只要自己有钱请客，就可以不必担心自己不如人。有一种人特别爱请客，归根结底他们是想获得一种满足感。这种满足感可能是一种优越感，可能是为了表示谢意，可能是有事相求，也可能纯粹是为了增进彼此的感情。借着种种理由请客，使自己获得满足感。甚至有时根本没有请客的理由，明明可以大家分摊，但有人就是喜欢付钱时拼命制止别人，而自掏腰包。这时若你坚持拒绝，对方还会露出不高兴的神情，并责备说："你真是太见外了，我们都是自己人啊！"从对方的表情看来，他们真的不是装模作样，简直是沉醉于请客所带给他们的满足感。

反观被请的一方。别人请客，自己不必付钱，固然也有好处，但是让对方出钱，很容易形成自卑感，反而不能痛快地享受。

还有另一种被请人的心理，认为别人请客让自己快活是理所当然的，这种人大多都是不愿自掏腰包的吝啬鬼，不过除此之外，他们还有另一种用意。

人最早接触的人际关系，是从与母亲间的关系开始的，每个人都有向母亲撒娇的经验和权利，而这种依赖、撒娇的态度一旦固定成形，长大成人后在现实生活中也容易出现，有时就体现在让别人请客的满足感中。

至于喜欢请客的人，虽然他们的立场是把东西送给对方，但其心态和接受自己好意的对方是一样的，这与过度保护孩子的母亲的心理非常类似。

有的母亲常会像奴隶般的替孩子做事，这样的过度保护，表面看虽然辛苦，但其实母亲是利用这种行为来保护自己。因为母亲们自己以前也有同样受人呵护的经验，现在仍然在追求那种心理状态。因此当了母亲后，就把孩子当做自己欲望冲动的对象。事实上母亲只是以过度保护孩子的方式来满足自己的欲望。根据这点，我们可了解，这样的母亲看似疼爱孩子，其实更爱自己，因为唯有如此才能使她神采奕奕。

同样地，喜欢请客的人，表面看来虽然古道热肠，但其实只是以这种形式来满足自己。所以喜欢请客的人，和喜欢被人请客的人凑在一起，彼此就各得其所，分别得到满足了。

所以当我们看到那些即使没有多少钱，却总想办法请客的人，应了解他们的心态，只要他们不是另有所求，大可接受他们的好意。

# 5.贪吃贪喝的人害怕孤单

一位很年轻的女孩去看病，说最近 3 个月，她的体重增加了 15 公斤，而发胖的主要原因是吃得太多。

这位女孩，毕业于外地一所专科学校，3个月之前来到本地。她以前从未离开父母单独生活，但因为毕业分配，不得不离开父母。对将来抱着很大的希望的她，便搬来本地，过着枯燥无味的孤单生活。当她从公司回到自己的宿舍时，没有人迎接她，只有冷清、黑暗的空屋子，晚餐也得自己动手准备，这就是她每天的生活。

孤独的生活是她难以忍受的，因此当她独自在鸦雀无声的屋子里时，会涌起吃的冲动，所以就开始乱吃东西，因为只有多吃，心里才能获得平静。这次冲动刚平静，下次的冲动又会袭来，于是随着自己的冲动不断地吃，到最后一天三餐根本吃不饱，得一天吃六七餐，由此养成习惯后，她更是每天不停地吃。

不久后，除了每天吃以外，冰箱里还必须经常塞满食物，否则她就会感到不安。而且这种离不开食物的习惯，也带到了单位，办公室的抽屉里也经常塞满饼干、面包，只要一有冲动，也顾不得是否在上班，马上偷偷拿出零食来吃。难怪3个月内会胖15公斤。

造成其行为的原因，源于她离开了父母，当心里感觉孤寂时，没有别的排遣方式，只有吃东西才能安抚自己。除了食物外，当人在失意、孤单时，也有所谓"借酒消愁"的类似冲动。

这类人，除了吃得很多外，也很爱说话。因为说话可以满足他们的口欲，所以，我们常可看到有的女孩子一边谈话一边不停地吃东西，她们虽然外表看起来是个成熟的大人，但心理状态仍停留在爱撒娇、未成熟的小孩子阶段。

出人意料的是，贪吃和爱喝酒的人，都很怕孤单，只要我们抱着一颗同情的心，就可以与他们建立友谊。

# 6.喝醉酒猛打电话的人渴望关怀

生活中，细心的人会发现一个喝醉酒的人，常会在不适合打电话的时间打电话，这是什么原因呢？

酒醉的人，常自以为想起了一件重要的事情，而打电话给别人，但是接电话的人，却常常会被他所谓的理由弄得啼笑皆非，尤其是半夜三更接到电话，更是气得人咬牙切齿。

喝醉酒的人，心态上已脱离现实，和接电话人的想法有很大的差别，两人当然话不投机。如果有人认为，对方既然已经喝醉了，只要随便说些应付他的话敷衍过去就算了（这通常是一般人的处理方式），但是如果你对好友或酒后胡言乱语的人采取宽大容忍的态度，照顾他或宽慰他，那么你实在是太傻了。

一般人多半是生活在多样化的组织或群体中，所以无法完全脱离群体，一切行为仍处于受限的状态。但喝醉酒的人，和组织或群体的价值观或生活方式完全脱离，对付这种人，最好的态度就是敬而远之。

借酒麻醉自己的人，为使自己身心获得解脱，摆脱群体的束缚，所以会出现深夜打电话来博取别人注意的行为。在这种情形下，他们只是为了解除平常内心的不满，或者借机发泄平常和上司、同事间的不愉快。而他们的无礼举动，多半都是以较亲密的友人为对象。

由于日积月累的心理紧张，当他们脱离群体时，就会想方设法地释放。而这种感觉，平常是被压抑的，所以借着酒醉，就可挣脱束缚。但为了消除孤独感和依赖心，需要别人给予关怀和注意，于是只好打电话给他的朋友，这就是其行为的心理依据。

由于喝醉酒打电话，是一种"非常识的行为"，因为他们已经不具备人与人交往应有的常识。例如深夜一两点时，毫不顾虑别人的作息时间打电话给人，而对方听到的只是醉汉的喊叫声，或夹杂着喧嚷音乐声。"我现在正在喝酒，你给我马上过来，我会一直等到你来陪我为止。"

当你接到这种电话时，即使置之不理将之挂断，对方还是会再打来，并且说："你真是太不够意思了，对朋友一点都不关心！"等等，说一些令人厌恶的话，如果再加上电话中夹杂着吵闹、酒醉的杂乱声，更会让人情绪恶劣。

仔细探讨这些人的举动，就可知道在喝醉酒时打电话的人，完全是因为孤独，需要他人的关怀。我们常可在夜晚的街道上，看到一些醉汉漫无目的地闲荡，有时也可以看到他们无缘无故地骚扰行人，这些行为，无非是想诉说自己的孤独而已。

总之，这些人的心理，是希望能和更多的人交往、沟通，借以除去心中的不满。

# 7.喜欢揭人隐私者的心理动机

也许没有人不喜欢听他人的隐私，所以报刊杂志，才会乐于报道政治家、企业家、文体明星的新闻。

据说女性很喜爱这类报道，但男性也不逊色，往往他们喝酒时，也会谈起工作单位中他人的消息，一来这可使其解除在工作单位中的紧张；二来也可以得到工作单位中得不到的情报。

同一工作单位中的四五个同事聚在一起，话题总喜欢围绕工作单位中的马路消息打转。此时，有的人扮演的是提供话题的角色，在大家面前揭露隐私；有的人则扮演听众的角色，于是说闲话的条件便成立了。

深究这种揭人隐私提供话题的人与听众，其心理动机到底何在呢？

（1）想排解欲望得不到满足的心理郁闷。这种类型的人大半是与上司的价值观有差异，而自己的意见未被采纳，心中感觉不痛快，才会提供这些话题。

当然，他自己并不把这种情形当作是自己本身的问题，而认为是全工作单位的人都对上司感到不满，所以他有义务揭露上司的稳私，让大家的憎恨与攻击欲望得到满足。因此这种人往往会在言谈之中，说一些刻薄的话，并希望听众能与自己站在同一立场上。

（2）基于嫉妒的心理。这一类话题的对象，不是上司、部下，而是同事，所以，这类话题容易得到上司的赏识，并且深受异性的欢迎。所提供的话题，内容往往是对象的私生活，以企图破坏其形象。如果再加上听众对这个对象不怀好意，提供话题者的目的就更易达成。

（3）听众可以通过种种隐私，掌握平常在工作单位里上司不为人知的一面。

由此，听众得到与以往截然不同的印象，也许以前认为话题的对象是个不知变通的人，想不到听了他的有关传言，才知道他原本很有人情味。或者平常看他说得天花乱坠，事实上不过是个庸俗的人物。

（4）大伙儿聚在一起时，窥探别人私生活。提供消息的人，无非是心中对对象怀有敌意、羡慕、自卑等情结，而听众的心态多半亦如此，所以才会注意听。但一旦听众认为提供话题的人所说的内容与事实不符时，就会把这个人当作做造谣生事的人，而对传闻置之不理。

# 8.如何识别对方谎言并使之说出真话

交际中，我们已经了解了一些识破别人谎言的招术，那么，现在我们就针对"如何去识破对方并使他说出真话"这一话题来讨论。

### （1）如何使对方解除心中的武装

正在说谎或试图说谎的人，他们的心里一定会先武装起来。"如何使他除去武装"就是最大的关键所在。如果这时你正面跟他冲突，他一定会强词夺理把你反击回来。

例如你对说谎者说："你有什么话干脆直说好了，不用跟我兜圈子撒谎。"这样去攻击他，是不会产生效果的。我们应该在对方有些动摇的时候，找出他的弱点去攻击他。不过，如果对方硬要坚持他的谎话，那么这一招就不管用了。这个时候，我们必须另想办法使他解除武装。我们暂且不去理会他说话的内容真实与否，只要把重点放在如何使他解除心中的武装就行了。

这个道理就跟闭得紧紧的海蚌一样，愈急着把它打开，它就闭得愈紧。如果暂时不去理会它，它就会解除心中的武装，一会儿它就自然地打开了。

那么究竟要怎样才能使对方解除心中的武装呢？

A．使对方有安全感。

如果对方是为了保护自己而说谎的时候，我们最好这样说：

"你把实话说出来。不要紧，事情不会很严重的。"

这样一来，他就会认为他的处境已经很安全，不会顾忌说出实话会有什么不良后果。所以在这种情况下，想要叫他说出实话是毫无困难的。

公安部门在查询凶杀案的见证人时，利用这种方法是最合适不过了。

要使对方产生安全感，首先必须使他对你产生信赖，他对你产生信赖之后，才会对你吐出真言。

利用循循善诱的方法去套取对方的口供，要比使用强硬逼供的手法更容易达到目的。当然，如果你只是装出笑容讨好对方，那对方就不会怕你了。我们必须做到让对方认为"我实在不敢对这种人说谎才行。简单地说，我们要运用技巧，使对方因为你的影响而把实话完全吐露出来。

还有一种技巧跟刚才所提的完全相反，那就是故意把自己装成很容易上当的样子，使对方对你没有戒心而很自然地把心里的话说出来。

换句话说，就是让对方产生优越感，使他在得意忘形之际，无意中露出马脚。这种方法用来对付傲慢的人是最好不过了。

听说美国的律师，在法院开庭审问的时候，也常会反复地运用这种方法，但是如果太露骨的话，就会留下漏洞，无法达到目的。

B．追根究底。

这种方法和前面所说的方法完全相反。彻底去追根究底，有时也能使对方解除心中的武装。假如对方仍有辩白的余地，他一定会坚持到底，因此只有在他被逼得无法再为自己分辩的时候，他才会自动解除武装、说出实话。

洛克希德贿赂案中许多有力的证人，在最后终于供出了真相，主要的原因是由于他们被逮捕之后，办案人员利用追根究底的方法使他们说出实情来。由此可知，没有约束的交谈，远比追根究底的方法为差。

我们经常可以在报纸上看到某人因为精神过分紧张而自杀的消息，对于这种事件，我们没有办法给他们下个定论，但我们也不难看出，他们实在是被生活中的某种因素逼迫得无法透气，才这样做的。

C．攻其不备。

不管是多么高明的说谎者，如果遇到突然而来的攻击，也会惊慌失措，不得不投降。

一位资深律师曾经说到：

"在询问一个决定性的问题时，不要马上询问证人，等他回到证人席之后，再突然请他回来，重新询问，这是最有效的方法……。"

《孙子兵法》里也说过："攻其不备，出其不意。""使其不御，则攻其虚。"

因为我们乘虚而人，对方没有防备，自然就会放下武器投降了。

**(2) 不要与对方做无意义的争辩**

"你明明是在说谎。""不！我说的都是实话。""你为什么要说谎？""不！我根本就没说谎。"

这样的争辩实在没有意义，再怎么争论下去也不会有结果的。

表面上看来，这种问话的方式有点像是追根究底。其实是完全变了质。

### (3) 使对方反复地做出同样的事

谎话只能说一次，如果经过两次、三次的重复，多多少少就会露出马脚。我们在日常生活中常会发现这种现象，例如，早上同事打电话来说："对不起！我家有客人，麻烦你帮我向领导请个假，谢谢。"

经过几天以后，你突然问他："前几天你为什么要请假呢？"这时他可能说："因为孩子得了急病！"这种人一定不是为了正当的理由而请假。或许他在外面兼副业，或许他在外面做了某些不可告人的事。

有一位非常细心的人，他每次说谎之后，都会把它记在备忘录里，以免重复。这个方法真是无聊透顶，假如他说了一个曲曲折折的谎话，是否也能一一把它记下来？总有一天他会露出马脚的。

### (4) 要有效地利用证据

要使对方说出实话，最高明的手法就是提出有效的证据，尤其是物证，它的效果更大。

拿出有力的证据来做武器，是识破谎言最好的手法。不但可用来对付风流的丈夫，同时也可用来对付政治上的谎言。不管对方如何狡辩，只要我们有确凿的证据，他就不得不俯首承认。

但更重要的是必须懂得如何运用这些证据，如果运用不当，证据也会失去效用的。

关于这一点，我们首先要注意的就是：时机是否运用得当？如果事情过了很久，我们才拿出证据来印证，那么证据的价值可能就大大地减低了。

如果我们在提出证据之后，还让对方有充分的时间去考虑，也是不妥当的。因为这样不是又让他获得了一个答辩的机会吗？

那么，证据要同时提出还是逐项提出来呢？这个问题我们不能一概而论，必须看证据的价值以及当时的状况来决定。

至于我们握有的证据究竟有多少，绝不能让对方知道。尤其是当你只有少许证据的时候，更要绝对保密。总之，证据是一种秘密武器，证据愈少愈要珍惜，否则失败的将是你而不是对方。

不到决定性的时候，不要让对方知道，或者显露自己手中的证据。

你必须一面静听对方的陈述，一面在暗中对照证据；同时，也要考虑对方手中证据的可靠性，使紧握在手上的证据能运用得恰到好处。

以上所说的方法，到底使用哪一种比较好呢？当然，这要看对方的情况而定了。有时不能只用一种方法，必须综合运用多种方法才能收到效果。

我们并不是像警察一样，要使犯人坦白，我们只是想了解在日常生活中，要如何去透视别人，如何诱使别人说实话。

如果我们像警察一样，以审问犯人的方式去对待别人，那不是会得罪许多的人吗？关于这一点，我们应该特别注意才是。

# 9. 酒后辨真言

交际场合，喝酒是不可避免的，有些男人一喝酒即判若两人，有些人则依然故我。常见的是话多、吵闹。仔细观察醉酒百态是非常有趣的事。

**(1) 滔滔不绝地诉说**

原本沉默寡言者黄汤下肚后变得滔滔不绝，通常是平日的人际关系过于紧张的缘故。也可能是一个恭敬有礼的人，性格一丝不苟，具有顽强的耐性。他们通常对长辈采取恭谨的态度，而对女性则表示尊重。

**(2) 动作变得活泼**

喝酒后动作变大的人性格上具有强烈的反叛心，讨厌受形式束缚。如果不得不迎合他人时会有这种现象发生。同时，内心深处可能有自卑感或对同事或长辈心存不满。

**(3) 变得意气消沉**

平常活泼好动或具有攻击性，树敌也多，是果断实践自己观念的人，当内心有所牵挂时酒后通常会变得消沉。

平时做任何事能顺遂己意，然而暗地里却感到不安。多半盼望改变自己目前的生活。平常生动活泼的人，喝酒后变得消沉抑郁，从心理学的角度而言是极为危险的征兆。

**(4) 流泪**

热情的浪漫主义者。喜欢某女性时会热烈追求，无法压抑自己的感情。在日常生活中虽然克尽职守表现诚意，却经常有不满。

**(5) 吃女性豆腐**

工作上必须被迫做不感兴趣的事而感到不平时，会有这样的举止。一般是中小企业的管理者或平时从事高度紧张职业的男性。

**(6) 依然故我**

喝酒后仍然保持原貌的人，过去在这方面有过惨痛的教训，对自己的缺点有高度的警戒心。

**(7) 唱歌**

具有社交性、乐善好施。是公、私分明的人。将来有发展而值得信赖。不畏失败会充分发挥自己的个性、能努力工作。

**(8) 动粗**

有些男性一醉酒即动粗或向在座者发牢骚。这种人生性顽强又具行动性。酒醒后如大梦初醒会对醉中的失态表示抱歉。似乎对于发酒疯毫无感觉。有时令人惊讶：平时忠厚老实的人，何以会有如此大的变化？

**(9) 睡觉**

有些男性喝酒后会昏昏欲睡。通常是性格内向、意志薄弱者。对旁人的意见经常表示附和。与异性的交往如被父母反对会失去勇气。过于老实而缺乏魄力。

# 10．获得对方好感的要点

要想与对方顺利办事，必须深入了解交际对象，了解对方的性格、身份、地位、兴趣，然后投其所好，避其所忌，攻其虚，得其实，这样办起事来才能进退自如，成功有望。做不到这一点，就容易把本该办成的事办砸。

**(1) 不能忽视对方的身份与地位**

无论在哪个国家、什么时代，人们的地位等级观念都是很强的。对方的身份、地位不同，你说话的语气、方式以及办事的方法也应有异。如果不明白这——点，对什么人都是一视同仁，则可能会被对方视为无大无小，无尊无贱。尤其当对方是身份地位比你高的人，会认为你没有教养，不懂规矩，因而他不喜欢听你的话，不愿帮你的忙，或者有意为难你，这样就可能阻碍了自己办事的路子，使所办之事遇到障碍。

聪明人都是懂得看对方的身份、地位来办事的，这也是自己办事能力与个人修养的体现，平常我们所说的"某某人会来事"，很大程度上就体现在"见什么人说什么话"的才智上。这样的人不只当领导的器重他，做同事的也不讨厌他，这样的人办起事来就比较容易。

**(2) 看准对方的性格，投其所好**

人各有其情，各有其性。有的人喜欢听奉承话，给他戴上几顶"高帽"，他就会使出浑身力气帮你办事；有的人则不然，你一给他戴"高帽"，反而引起了他的警惕，以为你是不怀好意；有的人刚愎自用，你用激将法，才能使他把事办好；有的人脾气暴躁，讨厌喋喋不休的长篇说理，跟他说话办事就不宜拐弯抹角。

所以，与人办事，一定要弄清这个人的性格，依据他的性格，投其所好，或投其所恶才会对办事有好处。

对方的性格，是我们与其办事的最佳突破口。投其所好，便可与其产生共鸣，拉近距离；投其所恶，便可激怒他，使其所行按我们的意愿进行。无论跟什么样的人办事，我们都应首先摸透他的性格，依据其性格"对症下药"，就很容易"药到病除"，办事成功。

外交史上有一则轶事：一位日本议员去见埃及总统纳赛尔，由于两人的性格、经历、生活情趣、政治抱负相距甚远，总统对这位日本议员不大感兴趣。日本议员为了不辱使命，搞好与埃及当局的关系，会见前进行了多方面的分析，最后决定以套近乎的方式打动纳赛尔，达到会谈的目的。下面是双方的谈话：

议员：阁下，尼罗河与纳赛尔，在我们日本是妇孺皆知的。我与其称阁下为总统，不如称您为上校吧，因为我也曾是军人，也和您一样，跟英国人打过仗。

纳赛尔：唔……

议员：英国人骂您是"尼罗河的希特勒"，他们也骂我是"马来西亚之虎"，我读过阁下的《革命哲学》，曾把它同希特勒《我的奋斗》作比较，发现希特勒是实力至上的，而阁下则充满幽默感。

纳赛尔：（十分兴奋）呵，我所写的那本书，是革命之后，三个月匆匆写成的。你说得对，我除了实力之外，还注重人情味。

议员：对呀！我们军人也需要人情。我在马来西亚作战时，一把短刀从不离身，目的不在杀人，而是保卫自己。阿拉伯人现在为独立而战，也正是为了防卫，如同我那时的短刀一样。

纳赛尔：（大喜）阁下说得真好，以后欢迎你每年来一次。

此时，日本议员顺势转入正题，开始谈两国的关系与贸易，并愉快地合影留念。日本人的套近乎策略产生了奇效。

在这段会谈的一开始，日本人就把总统称做上校，降了对方不少级别；挨过英国人的骂，按说也不是什么光彩事，但对于军人出身，崇尚武力，并获得自由独立战争胜利的纳赛尔听来，却颇有荣耀感：没有希特勒的实力与手腕，没有幽默感与人情味，自己又何以能从上校到总统呢？接下来，日本人又以读过他的《革命哲学》，称赞他的实力与人情味，并进一步称赞了阿拉伯战争的正义性。这不但准确地刺激了纳赛尔的"兴奋点"，而且百分之百地迎合了他的口味，使日本人的话收到了预想的奇效。

### (3) 观其行，知其心

通过对方无意中显示出来的态度、姿态，了解他的心理，有时能捕捉到比语言表露得更真实、更微妙的内心想法。

例如，对方抱着胳膊，表示在思考问题；抱着头，表明一筹莫展；低头走路、步履沉重，说明他心灰意冷；昂首挺胸，高声交谈，是自信的流露；女性一言不发，揉搓手帕，说明她心中有话，却不知从何说起；真正自信而有实力的人，反而会探身谦虚地听取别人讲话；抖动双腿常常是内心不安、苦思对策的举动，若是轻微颤动，就可能是心情悠闲的表现。

懂得心理学的人常常通过人体的各种表现，揣摸对方的心理，达到自己办事的目的。

推销员在星期天做家庭访问，必定会注意受访夫妇翘腿的顺序。如果是妻子先换腿，然后丈夫跟着换，可认为是妻子比较有权力，只要针对妻子进行进攻，90%可以成功；若情形相反，当然是丈夫比较有权力，这就需要针对丈夫进攻了。

办事之前，通过察言观色把握住对方的心理，理解他的微妙变化，有助于我们把握事态的进展。

# 11. 如何识别花言巧语

在现实生活中，有的人为了达到某种目的，或是想往上爬，或是想获取某种利益，便采取说好话的方式，以花言巧语巴结、奉承别人，或是做出过分亲密的事，让你上当受骗；也有的人是采取拉关系、套近乎，跟你拐弯抹角扯亲攀友，这些都是应该警惕的。要想摸准这种人的心理特征也并不难，因为这种人最直接的表现就是急功近利，所以其内心活动也就暴露无遗。我们一起来看看下面的故事，也许从中能受到一些启发。

荀攸是曹操的谋士，他从小就有奇才，13 岁那年，他的祖父去世了。就在一家人极为悲痛的时候，他祖父昔日的下级张权跑来吊丧。张权一走到荀攸祖父灵柩前面，就大放悲声，如丧考妣。他哭着，还一再表示要为故去的老太守守墓，以报答老太守的深恩大德。张权的虔诚表现令荀家上下十分感动，全家都怀着感激的心情准备答复他提出的请求。这时，始终不动声色的荀攸，经过观察，觉得此人态度反常。他想到祖父生前从来没有向家人提起过张权这个人，可见他与祖父并无深交，更没有听谁说过祖父对此人有什么值得厚报的深恩。他觉得一个人施之过重，必有他意。此人对死者的悲情是言不由衷，对死者之爱也是言过其实。而且张权请求过切，谈吐又闪烁其辞，料他必有所隐；再者张权面带惊忧，必有所惧。荀攸看出破绽，忙找叔父谈了自己的疑虑。果然，待叔父唤过张权，经过一番盘查，张权便招认自己犯了杀人之罪，是想借为老太守守墓之名，逃脱法律的制裁。

荀攸识破张权的言行，是采取站在一旁静听，与其保持距离审视地听，一边听他说话一边搜索记忆，从记忆里寻找祖父对这个人的影响和说话人所表示的态度的差异，经过对照，确定张权言行有诈。

总之，对向你花言巧语的人，应该采取警惕、戒备和慎听的态度，这样你才不会受骗上当。再看另一故事：

吕布战败，被曹操手下擒获。

曹操得知生擒吕布大喜过望，曹操爱才，素知吕布骁勇善战，武艺高强，天下无敌。虎牢关刘、关、张三英战吕布，也只不过打了个平手。曹操有意想劝吕布归降自己。吕布这个人，武艺虽然高强，但是缺乏政治立场，先是做了丁建阳的干儿子，被董卓用高官厚禄收买，杀了丁建阳；后做了董卓的干儿子，又被王允设美人计离间了他与董卓的关系，他又杀了董卓。他唯利是图，反复无常，对他这个人的品性，天下人都有评论。到他被曹兵所擒时，他的贪生怕死的性格又暴露了出来。当他被推到曹操帐下时，他便用可怜的声音试探曹操，说："缚得太紧了，实在难受，请稍松一点行吗？"曹操讪讪地说："缚虎不得不紧。"吕布听出曹操对自己有怜惜之意，便乘机说："丞相所顾虑的，不过是我。今我为你所擒，只要不杀我，我真心实意辅佐你，天下何虑之有？"吕布一席话说出来，有哀有求，正对了曹操的口味。曹操听后，就打算留用吕布。

可是曹操佯装思索。

吕布担心曹操犹豫，见刘备坐在曹操身边，便又恳求刘备替他在曹操面前说几句好话。曹操这时也想听听刘备的意见，便两眼看着刘备。没料想刘备冷不丁地冒出一句："丞相难道不记得董卓和丁建阳吗？"就是刘备这句话提醒了曹操，曹操立即命令刀斧手将吕布推出斩首。

曹操熟知吕布为人，出于对他武艺的偏爱有意要将他收用，又被他花言巧语所迷惑，正要免他死罪收在麾下，却被刘备一句话提醒，立刻改变主意将其斩首。姑且不论刘备一句话出于何种用心，单就吕布这样品质的人，曹操一旦留下来，对他自己来说，也可以说是凶多吉少。

总之，对花言巧语要存有戒心，"害人之心不可有，防人之心不可无"。对突然闯进来的"善意"，对超越范围的"亲热"，对为了达到某种

个人愿望的"乞求"，都应该慎听、严察，一旦被花言巧语所困，又不听
人提醒，后果就不堪设想了。

# 12.客套话说得牵强者别有用心

客套语的存在，是社会发展的必然结果。但是客套语要运用恰当，
如果过分牵强则说明此人别有用意。

客套语的反面是粗俗语，一些人会对自己心仪之人，必然冒出随意
的言语，以示双方的关系非同一般，给人以亲密感的误会。

在毫无隔阂的人际关系中，并不需要使用客套话。不过，当在此种
亲密的人际关系里，突如其来地加入了客套话的时候，就必须格外小心。
有时候，男女朋友之某一方，使用异乎寻常的客套话时，就很可能是心
里有鬼的征兆。

用过分谦虚的言词谈话时，可能在表示强烈的嫉妒心、敌意、轻
蔑、警戒心等等。"语言乃是测量双方情感交流的心理距离的标准。"
客套话使用过多，并不见得完全表示尊敬，往往也可能含有轻蔑与嫉
妒因素。同时，在无意中会将他人与自己隔离，具有防范自己不被侵
犯的预防功能。

某些都市的人，对外乡人说话很客气，这从另一个角度看，或许是
一种强烈的排他性表现。因此，往往无法与人熟悉，尽是给人以冷淡的
印象。以此类推，假使交情深厚的朋友，仍不免使用客套话时，则很可
能内心存有自卑感，或者隐藏着敌意。

喜欢使用名人的用语和典故的人，一般来说大部分都属于权威主
义者。

假如你开口闭口就爱抬出一大堆晦涩难懂的客套话或外国语，就会

让人有一种走错庙门的感觉。事实上，他只是一个用语言当做防卫自己弱点的人，他这样做，无非是加强说话的分量，同时也表示自己的见多识广，来抬高身份和扩大自己的影响。

宋代王子韶，是个性情散漫之人，但他的口才很好，在他任县令时，当时还不是知名人物。一天，他进谒一位显贵，当他到达之时，那名显贵和其他客人在探讨《孟子》，就没有把位卑人微的王子韶放在眼里，只顾谈兴而没有正视王子韶的存在。待了很久，那位显贵突然停下话来对王子韶说："你读过《孟子》吗？"王子韶回答说："那是我生平最喜欢的一本书，只是我全然读不懂其中的意思。"显贵便问：哪一句读不懂呢？"王子韶说："'孟子见梁惠王'，只是第一句已是不懂了。"显贵非常惊讶："这句有什么难懂之处呢？"王子韶趁机说："孟子既然说'不见诸侯'，为什么又去见梁惠王呢？"王子韶之所说这句话是因为孟子还说过，"虽不见诸侯"，但"迎之致之以有礼，则就之。"王子韶引此讥主人无礼。显贵见名不见经传的王子韶有如此机智，遂重之。可见，喜欢借用名人的语句或典故，可以为自己标新立异，这类人就是借此而自命权威的。

# 13.从面部表情识别同事心理

人常常表里不一。那些表里不一，而且擅长伪装的人，用他的外表善良来掩盖内心的邪恶，用外表的贤来掩盖内奸，那简直太难分辨了，因此他们经常欺骗别人。当你和同事相处的时候，不要只看他的表面，应该透过其表象来摸清对方的内心，尤其是他的变化多端的脸部表情，里面可藏着不少的秘密呢。

一个英国的研究组织，曾经分析和编辑了近百种脸部、头部以及身体的不同姿势与表情，总结出三种最普遍的笑：微笑、轻笑与大笑。

微笑是指不露出牙齿的笑容，这是一种会心的笑法，有默契的暗示以及事不关己的态度。

轻笑的时候露出了上牙，嘴唇稍微裂开，被称做"招呼新朋友"的笑容。

大笑通常是当事人非常开心的时候所展示的，上下门牙全都露出来，并且发出了爽朗的笑声，当事人发出这种笑声的时候，心情非常激动。

另外，还有几种笑容。例如，一位涉世很浅的女职员，笑的时候经常含羞，抿着小嘴，非常不好意思。

然而，一位老谋深算的高层人士，皮笑肉不笑的时候，那种笑并不是来自于其内心。

东方人和西方人的笑是不同的。尽管眼泪是没有国界的，但是笑的国界却是非常严格的。

随着东西方文化愈来愈多的交流，许多西方人渐渐理解了东方人的微笑，他们认为自己对东方人暧昧的微笑简直太有些神经质了，他们懂得了东方人事实上是在表达友善，而并不是讽刺。

有的同事对上司不满，然而却敢怒不敢言，只好作出一副潇洒的样子，其实他内心的怒气很大，只不过是拼命地压抑下来。进一步观察同事的面部表情，就会看到那张冷冰冰的脸上任何喜怒哀乐都掩盖住了。假如同事有一种紧迫感增加的话，眼睛立刻会瞪得非常大，鼻孔也会显出皱纹来，或者在脸上有抽搐的现象。

在你与同事相处的时候，发现了同事的面部抽搐，那就表示他正陷入强烈的不满与冲动中。碰到这种情景的时候，不要直接与他对质或询问，要去安抚他，先稳住他的情绪。

同样都是毫无表情，不过也有两种不同的情形：一种是非常不关心，另一种是瞧不上眼。例如，同事们在一起开会的时候，有的人静静地看着一个地方，好像不知所措。

其实，这种神情并非是冷漠，或许表示某种爱意。特别对于女同事来讲，她们不想公开表示自己的好感，常常露出截然相反的表情来。有些同事想掩盖矛盾的心情，于是露出了冷漠的表情。

有一种方法能够帮助你从表情中去体察同事的深层心理，那就是把电视机的声音关了，接着聚精会神地去观察画面，那样一来就能从演员的表情上，摸透人物的心理活动。

有时，人在愤怒或者憎恨的时候同样会微笑。那是由于人们不想把内心的欲望或者想法暴露出来，就采取这种微笑。

你在与同事相处的时候，如果轻易地流露出愤怒、憎恨、悲哀以及恐怖等神情，很容易招来很多麻烦，影响工作。所以许多人都想办法去压抑这种负面的感情，表现出来喜悦和愉快的神情。

事实上，脸部的肌肉要比身体上其他部位的肌肉发达许多，因此能随着不同的情感而使得面部表情发生变化。尤其是眼睛和嘴周围的肌肉更为发达，当科学家研究大脑皮质的运动时，发现脸部活动和手指的活动非常敏捷。

当你与同事发生冲突的时候，自然产生和平常不相同的表情：眉毛下垂，眉头皱起，牙齿尽管没有露出来，嘴唇却紧绷起来了，稍稍向前突起，与同事怒目相视。在这种恶劣的情况下，你们都彼此地盯着对方，假如你避开了目光，就表示你失败了或者害怕对方。

当表达震惊的情感时，当事者的嘴会不自觉地张开，下颚的肌肉往往很放松，并且向下垂；假如一个人对某件事情产生了浓厚的兴趣，往往会张开嘴巴，眼角下的面部肌肉会松弛了。

一个人内心的不愉快或者迷惑能够借助皱眉表露出来：嫉妒或者不信任的时候往往会扬起眉毛；想采用敌对的行为的时候，往往会绷紧下颚上的肌肉，嘴唇也往往闭上了，同样瞪视对方。

有一位推销图书的业务员谈过这样一个经验：当他拿着一本图书的样本递给一位客户的时候，趁机注视着那位客户的面部表情，这时与其坐在客户的面前，真不如坐在客户的身边。坐在客户的身边容易看清客户脸上的肌肉变化，当客人翻阅样本的时候，通常在他的脸上就有了买和不买的决断了。客户的表情或许不怎么明确，但是琢磨透了以后，却非常有趣，因此有经验的推销员往往一眼就能看清对方的心理。感情能够让表情渐渐明朗，同理，表情也能反映内心的感情。

在各种文学作品里，都有这种描写，一旦感情和表情不统一了，那一个人就失去了内心的平衡。

在美国，有一所戏剧学校专门设了一个学科，那就是训练人们的表情不同于感情。就是说，内心觉得愤怒或者痛苦的时候，表面上非常轻松。但是经过了这样训练的人患神经病的机率大增。

可见，想做一种和感情不一致的表情对于许多人来讲是非常困难的。戏剧学校的学生在经过了严格的训练以后，外表能够表现得平静一些，时间一长就能依据剧情的发展来变换自己的表情，从而引起观众的共鸣。

# 14.从行为举止识别同事心理

现代心理学家的研究表明，一个人的姿态能够反映一个人对别人所抱持的态度。实验表明，假如与一个你所厌恶的人在一起相处，你或许是太随便，"如入无人之境"；或许是太拘谨，看起来手足无措。

姿态有的时候是群体里的普通倾向的指向器。想一想当与会者为了一个问题而争得耳红脖子粗的时候，谁都可以通过自己的举止来表示自己到底是站在哪一方的。

人们在职场活动中，因为文化背景不一样，结果言谈举止往往也是不一样的。比如，法国人的言谈举止通常是"法国式"的，英国人的盘腿方式与美国人大不一样。

在西方社会，双方可以在公共场合里互相拥抱，是很常见的。可是在中国，素不相识的男女在公共场合下互相拥抱却非常少见。这属于文化背景的差异。

不过根据许多学者的研究结果表明，职场中在和同事交往的行为中，还是有相同点的。通常能够归为三种类型。

这三种类型分别为：柏拉图型、猪八戒型和关云长型。

**(1) 柏拉图型的同事内秀**

柏拉图是古希腊的一位著名哲学家。柏拉图认为精神境界是完美无瑕、至高无上的。像柏拉图型的人，通常被人们称作内秀型。这种人非常敏感、聪明、腼腆，往往给人一种清高的感觉，有的时候看起来十分傲慢。

柏拉图型的人颇具诗人气质，在和异性相处的时候，总是把异性理想化，热衷于和对方进行精神交流，觉得自己和对方的关系，就像圣洁的彼岸那样纯洁、甜美。柏拉图型的人擅长用文字来表达情感，他们的感情非常细腻，就像抒情的小夜曲一样。可是，柏拉图型的人的精神境界，常常不能得到同事的真正理解。

看来，柏拉图型的同事常常会有孤独感，经常会自暴自弃、缺乏信心，觉得自己在生活里很软弱。结果，他们常常陶醉于诗一样的幻景之中。

**(2) 猪八戒型的同事快人快语**

猪八戒是中国古典文学名著《西游记》里的主要人物之一。猪八戒与孙悟空、唐僧一样被人们所熟悉。猪八戒其实是天宫里的一个大元帅，后来由于调戏仙女被玉皇大帝贬下人间。

猪八戒给人们的印象并不是非常恶劣的，他性格直率、贪吃喜色，不过心地还是比较善良的。

猪八戒型的人，常常像猪八戒那样性情十分急躁，对异性的态度非常明朗，一旦遇到了意中人，就立刻发起进攻，抒发自己的情感，一点儿都不想耽搁。猪八戒型的人的性格就是快人快语，从来都不闷在心里。

看来，这种猪八戒型的同事的激情往往来得快，去得也很快，热得快，凉得也很快。朝秦暮楚对于他们来讲在所难免。有的时候，给同事们的感觉就是，他们不太专一，对人缺乏长时间的尊重，可靠性以及温暖度的时间很短暂。

不过，猪八戒型的同事精力旺盛，擅长交际，办事很快，属于点火就着的人。

### (3) 关云长型的同事忠贞不二

关云长也就是《三国演义》里的关羽。关云长和刘备、张飞三人自从桃园结义以后，就始终忠贞不二。

当他和刘备分散以后，寄住在曹操处，曹操对关云长的才干和为人深深佩服，所以对他的照顾简直就是无微不至，而且还厚赏关云长，关云长那匹闻名天下的赤兔马就是曹操赠送的。

可是，关云长是一个威武不能屈、富贵不能淫的英雄豪杰，不管曹操对自己多么的深情厚意，也没有为宫廷的显贵所动，一心只想着去帮助自己的患难之交刘备。

甚至刚一听见大哥刘备的消息以后，就什么都顾不上了，冒着过五关斩六将的巨大风险，投奔贫贱时的至交刘备。像这样的人怎能不被人们所敬仰、崇拜呢? 到了现在全国各地还保留着许多关帝庙。

而对于曹操的知遇之恩和深情厚意，关云长也没有恩将仇报，在赤壁之战的时候，曹操处于生死危难的紧急关头，关云长没有忘了旧恩，顶着杀头的大罪，放曹操一条生路。

可见，像关云长那样的人，并非一直都非常聪明，脑子也有不灵活的时候。然而，关云长型的人重情感，只要认定了，一生都不会反悔，感情非常专一，可谓忠贞不二。

关云长型的人不管对同性同事、对异性同事从来都不会轻浮，很少拿势利眼来看待同事。尽管，关云长型的人有时也会注重外在形式，那是因为他们觉得为人应该举止持重、端庄大方。

关云长型的人，不大擅长主动进攻，常常含而不露，总给人以热而不烫、冷而不凉的感觉。

事实上，他们在一言一行里，都是很有分寸的，从不肯擅自越过雷池一步。关云长型的人敬仰长辈，遵守自己的诺言，遵守他们觉得应该遵守的秩序。关云长型的人对外界的刺激不太敏感，因此可以处之泰然。

但是，关云长型的人不大善于明辨是非，因此在遇到大事的时候，阵脚同样会紊乱。

像这种类型的人，能够冲锋陷阵，有封疆大吏的雄风，可是做不好一乡之长，一国之君。在和异性的关系上，他们绝不会始乱终弃。

而对于女性同事而言，这种类型人常常被看成是有着高贵气质的女性，她们往往不会轻易向你抛去一颗芳心。

你在职场上和同事相处的时候，如能把以上所讲的加以运用，相信会轻松许多。

# 15. 如何才能做上司的"心腹"

你要成为上司的心腹，就要摸清他的喜好，了解他的个性，抢在他提问之前就已经把答案奉上。这种做上司"腹中虫"的下属就不用愁加薪与晋升了。

做为上司不但喜欢下属对他尊重，也喜欢下属让他享受到各种各样的欢呼与喝彩，如此种种，都是需要下属明白的问题，而后你才能够成为上司的"心腹"。

### (1) 不要以教训的口气和上司说话

很多人习惯说话时带着教训的口吻。尤其是当自己的道理充满良性的结论之时，更情不自禁地要指点对方迷津。这种情况若是发生在下属对待上司身上，就不会有结果。不错，上司有时的想法与做法未必比下属好，但以教训的语调跟上司说话，绝大多数情况不会被他接纳，会变得徒劳无功。

如果希望上司照着自己的意见行事，千万别"教"上司如何做事，必须要给他预留一个思考上的空间。换言之，只可以在言语上开导他照自己的想法去考虑问题，引领他接纳或想到自己心目中的做法来。

这个思考空间代表两重意义，其一是让上司自行考虑问题，让他作出决定，保持他在决策上的自尊。其二是对他的经验和智慧致敬，身为上司应当有足够资格教人，而不必受人教的。如果下属把整件事该如何做都详详细细地列出来，还逼着他依样画葫芦，不论计划怎么好，上司都有可能接受不了。最得上司信任的伙计，应贡献良策，刺激上司思路，再后由上司的口把整体计划批准下来，而不是通知上司计划该如何进行。

**(2) 让上司享受喝彩**

做上司的不但喜欢下属对他尊重，也喜欢下属让他享受到各种各样的欢呼与喝彩，是来自其他方面的人。任何一个上司，都有一份威风八面的潜意识，因为能够晋升上司，并不容易，其间的奋斗有多艰辛多劳累，自不待言。他的成就要获得旁人的证实，这是他认为理所当然的。故此，做上司的不但喜欢下属对他尊重，以各种表现去重复证实他的成就，也喜欢下属让他享受到各种各样的欢呼与喝彩，是来自其他方面的人。

这种安排和做法不必设计得很粗俗，只要下属明白上司的心态，就已经随时随地有机会表现。举一个显浅的例子：如果上司请客，喜爱高朋满座，如果安排嘉宾位置时计算不准，空位太多，就会显得冷冷清清，给上司一个错觉，他是不怎么够面子的。最理想是安排实际到会人数比预计的还多百分之十至二十左右，届时真是宾客满堂，座无虚席，上司一定开心。这不但保障了场面的热闹，而且万一出现"人满之患"，上司一般的反应只会高兴。

换言之，不必刻意地奉承上司的虚荣感，但不能不知道这是人之常情，在所有业务设计之中，在必要时为上司的这些不能自控的荣誉感受预留一些发展空间，是体面又受欢迎的行为。

让上司发挥权威下属必须明白并满足上司喜欢教训下属、当"教授"的瘾头。告诉你，十个上司，就有九个甚至十个是有当教授的瘾头。换言之，第一喜欢教训下属，第二喜欢改下属呈交的计划与文件。

你若向大机构的人进行一个采访，问哪一个部门最不受干扰，绝大多数的答案，都是电脑部门。因为电脑部门是专业，是一门独立而又独特的学识，不是每一个行业的专家都有电脑的知识。作为上司就算精通本行也无法自称是电脑专家。为此，上司就不能自持是本行至尊而对电脑部门的同事有诸多教训和教导。

除了电脑部门这些专业人才之外，不少上司都几乎会认定自己是万事通，才坐得上上司宝座的。于是各个部门的下属，必须有充分的心理准备，一定会被上司作下意识的挑战，此乃基于上司在事业成功之后的自信心理使然。

老师改学生考卷与导演把影片进行剪接，去杂存精，是权威的表现。同样，上司也喜欢随时随地发挥权威以平衡他所要承担的风险，明白这个情况，就会受上司教训而甘之如醴，不会有什么冲突了。

**（3）理解上司**

上司不可能在职员面前经常和颜悦色，与他相处的伙计千万别胡乱敏感才好。职员老是觉得上司的面色很难看，对于这种心理故障，必须克服。上司不可能在职员面前经常和颜悦色，几乎是一定的了。

其一是上司在同事跟前不需要堆起笑容来应酬，从好的一方面看是上司下属有如一家人，不必客气。从较坏的角度看，上司下意识地觉得不必要再为伙计心情上的舒服而增加自己的负荷，须知道每一分钟都要记住对人微笑也是很累的。

其二是上司的烦忧一定比职员多，因为打工仔可以东家不打打西家。上司打开了店铺门面必须把生意做下去，而且要做得好，否则长期亏蚀，再财雄势大也吃不消。故此，要担风险的人自然比较紧张，除非必要，否则一定不会终日笑口常开。

其三是做上司的几乎是每一分每一秒都在思考工作，不停地用脑筋去想人情世故，用眼睛去看，用耳朵去听那些与业务有关的人与事，集中精神和注意力在生意上头，很多次就会忽略，有的时候视而不见、听而不闻，也不稀奇，跟他相处的伙计千万别胡乱敏感才好。

**（4）为上司挡住风险**

上司享有只做"好人"，不做"丑人"的专利，否定的答案一律由下属以各种理由来回绝对方的要求。我们看古装电影或电视剧，同时看到有所谓护驾大将军，必是皇帝身边的宠臣，护驾有功，非同小可。在现时代的商界社会，上司是公司的皇帝，一样需要有人护驾。上司所要的护驾当然与古代皇帝的需求不同，前者并无生命之险，只是在很多场合内，要随时在侧，晓得打前锋，为上司挡住面子上与业务上的风险。

在此举一实例，有位企业巨子，是出了名的好好先生，那就是说，任何人跟他谈任何事，从来都不会得到一个否定的答案。然而，这并不表示他的机构是黄大仙，有求必应。遇上他真想合作的对象或他肯出手相帮的情况，就会由他亲自商议，卖个人情。不然的话，一律由他的下属以各种不同的理由回绝对方的要求。

事实上，类似上述的情况，也不单是该名企业家的独有作风，相信城内很多大上司都会有此保护自己的防线。也就是说，上司享有不做"丑人"，只做"好人"的专利，这是很普遍的现象。为此，要成为上司的心腹，有必要做好心理准备，发挥护驾功能。

### (5) 有技巧地纠正上司的错误

绝不能不讲技巧地把上司的错误纠正过来，令场面尴尬。最惹上司不高兴的伙计莫如是当上司提出了意见时，立即反驳的下属。这并不是说上司就完全不讲道理，不接受意见，不要民主平等。上司所拥有的不只是资产，而且更有他在商场上的阅历，可以这么说，绝大多数上司都是行业内的前辈，对自己的伙计而言，更是当前辈而无愧。单是为了这一点，都有特权接受后生一辈的尊重。

这些尊重从主观角度看，是对上司的地位充分予以致敬；从客观角度看，以他的经验和知识为基础，上司犯错的比例一般比下属低。故而即使一件公事的处理，碰巧是上司的错，他也应该拥有一定程度的被尊重，不可以当我们由下属摇晃着谁错谁就应该受到谴责的旗帜，而不为上司留些情面。经常提醒那些当上司的人，千万要按捺得住自己的脾气，别在人前训斥下属之同时，也要提醒一些年轻人，真要关起门来才好把上司的可能错误提出来研究。见过不少年轻行政人员在上司跟业务对手商谈业务时，就很不讲究技巧地把上司的错误纠正过来，令场面尴尬。如何既防止上司在别人跟前出纰漏而又保持他的面子，是一门行政学问。

### (6) 抢先奉上答案

在上司提出问题之前，已经把答案奉上的行动，是最深得上司之心的。这种抢先在对方提出问题之前，已经把答案奉上的行动是最深得上司之心的，因为只有这样的职员才真正能减轻上司的精神负担，工作交到他手上之后，就不必再占用脑袋空间，可以腾出来牵挂别的事情了。事实上，能够做到这一点的人并不多，也许可以说，能长期有本事跟上司在工作速率上竞赛，而有本事把对方击败的，也差不多可以够得上资格当上司了。为此，要成为上司的心腹，即使不能每一次都比上司反应得快，但最低限度要有一半以上的次数不要让他比了下去。上司在知道你不是他对手时，就很自然地会对你信任起来。此所谓"识英雄者重英雄"，再棒的上司都需要有人才在身边的。

### (7) 了解上司的个性

要成为上司的心腹，有一个不二法门，就是俗语所谓的"跟官司要知道官司贵姓"。这就是说，当打工仔想跟定哪一个上司之后，必须要立即对上司的个性进行全面了解。明白了上司的爱好之后，就要看看自己的个性有哪一方面跟上司最配合，便应向哪一方面发展，使宾主之间的感情和关系得以更进一步的融洽。配合上司的爱好有个重要的原则非要谨记不可，那就是不能在完全委屈自己的个性之下进行。换言之，如果上司喜欢打高尔夫球，而你极不喜欢这游戏的话，千万别强自己之所难，因为勉强之下的表现一定不见诚意和自然，反而会造成一些尴尬场面。从严肃的角度看，上司的经商原则如果与自己做人做事的宗旨相违反，我奉劝一句，早早另谋高就为上。因为不能与上司的思想和原则配合，是绝不会成为他的心腹的，等于在机构内的发展有限，勉强下去，只会自觉委屈，不可能好好发挥自己的才干。

要想让上司改变个性作风来配合自己，则是本末倒置的要求，一定不会成功。

# 16. 古代兵法中的选人术

《六韬》是中国最古老的兵法，里面详述了种种看穿对方心思的方法，其中对选人比较实用的有如下几种，对各位领导必大有帮助。

**（1）问之以言，以观其详**

向对方多方质问，从中观察对方知道多少。公司招考新人的时候、必须对应征者来个"人物鉴定"，考官就得向应征者多方查问，这就是"问之以言，以观其详"的方法之一。

鉴定一个人物，不能只流于形式，需要发出足以判定对方真心的问题。

"你的嗜好是——"、"家里有哪些人？"这一类的问题，就是形式上的问题，对探查一个人的内心，毫无作用。

"你对这个问题有什么看法？"、"……这一类的难关，换了你，如何去打开僵局？"这一类的问题，就直捣核心，足以使对方的才能、思考力，露出蛛丝马迹，成为判断上的珍贵资料。

又如，身为上司，在遇到重大的问题时，不妨向部属或同事问一句："换了你，如何解决？"

这时候，平时看似应变有方的人，却为之语塞，或是答非所问；而看似不够机灵的人，却能提出迎刃而解的妙方——这种事实，会令你痛感一个人平时的外表和言举不足信赖。

**（2）穷之以辞，以观其变**

不断追问，而且越问越深、越广，借此观察对方的反应如何。没有自信的人，面对一连串的"逼问"，就惊慌失措、虚言以对，就眼珠骨碌碌转……。发问的人，就可从这些表情的变化，判断对方是个怎样的人物。对一件事一知半解的人，在"穷之以辞"的情况下，都会露出马脚。

**(3) 明白显问，以观其德**

把秘密坦率说出，借此观察一个人的品德。

如果，听到秘密就立刻转告第三者，这种无法守秘的人，就不能深交，就不能合作，还是避开为妙。

对方是不是口风甚紧或者是否容易失言，只要泄漏秘密给他，就知道他是个怎样的人。

运用这个方法，往往会发觉平时自诩为"最能守秘"的人，反而是最会泄秘的人。

从这些反应，我们就能探知对方是不是值得信赖的。

**(4) 使之以财，以观其廉**

让他处理财务，借此探测清廉与否。

把一个人派出到容易拿到回扣的单位去服务，就容易看出他是不是为人廉洁。服务于容易拿到回扣的单位，一些有私心的人即使开头坚决不拿回扣的人，时日一久，也会随波逐流，见钱眼开。想要试探一个人的清廉与否，只要派他到那样的单位，就会真性毕露。

**(5) 告之以难，以观其勇**

派给他困难的工作，借此观察他的胆识、勇气。平时口口声声"遇事果断"的人，一旦危机临身，往往不知所措，还会满腹牢骚。

个性越是柔顺的人，遇到困难越是仓惶失色；因此，若要试探一个人的胆识、勇气，就得把困难的工作，接二连三地交给他去处理，从中观察他的反应。

**(6) 醉之以酒，以观其态**

请他喝酒，借此观察他的态度。平时守口如瓶的人，黄汤下肚就完全变了样，不但满口牢骚，还会猛说别人的坏话，这样的人就可判定他是一个经常怀有不满，甚至嫉妒心强烈，有害人之心的人。

以意志坚强、灵敏果断闻名的亚历山大大帝，喝酒之后也会大醉失态，惹了不少麻烦。他在痛下决心之后，只要沾了酒就独处于营帐中，拒绝见人。一代英雄尚且如此，更何况凡人？

"醉之以酒，以观其态"，是很管用的"人物鉴定法"。

# 17. 如何快速识别下属真面目

管理者不能被下属的外表看花了眼，而应由表及里，抓住他的实质，看准下属的庐山"真面目"。

一个应试者衣冠楚楚自然会令管理者赏心悦目，但要记住：华丽的外表未必能说明应试者本事的大小。公司需要的是人而不是时装模特或电影明星。一个穿着随便的人也许会成为公司业务发展的栋梁之才。

一般管理者还容易犯的另一种观貌识人的错误是过于注重文凭。当应试者亮出名牌大学的文凭时，有的人会因此被震慑住，而对于那些毕业于名不见经传的学校的人往往根本不加考虑。在这个问题上，管理者需要记住：作为雇主，你将要看重的是他本人的才能，而不仅仅是他所毕业学校的名气。如果一个领导很容易被应试者的文凭所迷惑的话，他往往会失去人才而得到一群庸人。

在认人的实际过程中，有些管理者往往被下属的外表和漂亮的言辞所欺骗，委以重任，结果是"一块烂肉惹得满锅腥"。因此，不以表取人，而以才用人是每个管理者必须掌握的识人原则，否则你自己也是庸人一个。

怎样才能避免仅以外表识才的错误呢？作为一个新管理人要想较多较好较快地识别和发现潜人才，必须注意以下几点：

**(1) 听其言识其心志**

潜在的人才大多尚未得志，他们在公开场合说官话、假话的机会极少，他们的话，绝大多数是在自由场合下直抒胸臆的肺腑之言，是不带"颜色"的本质之言，因而就更能真实地反映和表达他们真实的思想感情。

### (2) 观其行看其追求

一个人的行为，体现着一个人的追求。任何一个人，一旦进入了自己希望进入的角色，就会为了保住这个角色而多多少少地带点"装扮相"，只有那些处在一般人中的人才，他们既无失去角色的担心，又不刻意寻觅表现自己的机会，所以，他们一切言行都比较质朴自然。新管理人若能在一个人才毫无装扮的情况下透视出他的"真迹"，而且这种"真迹"又包含和表现出某种可贵之处，那么大胆启用这种人才，十有八九是可靠的。

### (3) 析其能辨其才华

潜在的人才虽处于成长发展阶段，有的甚至处在成才的初始时期，但既是人才，就必然具有人才的先天素质。或有初生牛犊不怕虎的胆略，或有出污泥而不染的可贵品格，总之，既是人才，就必然有不同常人之处，否则就称不上人才。一位善识人才的"伯乐"，正是要在"千里马"无处施展腿脚之时识别出它与一般马匹的不同，若是"千里马"早已在驰骋腾越之中显出英姿，又何需"伯乐"识别。

### (4) 闻其誉察其品行

善识人才者，应时刻保持头脑清醒，有自己的独立见解，不受"语浪言潮"所左右。对于已成名的显人才，不跟在吹捧赞扬声的后面唱赞歌，反而应多听一听负面意见；对于未成名的潜在的人才所受到的赞誉，则应留心在意。这是因为，人们大多有"马太效应"心理，人云亦云者居多，大家说好，说好的人越发多起来，大家说孬，说孬的人也会随波逐流。当人才处在潜伏阶段，"马太效应"对他毫不相干。再者，人们对他吹捧没有好处可得。所以，人们对潜在的人才的称赞是发自内心的，所以用人者如果听到大家对一位普通人进行赞扬时，一定要引起注意。

# 18. 如何看清小人真面目

小人人"小"能量大，千万不能小瞧。同小人办事若处理不好，常常要吃亏。

"小人"没有特别的样子，脸上也没写上"小人"两字，有些小人甚至还长得既帅又漂亮，有口才也有真才，一副"大将之才"的样子。

不过，小人还是可以从其行为中分辨出来的。

从总体上来说，小人就是那些做事做人不守正道，以邪恶的手段来达到目的的人。所以他们的言行有以下的特点：

**(1) 造谣生事**

他们的造谣生事都另有目的，并不是以此为乐。

**(2) 挑拨离间**

为达到某种目的，他们可以用离间去挑拨同事间的感情，制造他们之间的不和，好从中取利。

**(3) 阿谀奉承**

这种人虽不一定是小人，但这种人很容易因得上司所宠，而在上司面前说别人的坏话则很有杀伤力。

**(4) 阳奉阴违**

这种行为代表他们这种人的办事风格，因此他对你也可能表里不一。

**(5) 趋炎附势**

谁得势就依附谁，谁失势就抛弃谁。

**(6) 踩着别人的鲜血前进**

利用你为其开路，而你牺牲他们是不在乎的。

**(7) 落井下石**

你如果不小心掉进井里，他会往井里扔几块石头。

**(8) 推卸责任**

明明自己有错却死不承认，硬要找个人来背罪。

事实上，小人的特点并不只这些，总而言之，凡是不讲法、不讲情、不讲义、不讲道德的人都带有小人的性格。

和"小人"办事讲究以下几个原则：

**(1) 不得罪**

一般来说，小人比"君子"敏感，心理也较为自卑，因此你不要在言语上刺激他们，也不要在利益上得罪他们，尤其不要为了"正义"而去揭发他们，那只会害了你自己！自古以来，君子常常斗不过小人，因此小人为恶，让有力量的人去处理吧！

**(2) 保持距离**

别和小人们过度亲近，保持淡淡的同事关系就可以了，但也不要太疏远，好像不把他们放在眼里似的，否则他们会这样想："你有什么了不起？"于是你就要倒霉了。

**(3) 小心说话**

说些"今天天气很好"的话就可以了，如果谈了别人的隐私，谈了他人的不是，或是发了某些牢骚不平，这些话绝对会变成他们兴风作浪和有必要整你的的资料。

**(4) 不要有利益瓜葛**

小人常成群结党，霸占利益，形成势力，你千万不要靠他们来获得利益，因为你一旦得到利益，他们必会要求相当的回报，甚至粘着你就不放，想脱身都不可能。

**(5) 吃些小亏**

小人有时也会因无心之过而伤害了你，如果是小亏就算了，因为你找他们不但讨不到公道，反而会结下更大的仇。

并不是说做到了以上五点，你与同事中的小人们就彼此相安无事，但至少你可以把小人对自己的伤害降至最低。

# 19. 如何应对上司中的小人

### (1) 怎样与听信谗言的领导相处

为了不至于和领导发生冲突，并且使他明白你是受到了谗言的陷害，你可以这样去做：

A. 运用技巧破除谗言的假面目；为自己洗刷清白。有人向领导进谗诬陷你，偏偏领导又听信了谗言，这种情况对你极为不利。不过，你不要害怕，应拿出勇气来，以积极的态度与其斗争，采取技巧揭穿事情真相，还自己一个清白。

B. 面对上级对自己莫名其妙的突然的冷淡疏远，或在会议上不点名、暗示性地批评你，甚至故意制造工作中的矛盾为难你、制裁你，应当有勇气主动找领导谈心，问清缘由，说明真实情况。凡事如果拿到桌面上，公开地、坦率地说清楚，往往会收到较好的效果。回避的态度、忍气吞声的做法，只会使真相笼罩在一层迷雾中，加深上级对你的误解，加大双方的隔阂。所以应当敢于正视面临的困境，努力想办法摆脱被动局面。

C. 变被动为主动。如果确切无疑地知道了谁在背后进谗陷害你，你可以在领导没找你之前先找到他，把一切实情坦然相告。这样就可以变被动为主动。另外，为了制止进谗者继续造谣生事，应当再凛然正色地找到这位当事人，以暗示的口气给其以必要的警告。但不要完全说明，因为他是不会承认的。这类人往往心虚，你一找他，他就明白了。他们都惯于背后捣鬼，所以也不愿公开撕破脸皮，不愿发生使双方都难堪的正面冲突。如果对方是个非常泼悍无礼的小人，则要避免与其正面打交道，而是策略地把话说给其亲朋好友，让他们转告给他，从而间接地制止他的恶劣行径。

**(2) 怎样与爱挑剔的领导相处**

碰到爱挑剔的上司是最令人头痛的事了，由于他的存在，你常常会处于不自信的状态之中，因为他老是打击你的情绪。比如，明明你是完全按照他的吩咐去处理一件事的，过后他又指责你办事不妥；公函内容和打字格式是他告诉你的，等你拿给他签字时他又说这封信应该重打；你从事的是专业性很强的工作，可对你专业一知半解的上司偏偏对你的能力"不放心"……如此这般的例子还能举出很多。在挑剔的上司手下干活觉得自己浑身上下的汗毛都是竖着长的，左右都不是，怎么做都让他看不惯。

不管怎么说，碰到爱挑剔的上司，对下属而言，总是不利的。那么，该怎么办呢？以下几招不妨一试：

A. 弄清领导的意图

当上司交给你一项任务之时，你应该问清楚他的要求、工作性质、最后完成的期限等等，避免彼此发生误解，应尽量符合他的要求。

B. 设法获取领导的信任

假如上司处处刁难你，可能是担心你将来会取代他的位置。这时，你应该尽自己最大的努力使他安心，让他明白你是一个忠诚的下属，你可以主动提出定时向他报告的建议让上司完全了解你的工作情况。一旦获得他的信任后，他便不会对你过分地要求完美的工作效果。

C. 正视问题

不要回避问题，尊重自己的人格，不卑不亢。正视问题，尝试与你的领导相处，针对事情而不是针对个人。例如：上司无理取闹的时候，你应该据理力争，抱着"错了我承认，不是我的错而要我承认，恕难照办"的态度，论理而不是吵架，让他感觉到你的思想和人格。

一个言行一致、处事有原则的人别人自然不会小看，就算老板也不例外。

D. 别太计较

不要对上司的挑剔或刁难太计较，能过去就过去。应该把自己的工作放在最重要的位置。遇到什么样的老板是可遇而不可求的，如果眼前的这份工作能满足你的要求，比如丰厚的薪水、优雅的工作环境等，那么你就不要放弃这份工作。如果你非常爱自己的工作，想在上面做一番业绩，那就尽量不要放弃目前的工作，不要把老板的人品与钟爱的事业同日而语。

**(3) 怎样与顽劣贪婪的上司相处**

顽劣贪婪的上司私欲太重，就像一个永远也填不满的无底洞，他的贪欲没有止境。这些人，慷国家之慨，中饱私囊，是社会的一大蛀虫。

遇到这样的上司，该如何对待呢?

A. 按原则办事

坚持原则，照章办事，是工作人员应该遵守的纪律。不要因为他曾经栽培、提携过你，为感恩戴德，就放弃原则，与其同流合污。

如贪婪的领导想以巧立名目、偷梁换柱的方式满足私欲，你可用"不好报账"、"财务检查不好过关"、"审计太严格"等借口予以搪塞和回绝。使他感到你"不好对付"、"不给面子"、"太死板僵化"、"难以打开缺口"。屡次碰壁后，他就有可能有所收敛。当然，这样做要顶着极大的压力，冒着遭受打击排斥的风险。但如果应允了，就会越陷越深，其后果是不堪设想的。所以，要有勇气顶住压力，坚持原则，坚信"多行不义必自毙"这个亘古不变的真理。

B. 多留个心眼儿

如果迫于领导的压力，不得不按照他的意思去办，但自己要多留个心眼儿，把一些可疑之处悄悄用本子记下来，待其事态败露，立即交出作为证据。如果掌握了领导贪赃枉法的确凿证据，可采取匿名的方式，向有关部门打电话或写信举报。这样不但可以为民除害，同时也减轻了自己所受到威胁和压力。

**(4) 怎样与自私的领导相处**

自私的领导常常考虑的只是他个人的利益，他从不站在集体的立场上考虑问题，更不会替下属着想。为了满足他个人的利益，他可以置集体或下属于不顾，甚至不惜牺牲集体或下属的利益。在与自私的领导相处时应该注意：

A. 洁身自好

不能为虎作伥，这种自私的人什么事都做得出。他可能把得到的私利分你一半，但在引起众怒时，也会把你抛出去当替罪羊。领导的任职毕竟没有你的名声长久，故不可与之同流合污。

B. 用沉默表示抗议

如果他的所作所为实在过分，可用沉默表示无言的抗议。聪明的上司会领会下属沉默的含义。

C. 有原则地代上级受过

但对于有些情况来说，下属绝不要轻易代领导受过，如十分重要的恶性事故，造成重大经济损失或政治影响的事故，以及一些已经触犯到法律的事情。在这些情况下，如果你仍然为顾全上司的面子做掩饰，甚至把责任揽到自己头上，其后果是不堪设想的，这会害了你自己。为这样的领导付出牺牲太不值得了。

**(5) 怎样与阴险的上司相处**

这样的人做了你的上司，可真是你的人生不幸。稍有不慎，你就有可能成为他的报复对象。与这样的上司相处，只有兢兢业业，一切唯上司的马首是瞻，卖尽你的力，隐藏你的智。卖力易得其欢心，隐智易使其轻你，轻你自不会防你，轻你自不会忌你。如此一来，或许倒可以相安无事。像这种地方原就不是好的久居之所，如果希望有所表现的话，劝你还是从速作远走高飞的打算。

**(6) 怎样与傲慢的领导相处**

一些人之所以显得傲慢，不可一世，是因为他具有别人无法攀比的优越条件，或者是高人一筹的才智。傲慢的人最容易刺伤别人的自尊心，很让人反感。

如果你的领导是这种人物，与其取宠献媚，自污人格，不如谨守岗位，落落寡欢。这样，他人虽然傲慢，但为自己的事业计议，也不能专蓄那些食利的小人，完全摒弃了求功的君子。一有机会，你就该表现出你独特的本领，只要你是个人才，不愁他不对你另眼相看。

# 20．如何应对同事中的小人

你是否有过以下的经验？一天，一位与你稔熟的同事向你提出建议，一起合作帮助上司整理历年来的开会资料记录，虽然此举或会增加工作负担，却不失为一个表现的好机会，可以博取升职与加薪。你对于这样的提议大表欢迎，甘愿每天加班完成额外的工作，甚至没有发出丝毫怨言。可是，你怎样也想不到，对方竟然把全部功劳归为己有，在上司面前邀功，结果他获得上司的提拔，使你又惊又怒。

为免日后再次被对方所利用，你应该怎样应付呢？专家的意见如下：

（1）常言道：害人之心不可有，防人之心不可无。如果有一位同事，建议与你一起完成额外的工作，你可以接受提议，但应当把各人所负责完成的工作部分清楚记录下来，留待日后作为参考。

（2）假如有人向你大送高帽，称赞你的工作能力如何惊人，无非想让你助他完成工作，你不要被对方的甜言蜜语所动，应当教导他如何处理工作上的难题，无须由你亲自动手完成。

（3）若你对于同事的行为与企图有所怀疑，可以直接找上司谈一谈，避免徒劳无功。

（4）同事始终是同事，他并非你最好的朋友，你应该与对方保持一段距离。

不过，很多事情并不如表面那样简单，背后可能有不可告人的目的，精明的办公室政治家必须提防陷阱，小心被你的同事暗算。

# 21．如何应对下属中的小人

**(1) 对付爱唠叨的下属的方法**

这种类型的人以女性居多，因为其心理素质的原因，所以承受能力有限，遇事便忙成一团，无法稳定，心态动荡，好唠叨。对待这类下属可用以下方法：

A. 多用眼少用嘴

如果你的下属是这种唠叨型的人，在安排工作时事先把该交待的一切都讲得一清二楚，不要留下漏洞，以免她作更多地询问。

B. 不要发怒

在她唠叨时，千万不要发怒，要尽量以冷静的微笑对之，既表示尊重，又使其不知你的底细从而使其少讲或不讲话。

C. 培养信任

当她唠叨你必须回答时，一定要做到回答得有分量，令其心服、口服，有了信任感，她便会言听计从。

D. 不出尔反尔

搞清情况后再发言，决不能出尔反尔。否则，会给她留下讨价饶舌的余地。

**(2) 对付自作聪明的下属的方法**

自作聪明的下属，往往不能彻底贯彻领导的意图，老是帮一些倒忙。他总认为自己的主意要比领导的高明，在执行任务的过程中自作主张，改变领导的意图。对于这样的下属，领导虽然气愤，但又不好意思骂他。因为这会使他以后不帮你，并对你反感。试想有人全心全意地为你解决问题，你不但不欣赏，还骂他一顿，这感觉能好受吗？既然骂之不得，唯有用软攻。首先，多谢他们的诚意和帮忙，从正面肯定他们帮忙的价值，之后再从侧面解释一下他们犯的错误，最后再为他们的错误找个台阶下。甚至可以在最后把错误归在自己身上，是自己解释不全，才会累他白花精神，相信他也会十分轻松地接受意见。

其实，只要适当引导，自作聪明的员工，不难训练为有用的员工，所以不要放弃他们，这些人可能是公司重要的资源。

**(3) 对付自私自利的下属的方法**

对付这样的下属，应该用以下方法：

A. 满足正当要求。

与这样的下属相处，对他们的合理要求应给予满足。使他认识到你决不为难他，应该办的事情都会给他办。

B. 拒绝不合理要求。

对于他的不合理要求，在委婉地摆出不能办的各种原因之后，巧妙地劝阻他不要得陇望蜀。

C. 办事公平。

如果下级中有这样的人，当你制订利益分配计划时，要充分发挥同事的监督作用，将计划公布于众，使大家感到是在一种公平之中进行利益分配，这样便可避免他与你纠缠。

**(4) 对付阴险狡诈的下属的方法**

阴险狡诈的人属于卑鄙的小人，他为了自己的利益，什么损事都能做得出来。他采取各种手段，骗取上司的信任，逐步夺取上司的权力，最终完全取代上司，这是一种十分阴险狡诈的小人权术，亟须识别。

A. 小人常想方设法骗取领导者的信任。

小人为了骗取领导者的信任，可以不顾廉耻，不讲道德，不惜代价，不择手段。坑、蒙、拐、骗、吹、拍、抬、拉、吃、喝、嫖、赌、苦肉计、连环计、反间计、美人计，全都使得出来。

B. 小人一步步往上爬，占据重要位置，取得信任之后，小人随之而来的，便是权力的逐渐增大，地位的逐步提高，最后成为说话算数的实权人物。

C. 小人常打着领导者的旗号，指挥他的下属。并采取各种手腕，使这些下属逐渐投靠自己。

D. 小人一方面要继续蒙骗住领导者，使他对自己深信不疑；另一方面，要使他的下属看出今后的天下非我莫属，乖乖投靠自己、培植自己的势力。

E. 等到自己控制大部分下属，这时候，小人得势也就不怎么费力了。

对付这样的下属，首先应以"防"阴险狡诈的人，善于背后施坏，暗里插刀，放冷箭，打黑枪，让你拿不准他什么时候给你一脚，而且小人之脚往往阴狠毒辣，上司若是防备不及，则必遭大劫，落得身败名裂，后悔莫及。作为上司，为了不至于遭阴险狡诈的下属暗算，还是首先防范一下为好。

其次，要明辨是非，不偏听偏信小人皆是口腹蜜剑，嘴上甜甜蜜蜜，心里却暗藏祸心，这正是其阴险狡诈之处。正如"四人帮"万岁不离口，语录不离手，背后却想谋权篡位。对付这样的下属，要洗净耳根仔细听，要善于听，要善于抓住话的关键。认真思考分析他说话的目的。凡事应三思而后行，只要做到知己知彼，就能百战不殆。

再次，放长线，钓大鱼。小人一般都有得志便威风的毛病。有云："子系中山狼，得志便张狂"。所以，对付阴险狡诈的下属有时也可以用欲擒故纵的方法，"放长线，钓大鱼"。先假装不知，让其尽情表演，等他原形毕露时，再巧妙揭穿他罩在脸上的虚伪狡诈的面纱，不给他容身之地。

第四，以其人之道，治其人之身。阴险狡诈之徒善于揭人伤疤，在你最怕尴尬或不应该丢人的时候，让你尴尬，让你出丑。你不要生气，你可以在适当的时机也揭他一把，把他丑恶的行径抖露出来，让大家认清他的丑恶嘴脸，让他也尝尝难堪的滋味。

# 22.男人有外遇的征兆

有的中青年男子似乎把他们的全部精力都集中在拈花惹草的越轨行为上，他们甚至回避对自己、对工作、对家庭及对社会的全部责任，而对性榨取却具有强烈的先占观念，他们不惜因此而受处分、不得不调动工作或降职降薪。但他们为何总也不接受教训，屡教不改呢？

难道外遇是不可避免的吗？这个问题不好回答，但是，外遇是能事前察知和防范的。

可以说，这些人在不同程度上具有重大的心理障碍，做妻子的必须了解他们的心理特征，以便对症下药维持家庭的美满与幸福。具体可从以下方面注意观察对方：

**(1) 外观**

一个有外遇的男人，最显著的变化首先反映在穿着打扮等外观形象上。一个本来对新潮服装和打扮并不很感兴趣的丈夫，突然开始左顾右盼地关心和注意起自己的外观打扮来了，这时，你应当进一步留意他是否与某位神秘的第三者有秘密的往来了。

**(2) 时间**

本来经常准点回家的丈夫，突然变得经常晚回家或者过早离家，而且还喜欢经常打听配偶的作息时间，如何时出差，何时加班，何时回家，以便摸清情况，利用配偶不在家或外出的间隙机会，与情人幽会。

**(3) 情绪**

一个已经变心而另觅新欢的丈夫或妻子，不论其如何伪装、制造假象迷惑配偶，只要留心观察，都不难发现其变心的蛛丝马迹的。有的有外遇的丈夫会突然对妻子变得比以往更温柔、更热情、更讨好，有时甚至会把与情人幽会后的兴奋情绪带回家中，表现在妻子面前；而有的外遇者则相反，会突然对配偶变得比以往更冷淡、更挑剔、更无情。

**(4) 习惯**

有些习惯和常规的突然改变，大多都是事出有因的。例如，一个本来对单位工作并不很热心的丈夫，突然声称最近工作很忙，需要加班加点，还要外出出差，等等。其目的是为了利用更多的时间去与情人约会。

**(5) 性生活**

性生活往往是检验夫妻感情好坏的试金石。一个正在变心或已经变心的丈夫，在性生活中再无平时的那种炽热感和温情感了。对他们来说，性生活已经变得徒有其名，而失去真实的情感内涵。如果发现配偶对性生活突然变得异常冷淡、缺乏热情，同时又无法用疾病生理等原因加以解释，那么，你们夫妻间的关系肯定是出了问题了。

**(6) 活动**

由于有外遇者的活动绝大多数是秘密进行的，为了躲避配偶或熟人的视野，他们总是煞费苦心地寻找一切有利时机进行接触。这时，对他们来说，时间和机会是最重要的。为此，他们总是寻找种种借口，一反常态，热心参加原来并无兴趣的活动，如晨练晨舞、晚间散步、郊游、团体聚会，等等。

**(7) 电话**

电话是外遇者常用的通讯联络和约会方式。但外遇者的电话往往是反映异常的。通话时常使用一些暗语或双关语，一旦发现配偶或熟人注意时便神色慌张地挂掉电话。有时，则借故溜出去打公共电话，或找一个冷僻的地方打电话，都是为了隐匿其行为踪迹。

**(8) 实证**

有些搞婚外恋者尽管小心翼翼，千方百计掩盖其活动真相，但有时也会有所疏忽，露出马脚。例如，将情人的情书或约会便条遗在口袋或公文包里，或者将与情人同看电影的两张电影票忘在衣袋里，等等。只要你细心查找，便可找到实证。

**(9) 孩子**

搞婚外恋的既有结婚多年已有孩子的，也有婚后没有孩子的。无论哪种情况，凡有外遇者都不可避免地在对待孩子的问题上暴露出来的。当爸爸，可能比以前更冷酷地对待孩子。一旦发现丈夫对孩子的态度发生与以往不同的明显变化，那么，问题就值得深思和怀疑了。

**（10）开销**

有外遇后，开销增加。于是更加隐秘地积蓄"私房钱"，向妻子隐瞒各项额外收入。丈夫给妻子的"外块补贴"明显减少，钱都被挪作"她用"了。

以上所列，是男人情感走私的通常表现，但这并不是说，凡有上述表现者一定都有外遇。不过，可以肯定地说，在十种表现中如果其中有五种表现同时出现，经配偶发现后仍无收敛，那么，情感走私的可能性就很大了。

# 23．女人有外遇的征兆

外遇是非常隐秘的事，尤其是女人会更加小心谨慎，你的妻子是否有外遇，从她口中是很难得出正确答案的。但是，凡事都有征兆，像地震前果树开花、老鼠搬家一样，作丈夫的你要留心看你妻子是不是表现反常，以判定她是否有外遇。其具体表现如下：

**（1）电话接通后对方不讲话就挂断**

你家里的电话像是出了什么毛病，当你接通时，对方却没有讲话，你"喂"了几声后对方却把电话挂断了。这样的情况如果出现几次，可能是你的她已经有外遇的讯号。

**（2）她突然与你争着接电话**

过去，你家里电话铃声响起时，并不一定都是你的妻子去接听，突然从某一天起，她总是抢在你的前面去接听电话，并且交谈的声音比往常低，交谈几句就匆匆挂断。

**（3）她突然变得爱穿着打扮**

撩人的内衣通常是外遇的必备品，每当你妻子晚归时，身上总是穿着新买的内衣（胸罩、内裤、袜子）；或者，每当你的妻子出差、旅游、参加会议时，行李箱里总是带些性感的内衣，或用最好的化妆品，显得格外年轻漂亮。

**（4）往常的工作习惯、生活习惯突然改变**

你的妻子工作时间突然无故延长；加班的次数变得频繁；对单位的一切活动，如舞会、联谊会、旅游等参加得比往常积极。

**（5）人在曹营心在汉**

在家里时，你的妻子总是坐卧不安、心神不宁，梦中呓语呼唤着一个异性的名字，以往对你的体贴一下子跑得无影无踪。

**（6）谈话变得反常**

你的妻子与你的谈话变得越来越少，电视看得越来越多；某个异性的名字突然常在她口中提及或者以往常提的名字突然不提了；你的妻子开始说些不像平时所说的观点或笑话。

**（7）性生活习惯突然改变**

你的妻子找借口拒绝与你做爱，做爱时不再亲昵地呼唤你；不过，有时候也有相反的情况：她突然变得"性"致勃勃，要求变换一些新的做爱技巧，甚至花招叠出，而很多新花招都是你不知道的。

**（8）行踪可疑**

你的妻子突然变得提前上班或晚归，当你打电话找她时，总很难联络上；夜间加班或上进修课的时间比平常延长很多，总是不能如期而归；有人发现你的妻子经常与异性出入宾馆或饭店。

**（9）她突然变得无理取闹不尽人情**

外遇的一方为了寻找心理平衡，有时会故意找碴激怒你，这样她自己反而觉得和你这样暴躁易怒的人在一起，外遇也是理所当然的。

**（10）可疑的物品**

你的妻子经常带回鲜花、礼物，或纪念品；你帮她洗衣服时发现情人节卡或某酒店、舞厅的优惠卡；你与妻子很久没有过性生活了，但突然从她衣服口袋里或提包里发现了避孕套或避孕药。

### （11）同事、邻居、同学、朋友看你的眼神很特别

当你的妻子外遇时，通常知道最晚的是你自己，你的同事、邻居或朋友可能先于你知道，当他们亲眼看到或风闻你的妻子有外遇时，想告诉你又担心你承受不了，所以，他们看你时的眼神总是显得与往常不一样。

### （12）她不再企图说服你改变坏习惯

如果你有赌博、酗酒等不良习惯，过去你的妻子一直唠叨着企图劝你改掉它，可现在她却突然不再唠叨了。

### （13）不再埋怨性生活不满足

你的妻子过去经常埋怨性生活不能让她满足，可现在不再抱怨了，或许她已从情人那里得到满足。

### （14）力图积攒私房钱

你的妻子深陷外遇而不能自拔时，自然要为他们在一起时的花费，甚至为他们以后的结合做打算，这时她的财务不再像往常那样透明。甚至连以前愿意负担的家庭支出也斤斤计较，甚至不愿支付。

### （15）你的妻子突然变得爱健美

你的妻子为了取悦情人，会突然开始减肥，坚持做健美操，甚至常去健身房。

### （16）你的孩子变得特别粘人、好动

孩子是很敏感的——母亲有外遇时孩子会很敏感地觉察到，他(她)会感到困惑，进而以为是自己做错了事才惹得妈妈那样，在庞大的心理压力下可能出现尿床、无理取闹、做恶梦等现象。如果他们是青少年，便可能会喝酒、乱交朋友、打架，甚至会在大雨中将自己淋病。孩子的这些行为主要是潜意识中希望借此把母亲的注意力从外遇中拉回来。

以上所列，是女人情感走私的通常表现，但这并不是说，凡有上述表现者一定都有外遇。不过，可以肯定地说，在十六种表现中如果其中有八种表现同时出现，经发现后仍无收敛，那么，她情感走私的可能性就很大了。